国际学术论丛 第**11**辑

差异
Difference

主编　金惠敏

四川大学出版社
SICHUAN UNIVERSITY PRESS

图书在版编目（CIP）数据

差异. 第 11 辑 / 金惠敏主编. — 成都：四川大学
出版社，2022.11

ISBN 978-7-5690-5815-4

Ⅰ. ①差… Ⅱ. ①金… Ⅲ. ①社会科学—丛刊 Ⅳ.
① C55

中国版本图书馆 CIP 数据核字（2022）第 228072 号

书　　名：差异 第 11 辑
　　　　　Chayi　Di-shiyi Ji
主　　编：金惠敏

选题策划：陈　蓉
责任编辑：陈　蓉
责任校对：罗永平
装帧设计：墨创文化
责任印制：王　炜

出版发行：四川大学出版社有限责任公司
　　　　　地址：成都市一环路南一段 24 号（610065）
　　　　　电话：（028）85408311（发行部）、85400276（总编室）
　　　　　电子邮箱：scupress@vip.163.com
　　　　　网址：https://press.scu.edu.cn
印前制作：四川胜翔数码印务设计有限公司
印刷装订：四川省平轩印务有限公司

成品尺寸：170mm×240mm
印　　张：15.25
字　　数：271 千字

版　　次：2022 年 12 月 第 1 版
印　　次：2022 年 12 月 第 1 次印刷
定　　价：68.00 元

扫码查看数字版

四川大学出版社
微信公众号

编委会

本辑值班编辑：孔令洁（四川大学）

编辑部投稿信箱：

scdx-cy@163. com

目　录

特　稿

梦魇深处有茶馆：读卡夫卡的《在流放地》①

童　明②

摘　要： 卡夫卡的短篇小说《在流放地》是经典的现代讽喻。本文以随笔的方式，借用德里达分析逻各斯中心逻辑时提出的"结构的结构性"概念，分析讽喻中一连串噩梦的寓意，揭示流放地"中心"的无处不在，提出一个完整的解读。这个解读将讽喻最深层的启示定格在流放地的茶馆。卡夫卡的小说停在预言的门槛上：茶馆里穷人脸上麻木的表情，是梦魇最深处留下的暗示，寓意呼之欲出。为更清楚揭示《在流放地》的寓意，本文采用了德里达的方式进行分析。至于如何从卡夫卡的噩梦里醒来，本文以康德关于启蒙的定义作为结语。

关键词： 卡夫卡风格　现代讽喻　德里达　结构的结构性　奴性　康德

1

一个喻说扩展为故事的规模，形成整体的寓意，即为讽喻（allegory）。讽喻的结构、人物、细节各具象征，彼此关联，都与整体呼应。因此，讽

---

① 本文为旧作重写。旧作以理论阐述为重点，而本文大大简化了理论部分，增添文本分析（尤其是茶馆的部分），以随笔的叙事，提供一个对《在流放地》的完整解读。

② 作者简介：童明（Toming Jun Liu），美国加州州立大学英语系教授。

喻不能仅做字面的理解（literal understanding）。

《在流放地》是一则现代讽喻，比古代讽喻更复杂一些。字面上，"流放地"（the penal colony）是某个海岛上的劳改场，却意在喻说一种禁锢自由的体系，一种奴隶制。

流放地的等级秩序分明，以暴力维护，强制实施奴役和压迫。它看似濒临死亡，却僵而不死，不肯寿终。若要透彻分析流放地所属的体系，借用德里达的理论恰如其分，特别是德里达"结构的结构性"（the structurality of structure）① 一语。在德里达解构哲学的语境里，这句话具体含义是：压迫性的价值或"真理"，依照"逻各斯中心"的逻辑形成其结构。"逻各斯中心"是当代思辨理论的术语，其逻辑始于苏格拉底和柏拉图，演化为西方哲学传统的方法论。德里达说，明白了这一点，举一反三，就能够看到历史上各种真理体系的变化其实万变不离其宗。

逻各斯中心的逻辑为维护某些"真理"（尼采定义为：成为惯例并强迫服从的价值或知识）而立，由相辅相成的两个信条构成。

第一条，言语（Logos）等于"事物本身"（thing-in-itself）或真理。在历史现实中，这一条意味着圣人或权威的话等同于绝对真理，诸如神之言、圣人之言、皇帝之言、父权之言，等等。在西方神学体系中，"上帝之名""神之言"不仅是文字，还代表上帝或神所创造的整个世界：上帝的话就是世界（God's word is the world）。与此同理，作为父权秩序中心的"父之名"，相等于父权统治的整个体系；此外，以天子之名号令天下，普天之下，莫非王土，率土之滨，莫非王臣；如此等等。此外，等同于理性、真理的"言语"（Logos），还有诸如固定和纯粹的起源（arche）、终极的目标（telos）的神话加持。

第二条，苏格拉底/柏拉图以二元对立（binary opposition）为基础的辩证法，被作为验证"真理"或"知识"的途径和方法。二元对立：由两个

---

① 本文关于德里达的论述，主要是 SSP 的概要。全文参见 Jacques Derrida（1966），"Structure, Sign and Play in the Discourse of Human Sciences." Translated by Richard Macksey and Eugenio Donato. In *The Critical Tradition: Classic Texts and Contemporary Trends*. Ed. By David H. Richter（Third edition. Boston/New York：Bedford/St. Martin's，2007），pp. 915 - 926. 此文通常简称为 SSP。

相互对立的概念构成一个命题，一方为尊而被肯定，另一方为卑而被否定；至尊一方称为"在场"（presence），卑贱一方称为"不在场"（absence）。对立两方是人为设定，"在场"必须否定"不在场"才能成立。把"在场"和"不在场"意译为"尊和卑"，汉语里就一清二楚。虽然"逻各斯中心"是西方的术语，中国文化里的"男尊女卑""君君臣臣父父子子"就是这个逻辑，是"尊卑"等级秩序的二元对立。尊或卑，在场或不在场，由"真理"的立法者（长老、皇权、殖民宗主国、掌握绝对权力的利益集团，等等）根据特定的愿望和需要规定。一旦确定，即为"真理"。"逻各斯中心"的运用，以 tautology（同义词重复）加持："在场"的同义词连起来使用，形成肯定推论；"不在场"同义词一起使用，形成否定推论。

德里达说："在经典哲学的［二元］对立中，我们遇到的不是［两者］彼此和平共处的关系，而是一个暴力的等级秩序。"（In a classical philosophical opposition we are not dealing with the peaceful coexistence of a vis-à-vis, but rather with a violent hierarchy.）（*Positions*，41）① 一语道破二元对立辩证法在实践中的暴力实质。

欧洲中世纪的宗教裁判所，以上帝之名认定异端邪说。到了现代，神的极权似乎远去，新的教条却出现了，依旧是：强定善恶，将对立的两端绝对化，抹去中间层次，排斥和磨灭活的思想。任何极权的实践，都善于将其中心所代表的酷烈意志转化为简单易行的号令，以诱惑与威慑加以贯彻，形成机械、器械式的体系。

上面这两个信条相辅相成，就是逻各斯中心的逻辑，由此形成的真理体系，主要目的是稳定其结构内的语义，使本来充满矛盾的结构看似一片祥和。因此，柏拉图以降的西方哲学传统，又被称为"真理传统""逻各斯中心传统""在场传统"。

德里达所说的"结构的结构性"，意思是有些真理或知识体系是以逻各斯中心的逻辑形成其结构的。因为逻各斯中心逻辑代表此类结构的"中心"（核心思想），这种"中心"十分霸气，代表"完全的在场"、绝对真理。

---

① Jacques Derrida, *Positions*. Trans. Alan Bass, Chicago：University of Chicago Press，1981.

而这"中心并非中心"（The center is not the center.），意思是它的绝对真理是伪装，若以游戏的方式，其所谓完整自相矛盾，这就是解构。

2

卡夫卡的《在流放地》的体系看似完整稳定，是因为有一个以"正义"为名的"中心"，构成流放地"结构的结构性"。流放地的"中心"在哪里？卡夫卡的故事逐渐揭示答案。

故事的几个人物，各自与流放地有特定的关系，各具独特的象征。他们没有名字，只有代表身份的名称：老统帅、新统帅、探险家、军官、受刑人、士兵，还有茶馆里的穷人。故事中，行刑的机器不是人物，却是关键的象征。

流放地的法统由"老统帅"（the old Commandant）创建。老统帅已死，流放地有他的墓。虽然他没有登场亮相，却处处"在场"。接任他的"新统帅"（the new Commandant）不得不按照流放地既定的一切运作，他活在老统帅的影子里，看似轻松自在，身旁总有女士往他嘴里塞糖吃，但内心并不平静。他请探险家观看行刑，意在借外力达成某种改良。在老统帅不散的阴魂之下，新统帅一事无成。就其本质而言，流放地还是老统帅的体系，行刑机器最后出了故障，似乎暗示会有什么事发生，但难以揣测会有根本改变。正因为流放地基本保持其稳定，才有故事中一连串越来越惊心动魄的噩梦。

探险家（the explorer）和军官（the officer）来到刑场。探险家从相对自由的外部世界而来。新统帅"邀请"他来观看对一名受刑人（the condemned）的处决过程。军官监斩，一名士兵（the solider）协助他。军官是流放地体系的捍卫者和执行者，他的绝对忠诚属于老统帅，对新统帅只有不屑。

新统帅邀请探险家看处决，意图借他的口批评老统帅的制度。监斩的军官向这个外来人介绍岛上的制度，则是要维护老统帅的意志。两股势力都想借探险家这个外人对流放地体系做个是或非的评价。探险家如何评价，似乎会间接影响到流放地能否改变。

探险家如何选择，似乎事关重大。从小说效果看，探险家就是读者，读者的感受随着探险家的心理活动起伏波动。卡夫卡让探险家和读者成为流放地共同的观察者和评判者。并非所有人都喜欢读《在流放地》，因为故事里噩梦连连，不留给天真烂漫一丝安慰。只有鼓起勇气的读者，才能获得最终的启示。

3

我们看到了行刑工具，"the apparatus"，姑且译为"机器"。不过，英语的"apparatus"，德语的"Gerät"，都有"工具""机械""设备"等意思。这些意思比"机器"一词更贴切，因为它象征着流放地机械性的体系，又是执行体系酷虐意志的工具。

军官耐心地向探险家介绍：整个流放地的组织结构，包括这部机器，都是老统帅的设计。老统帅是流放地的总设计师。事实上，老统帅是建立这个体系（包括机器）的政治意志，具体的设计由一群人逐步完成，军官直接参与了这个过程，对这部机器熟悉得像自己孩子一样。

机器由三部分构成。顶层部分叫"设计者"（the Designer），在这里输入并发出指令，暗喻流放地的统治意志；中间部分由玻璃制成，形如人的胸和腿部，称为"耙子"（the Harrow）；底部是所谓"床"，铺垫着粗糙的棉花，受刑人面朝下被固定在"床"上。受刑人的罪状被输入顶层"设计者"，"设计者"发出指令后，"耙子"上的针齿震动着，缓缓刺出他的罪状；机器一边针刺于人体上，一边喷出水，一点一点冲去血迹。行刑必须按规定延续十二个小时。前六个小时，受刑人的嘴是被塞住的。后六个小时就不用堵嘴了，那时候受刑人也没有了气力。最后是杀戮的时刻。

机器上层发送指令的部分，寓意流放地的大脑；中间部分做成人的形体，可见是一部整人的机器；下面这一部分居然称为"床"，够讽刺的。这三部分是个整体，正如流放地是个完整的体系。仅凭直觉，我们已经知道这个体系毫无正义可言。被迫观看处决过程的探险家，该如何反应？我们该如何反应？这个心理活动成为故事发展的内力。

如果将这奇葩的"机器"解释为高科技的产物或象征，我认为是一种误读，会偏离故事最重要的讽喻意义。行刑的机器不是按科学逻辑而是根据讽喻逻辑想象出来的。这是一部有人形而无人性的慢性屠杀工具。不同读者可产生与现实对应的不同联想。比如，机器可代表某种把人变成奴的经济体制，让被奴役者慢慢消耗至死。

机器的设计不仅残暴，而且虚伪无耻：它既要你记住它的暴虐，还帮你洗去身上的血迹。

"卡夫卡味儿"（the Kafka-esque）糅合了不同的味儿。有时候，激愤、无奈、幽默、讽刺冶炼成一把匕首。比如，卡夫卡让军官说的这一句："你可能在医院里见过类似的机器；不过我们的'床'如何移动是完全精确计算的；你看，多么准确地配合'耙子'的震动。而'耙子'是实际执行判决书的工具。"（Kafka，196）①

被绑在床上处决的受刑人（the Condemned）所犯何罪？军官将一张图输入"设计者"之后，"耙子"在他背上缓缓刺下"罪名"（我们想象一下这种刺痛）："尊重你的长官！"（HONOR THY SUPERIOR！）（197）这是个祈使句，不太像是罪名，若译为：不分尊贵，不知敬畏，比较像罪名。可这算什么罪！

原来，受刑人是卫兵，必须在每个小时钟声敲响的那一刻站起来，朝上尉的门口敬礼，可是昨晚两点钟时他睡着了。上尉用鞭子狠狠抽他，他惊醒后抱住上尉的腿大喊："把鞭子扔了，不然我吃了你。"（199）流放地无须调查、申辩、判决的法律程序，就判受刑人死刑。此法、此罪、此刑罚，此流放地！

在流放地，最大的罪莫过于不服从体系，不服从"中心"代表的绝对权威和尊卑秩序。如同在皇权之下，"欺君犯上"是最大的罪。

"他［受刑人］知道他被判了什么刑吗？"探险家问。

"不知道，"军官答，"没有必要告诉他，他会从自己的身体上获知。"（197）

---

①　本文选用卡夫卡《在流放地》英译本的引文，由笔者译为英语，其他英语文献的汉译亦然。所有《在流放地》的引文出自 Franz Kafka，"In the Penal Colony" in *The Penal Colony: Stories and Short Pieces*. Trans. Willa and Edwin Muir, New York: Schocken Books, 1948, 1976, pp. 191－227. 后不再赘注。

军官看出探险家情绪波动很大，耐下心来解释。军官不像一个有暴力倾向的人。他看上去温文尔雅，坚守他深信不疑的理性。他执行如此暴力的处决，只是为了证明流放地的操作是合法且正当的。也许，他也想证明一下自己的能耐和影响力。

在军官心里，这部机器代表的程序逻辑就是合法的："我知道不可能让人再相信过去。但这部机器还在工作，它还有效力。即便机器孤零零立在这山谷里，它依然有效。随着它温柔无比地蠕动，那尸体最后还是会落入坑里，尽管不会再像往日那样会有几百人像苍蝇一样围观。"（210）

探险家毕竟不是流放地的人，当他鼓起勇气准备对这种制度说"不"时，军官做出最后努力，取出机器顶部的另一个指令："坚持公正！"（BE JUST！）（219）明显是非正义的机器和体系，却用"公正"这样的词句装饰，岂不邪恶！以正义掩盖非正义，以美掩盖丑，是丑中之丑，丑中之最。

流放地的杀人机器已经老化，"设计者"的齿轮"叽嘎"作响，捆绑受刑人的皮带也已破旧。

探险家一直沉默，不肯说那句公道话。为了安抚自己的良心，他告诉自己，反正流放地的"传统即将结束"（212）。但他终于忍无可忍。当军官请求他为体系的"公正"作证时，探险家说出："不"。这个"不"，是讽喻的转折。

机器开始乱晃。军官做出一个惊人的决定：为了维护机器、体系和老统帅的"公正"，他释放了机器下面的受刑人，自己脱光衣服躺在机器的"床"上。可怖的一幕发生了：杀人机器此时失灵，疯狂乱跳，直接进入第十二小时的屠杀状况。军官惨死，圆了他的烈士梦。

4

回到前面的问题：流放地"结构的结构性"，取决于它有一个"完全在场"并有"固定起源"的"中心"，一个逻各斯中心逻辑的"中心"。这个"中心"在哪里？

探险家对军官的请求最终说的"不"，是对这个"中心"所谓合理性的否决的一票。这个代表了读者意愿的"不"，宣告流放地的"中心并非中心"（德里达语）。

我们凭直觉已然明了流放地的"中心"是什么，也感悟到这个"中心并非中心"意味着什么。

随着噩梦的深入，"中心"一再现身。"中心"体现在机器上：机器的逻辑、历史和作用。然而，这是反人性的工具，反人性的"工具理性"（instrumental reason）。

"中心"也以老统帅为体现。他是流放地的"起源"和总工程师，无所不在的"在场"。老统帅被神化，也被幽灵化。他的名号、意志、话语，代表纯粹的起源（arche）、绝对真理、必须服从的"公正"、明确的目标（telos）。在军官眼里，老统帅的话相当于"神之言""圣人之言"，相当于那一句："奉天承运，皇帝诏曰。"一个被奉为尊贵、等于真理的名号等于一个世界，这正是逻各斯中心逻辑的信条。上帝的话等于上帝的世界，皇帝的话等于普天之下的皇土，老统帅的话等于整个流放地及其组织结构。这就是"结构的结构性"。

从卡夫卡作品的整体来看，暴力秩序的"中心"通常被比喻为一个"父"的形象。象征意义而不是生理意义上的"父亲"，可称为"原型父亲"（archetypal father），是拉康意义上的"父之名"（Name of Father）。"父之名"让人想起神学意义的"天父"，宗教意义上的"In the name of the Father"，其实就是逻各斯中心式的圣旨。卡夫卡笔下的剥削之父、暴虐之父、官僚之父、极权之父，是同一"原型父亲"的不同面貌，都是"父之名"。

"中心"扎根在军官的心里。他曾经和老统帅一起建立流放地，当过法官，忠实捍卫流放地的体系，把自己定位在流放地的逻各斯中心逻辑之下。相对于老统帅，他是奴，更恰当的称谓是：奴才，有才能的奴隶。

军官对探险家说过一句话："My guiding principle is this：Guilt is never to be doubted."（198）这句话里的"guilt"，既指强加于受刑人的所谓罪，又指类似内心的"原罪"。在所有奴隶心里种下"负罪"的种子，即是体系"中心"的普遍内化。

在流放地，士兵、受刑人属于下层。但是，"中心"也内化在他们心里。士兵日复一日看机器杀人，看犯人受酷刑，他心里明白或不明白，都是一副无动于衷、若无其事的样子。

受刑人对他的中尉长官做出的下意识反应，是他唯一的反抗。被固定在机器上时，他一脸麻木。军官最初向探险家展示机器时，受刑人还会爬过来和他们一起查看"耙子"的状况，似乎不知大难临头。如果他被绑上机器时还令人同情，后面的表现就不可原谅：他被从机器上释放出来，立刻就忘了刚才受的苦，立刻和士兵为抢手绢滚打在一起，玩得如此忘乎所以。这时，军官决定把自己献给机器，又立刻引起受刑人的注意；他似乎意识到军官将受他受过的罪，脸上露出了微笑，全神贯注和士兵一起观看机器和军官的每个细节。探险家看到这可怕而又恶心的一幕，挥手让他们走开，受刑人纹丝不动。

受刑人的奴性，不仅在于他的麻木和冷漠，还在于他作为暴力的受害者，居然会爱上暴力。受刑人本身是个可怕的噩梦！

5

军官当了烈士，机器坍塌，流放地的体系是否就此结束？卡夫卡之所以是卡夫卡，没有让噩梦结束。《在流放地》的结尾，是梦魇的最深处，那里有个茶馆。

探险家离开刑场，随士兵和受刑人来到流放地的一排房屋。士兵指着其中一座说："那就是茶馆。"

茶馆立在路旁，和流放地其他房屋一样破旧不堪。在探险家的印象里，茶馆代表"某种历史传统，他感觉到了过去的一种力量"（225）。茶馆楼下的一层是一个"又低又深的洞穴式的空间"（225）。探险家一行走进这家四壁黢黑、空气浑浊的茶馆。

"那个老人［老统帅］埋在这里，"士兵说，"神父不让他埋在教堂的墓地里。一时间大家不知道把他埋在哪里，最后就埋在这儿了。军官肯定没有给你说这些，因为他当然为此事尤其感到羞耻。他甚至好几次夜里来想要把这个老人挖出来，都被人赶跑了。"（225）

茶馆的后墙摆着几张桌子，桌子下面是老统帅的坟墓。桌旁坐着茶馆里的顾客，他们都是穷苦的人，无意还是有意，他们守护着老统帅的墓。

卡夫卡这样描写茶馆里的穷人："他们显然是码头工人，身体强壮，满脸短茬的黑胡子闪着光。他们没有一个人穿外套，衬衫破烂，都是卑微的穷苦人。"（226）

他们挪开一张桌子，下面是老统帅的墓碑。探险家蹲下来读出碑文："老统帅长眠于此。他不得不匿名的信众们，挖此墓，立此碑，做此预言：若干年之后，统帅将复活，带领他的信众，从此屋出发，收复流放地。坚守信念吧，等待！"（226）

死人不会复活，信众的奴性却可以让死魂复活，让幽灵继续统治活的生命。流放地最最可怕之处，是这个茶馆，是茶馆里的穷人、被奴化的信众。按照逻各斯中心二元对立的逻辑，奴隶是卑贱的一方，是"不在场"，是受害者。而事情的诡异之处又在于：奴性十足的奴隶恰恰是体系赖以支撑的基础。体系的稳定，必须要奴隶认同我尊你卑的"真理"，并将此"真理"在奴隶的心里内化。流放地不仅有镇压反叛的机器，还有内心已被奴化的穷人。这个讽喻深层的启示是：奴隶制的存在，不仅因为有奴隶主，还因为有奴隶。

流放地的"中心"也在茶馆里，在茶馆里的穷人守护的墓碑上，在信众坚守的信念里。我们在梦魇的最深处，通过茶馆里穷人麻木的表情，清楚看到了那个"中心"，不是幻觉。

目睹此情此景，探险家失魂落魄，拼命逃离流放地。他跳上了船，士兵和受刑人紧随其后，想和他一起逃离。探险家挥动粗大的船绳喝阻他们，绝不让噩梦跟到船上。

就这样，《在流放地》把噩梦一层一层剥开给我们看。然而，讽喻潜在的善念，是要将人们从噩梦中唤醒。

1784年，康德发表了《什么是启蒙？》一文。他将不自由解释为"受人监护"（tutelage）的状态："受人监护，指人无法在没有别人指导的情况下运用自己的理解力。"（Kant，1）① 据此，康德给"启蒙"做了一个著名的定义：启蒙，就是人类从自己造成的受监护状态（self-incurred tutelage）中

---

① 全文参见 Immanuel Kant，"What is Enlightenment?" in *The Portable Enlightenment Reader*. Ed. Isaac Kramnick. London：Peguin，1995，pp. 1－7.

解放出来。

　　为了更清楚揭示《在流放地》的寓意，我们采用了德里达的方式做分析。关于如何从卡夫卡的噩梦里醒来，康德的启示也是一种补充。

　　然而，文学的力量不在于它的明示，而在于其暗示；卡夫卡的小说欲言又止，停在预言的门槛上：茶馆里穷人脸上麻木的表情，是梦魇最深处留下的暗示，寓意呼之欲出。

"对话自我理论" 辑览

"不期而遇"：文化自信理论与对话自我理论

可晓锋①

　　不妨说，在逆全球化时代，中国的文化自信方略与欧美的对话自我理论之间由某种"不谋而合"而"不期而遇"，正是组编这辑译文和评论的一个适当"理由"。当然，只有阐明它们的"不期而遇"或"不谋而合"到底意味着什么，才能判断这个"理由"是否确然"适当"。

　　文化自信理论是中国在全球化和逆全球化这一世界现代化的当前进程中采取的文化"立身"方略，也是为不同的人类文化在当今时代中如何自处以及未来如何发展提供的一份中国方案。自文艺复兴一路行来的现代化进程，其未完成的现代性仍在其当代形态的全球化以及逆全球化运动中延续与演变。一个国家、一个民族甚至一个个体，进入现代化或成为现代的，都意味着以某种形式汇入世界总的发展进程，并且不再是孤立的或封闭的，而是向他者的某种程度的开放，或与他者的某种联结，无论其中的参与者自愿与否、愉悦与否。因此，"全球化"不仅是现代化或现代性的当代形态，其实质还是现代化或现代性所具有的"力量（power）形式"。现代化或现代性的"全球化"力量的一大特征就是它"吞噬"或同化其联结的"一切"（如国家、地区、民族、经济、社会、文化等）的异质性"自我"，尽管它总是遭到这些"自我"的抵抗。而在全球化"吞噬"地域文化与地域文化对全球化的抵抗中，产生巨量的"不确定性"，如混杂、矛盾、流动

---

　　①　作者简介：可晓锋，文学博士，任职于乐山师范学院文学与新闻学院。

等，对不同地域文化的影响亦是程度不同，并不一味就是亨廷顿所谓"文明的冲突"的单一形式。当先发于西方的现代化或现代性向全球蔓延，于19世纪中期来到中国时，它并不是受邀而来，也并不是与中国愉快地"相遇"，而是使后发或迟发地进入现代化的中国长时间地陷入被侵略的战争、混乱和动荡之中。如此身处古今之间、新旧之间、中外之间，将"如何与传统文化对话"，"如何与他者文化相遇"？即使在面对国破家亡、"瓜分豆剖"的空前危机时，并不全然以"封闭"进行对抗，而以饱含文化自信的"开放"来抵抗与自强，终是为历史发展所选择的"主音"。从林则徐、魏源到梁启超再到李大钊，等等，中国近世"开眼看世界"之诸贤在背负沉重的忧内患外的同时，他们的行动与思想又都展现出一场饱含革命救国意味的中华民族自身文化寻求与外位文化的"对话"。从20世纪80年代，中国实行改革开放，主动与世界"接轨"，拥抱全球化，到以英国脱欧及特朗普主义为显著标志的逆全球化时代，中国向世界倡导"人类命运共同体"，中国学者向世界提出全球对话主义的文化自信理论，构建人类文化价值星丛，就是认识到世界上任何一个民族、国家都是全人类及其文化的构成部分，相互之间既自主独立，又关联共存。文化自信理论守持"不同文化之间既自信独立又对话互惠"，以此应对人类文化的生存与发展的重大问题。这不仅是中国传统儒家思想的"和而不同"智慧的当代演绎，也是从历史发展和现实实践中得出的对人类文化进展前行的合理研判。

　　对话自我理论是欧美主流学界试图突破现代化（或现代性）进程中的西方中心主义的文化二元论偏见或刻板印象，而以跨学科的"中立"姿态展现个体自我如何应对全球化的世界社会的一种自我知识和实践策略。得名于加拿大学者查尔斯·泰勒1989年的会议文章《对话自我》，由荷兰学者赫尔曼斯主创并推动发展起来的"对话自我理论"，其实"发迹"于心理学领域的自我理论研究。赫尔曼斯等学者提出"对话自我"，正是针对西方现代化过程中形成的带有文化中心主义偏见的自我话语。这种话语所阐释的自我有两个特征：自足的个体主义与空洞的理性主义；造成了两方面的分裂：自我与他者的分裂，自我与社会的分裂；并且这一话语本身的文化二元论的刻板印象，都与"对话自我"格格不入。但是赫尔曼斯的"对话自我理论"仍然处身现代化（全球化）过程中，早在20世纪90年代，赫尔曼斯与其同事已提出把文化和自我差异归入二元对立的框架将无法应对全球化的挑战，因为全球化时代的文化是流动性的（moving）和混合性的（mixing），因此，他们直接宣告需要聚焦一个对社会、文化交流及其复杂性以及全球互联动态等保持敏感性的"接触区域"（contact zone），而这个区域就是赫尔曼斯等人构建起来的"对话自我"。"对话自我"表现出来的开放、包容、链接能力，毋宁说它成了全球化社会某种形式的"化身"（personification）。实际上，赫尔曼斯通过类比的方法，并结合定位理论（position theory），将对话自我隐喻为一个"心灵社会"（a society of mind），而外位于个体的他人甚至社会文化，都可以以某个"位置"（position）的形式进入这个心灵社会。意识主体（可用代词"I"来表示）占用"心灵社会"中不同的"位置"，并在其间进行一种交互"运动"；这一交互运动主要表现为意识主体在所占据位置上的"自我叙事"或对位发声，赫尔曼斯对话自我理论将之概念化为"对话"，并据此提出"意义即运动"（meaning as movement），认为个体自我的意义系统正是在"心灵社会"中的对话活动里构建和产生的。以这样的方式，对话自我理论不仅表象了自我中的（"位置"间的）"对话"，也表征了"意义"构建生成的过程。换句话说，对话自我理论通过"外部"社会之物隐喻到自我这个心灵社会"之内"，将"对话自我"建构为以"自我－社会"（self-society）形态存在，并"社会地运作"的"间在"（interbeing）。对话自我作为"间在"，表明了这样的意涵：社会中的每个人作为（身份）个体，通过让社会的他人、文化能够进入其自我之内，与自身之外的社会他人、他物相互联结、相互交汇，从而既是构成社会之物，又是社会存在之物。

对话自我理论与文化自信理论"不谋而合"的是，在（个体）自我与文化（自我）与他者（他人、外位文化）的关系上，两者都认为：（个体）自我与文化（自我）既具有主体性，也具有他异性（otherness）；既是他者中的自我（self-in-other），也是自我中的他者（other-in-self）；因此，（个体、文化的）自我不是各自孤立封闭的，而是向他者（他人、外位文化）开放的、与之共在的；自我与他者之间所应具备的建设性和生产性的相互关系则是对话互惠。有趣的是，文化自我理论展示的是一个"宏大的"人类文化"结构"：多种多样价值的"文化之物"作为人类活动的产物都身处由它们自身组成的一个多元化结构——"文化价值星丛"，文化中的"人"作为巴赫金所言的"珍贵而有价值的东西"的载体结成"人类命运共同体"；并且，文化自信理论探究信守个体（或地域）的文化"自我"如何在文化的交往或"对话"中具有人类的文化"大我"之发展路向。而对话自我理论深入发掘的则是一个"间性"结构——以"自我－社会"为存在形态的"对话自我"，其路向是在外位于个体的社会、文化之"人"与"物""投进"个体自我之内或在个体自我向"外"延伸中，探索个体自我的动态性和多样性——"对话性"——所具有的应对复杂情境的潜能。

　　环视国内学界的研究文献，赫尔曼斯对话自我理论是在 21 世纪以来（2018 年之前）才闪现着一瞥淡淡的身影。或可说，这也是一种"不期而遇"。只是这段"相遇"不经意间显露的，是一副不乏僵化的身姿：将对话自我理论作为一种"自我理论"引入，就像"购进"一件"工具"，使用它指导研究，或为之增添声色。不得不说，这更像是"原原本本"的"不期而遇"，并没有在真正意义上进行互相连通的"对话"，因此遮蔽了对话自我理论中蕴含的"相遇哲学"（a phenomenology of encounter），抑制了对话自我理论本身勃勃的"桥接"（bridging）潜能，所以只能主要算作评介引入。当然，这次先有的"不期而遇"中包含着某些敏锐的先见，或许它已在无意间探知了某种必然性。

　　之所以于此还说"不期而遇"，意在表明赫尔曼斯对话自我理论来到"这里"的某种"必然"，因而无需有"期"地相遇。这一相向而"遇"，需要从本专栏这组文章背后的"故事"说起。其中的一个"伏机"是巴赫金的对话理论。20 世纪 80 年代末 90 年代初以来，赫尔曼斯自身学术转向的一个重要资源就是巴赫金的复调小说理论，此后《陀思妥耶夫斯基的诗学问题》（英译版）以及其所谓的以巴赫金为代表的欧洲对话主义（包括马丁·布伯等），在论著中屡屡提及，新近的《自我中的社会：一种民主的认同理论》一书中依旧如此。不约而同，在 20 世纪 90 年代的国内学界，巴赫金也是声名大噪，《巴赫金全集》也在这一时期译成中文出版。赫尔曼斯对话自我理论的另一重要资源——美国实用主义心理学，如威廉·詹姆斯、赫伯特·米德等的著述与理论，在国内同样早为学界所熟知。此乃可谓，未遇见之前，已然缘结丛生。随着全球化的深度发展和逆全球化时代的到来，面对复杂、差异的多元文化问题，中国和中国学者提出的一份方案是文化自信和全球对话主义，而赫尔曼斯同样发现地方中心主义的文化二元论的危险和困局，明确地提出"混合的与流动的多元文化需要对话自我"，其意见的主要观点在本栏所译的《对话自我：一种个人和文化位置理论》一文中有着概略而集中的体现。当"文化自信"闪烁着"和而不同"的中华文化智慧，首次在第 10 届"对话自我"国际研讨会（布拉加，2018 年 6 月）上亮相时，应该说，这并非"意外"的偶遇，而是前述因缘下和面对同一个世界情境时的不谋而合，是中国文化自信方略与对话自我理论的某种"不谋而合"。大会主席赫尔曼斯由此欣然作评，这便是《对话自我理论：反对西方与非西方二元之争》（发表于《读书》2018 年第 12 期）一文，他在文中认为，对话自我理论是对"在当代全球化社会里阐论文化自信的一个有益补充"。

由此，才可以说，对话自我理论来了！《对话自我理论：反对西方与非西方二元之争》是国内首篇对话自我理论的翻译文献，作为对话自我理论与中国学界不"期"而遇之印记的这篇译文，实质上表示了中国学界与欧美主流学界在如何认识和处置全球化世界里的自我与文化复杂关系议题上的一些对话共识。这一"相遇"（meeting）还在持续，还在展开：最近，在第 11 届"对话自我"国际研讨会（巴塞罗那，2021 年 6 月）上，中国学者提出的变异理论（variation theory）继续桥接对话自我理论。在此之前，赫尔曼斯于第 10 届"对话自我"国际研讨会后，授权了他的两篇重要论文在国内的翻译，其中，《对话自我：一种个人与文化位置理论》是赫尔曼斯极具影响的重要论文。实际上，大约是从这篇论文起，赫尔曼斯才逐渐将"对话自我"与"理论"联结一体，即今天所谓的"对话自我理论"。这是因为在此之前，"对话自我"作为赫尔曼斯构想的研究对象，是需要通过科学实验进行探索并证实的，所以多数论文中都列出大量的实验数据，并结合他的动机理论和评价理论以及自我对质与个体位置库等方法，在一定程度上偏向实验实证研究。而从这篇论文开始，赫尔曼斯加强了对话自我的理论建构和应用预测。在此文中，赫尔曼斯一方面总结式阐述了"对话自我"的理论渊源和构造，另一方面将"对话自我"概念借由"定位（或位置）理论"（position theory）延伸到全球化文化领域，认为"一个日益互联的世界社会需要重视不同文化、不同自我，以及自我中不同文化位置之间的对话关系"，提出的"未来研究的三个方向"，既关乎文化，也深及自我。从赫尔曼斯从事研究的学术脉络及其个人学术生涯来看，他一以贯之的人文关怀在对话自我理论中也展露无遗。由是观之，"对话自我理论来了！"它想化身为桥梁，来联结不同的自我与文化，期待在相遇而展开的"对话"中探索认识自我和关注自我的心理健康的方式，以应对流动的、混杂的、异质的全球化文化所造成的不确定性。

　　对话自我理论不仅来到个体自我的心理生活中，而且还期望来到个体当前的公共生活中。从赫尔曼斯本人来说，他对自身学术道路的坚定信念源自探索"人的研究"和"有助于人的生活"的协调，表现为对"自我潜能"的自信，这与其曾引述美国人本主义心理学家奥尔波特（Gordon W. Allport，1897—1967）的观点——"只有在自我概念的帮助下，心理学家才能调和他们所研究的人性和他们所服务的人性"——存在深刻的共鸣。但是，在联结日益复杂的全球化社会中，即使赫尔曼斯这样的对自我有上述那般信心的资深研究者，也强烈感受到，包括心理学在内，没有任何单独一门学科具备完善的能力，来发展一种足够广泛的自我理论，能够给予自我潜能的复杂性以充分的回答。这就意味着，需要建构一种宽容的视角，将自我视作这个全球化的和跨界的世界的一部分，而且它还正在社会性地和文化性地变得越来越多面化和复杂化。为此，赫尔曼斯在全球化社会、文化的交界面上所开发的对话自我，并不是简单地突破学科领域边界的产物，而是将自我的潜能与个体活动、个体生存深入关联起来，并概念化为一个具有桥接能力的对话空间。由于将自我与社会链接一体，对话自我作为"自我-社会"，其实质是一种"间在"（interbeing），对话自我理论的探索也由此具有存在论的意义。对话自我理论具有强大的"桥接潜能"，使其难以合适地归入某一门主流学科，因而呈现一副"雅努斯"式的面相。从理论发展来看，对话自我理论的新近妆容是"民主自我"（the democratic self）。在"民主自我"这个新研究领域，赫尔曼斯接连出版了多部研究著作，除了前述已经提及的《自我中的社会：一种民主的认同理论》（2018年）一书，还有《内在民主：赋予心灵力量以抵抗极化的社会》（2020年）、《公民教育与民主个体化》（2020年），以及即将出版的《面对不确定

性中的解放：对话自我理论的新发展》。在这些研究著作中，赫尔曼斯或者
对话自我理论再次在个体自我与人类文化的关系上表露了与文化自信理论
"不谋而合"的这一共识：人类的共同文化价值无法脱离文化自我价值而存
在。具体来说，赫尔曼斯赞同诺贝尔经济学奖得主阿马蒂亚·森的判断：
民主已经兴起为当今时代的一种普遍文化价值，但他同时又认为，民主比
以往任何时候都需要参与其中的每个公民的个体贡献。赫尔曼斯正是在以
对话自我理论为根基的个体自我与社会文化的关系上，表达了他对"民主"
的认识：民主只有在不仅于自我之外，而且在个人生活的更深层区域发挥
作用的情况下才能正常运作。所以，赫尔曼斯提出"民主自我"，是想表明
对现代社会的民主这一价值的一种当代文化见解：民主是扎根在公民个体
的心灵中的，是个体化的民主（personalized democracy）、内在的民主
（inner democracy）；只有自我民主了，只有在"民主自我"的生产性对话所
激发形成的对话性民主的基础上，社会民主、进而民主社会才可能真正存
在，充满生机和活力。

文化自信理论与对话自我理论——两种不同文化渊源的"时代理
论"——在当前"不期而遇"，这透露出人们对人类自身与人类自身文化
"共同"的"操心"（海德格尔的术语）与信心。在日益"跨界成性"的全
球化时代中，文化自信理论与对话自我理论，都对西方现代工业文明所引
领的世界现代化过程中的文化二元对立或文化中心主义、文化霸权主义提
出了质疑和批判，两者都已深刻地观察到（个体、文化）自我与全球化世
界社会之间的张力与联结，其中的不同文化、不同个体都置身于以自我与
世界社会为两极的张力域中，又以"自我－社会"形态的"间在"存在着；
两者"再次"对（个体的与文化的）自我加以重视和关注，这并非重走文化
（自我）中心主义的老路，而是在深入把握自我与他者关系基础上，对自我
"桥接潜能"的开掘，对（个体的与文化的）"自我对话"生产性的展望。文
化自信理论与对话自我理论两者之间的这种"不谋而合"，说到底，意味着中
西学者对不同文化能够共存于"文化价值星丛"的共识，意味着中西方不同
文化的人们在面对不确定性的挑战时对"人类共同命运"的思索。

最后，感谢栏目中的译者们，感谢他们的辛苦工作，感谢他们为对话
自我理论来到"这里"、来到中国所作的贡献！

对话自我理论：反对西方与非西方二元之争①

〔荷兰〕赫伯特·赫尔曼斯　撰

赵　冰②　译　可晓锋③　校

摘　要： 金惠敏教授以其论述文化自信的文章相赠，读之欣欣然，禁不住诱惑，撰写了一篇西方视角的短评。我主要是想展示，在西方最近几十年的出版物中，流荡着一种日渐浓郁的对于对话自我理论（dialogical self theory）的兴趣。人们相信，对话自我理论应该被发展成全球化社会的一个组成部分，有此必要，且必将大有收获。在此语境中，我讨论了四个方面的议题：其一，对话自我作为西方个人主义的替代方案；其二，对话自我理论的来源及一些主要原则；其三，全球立场与地方立场之间的紧张关系；最后，承认那些产生于不同文化和不同自我的声音的他者性（otherness）和异在性（alterity），其必要性究竟何在。我试图表明，西方社会科学的最新发展与金惠敏关于中国文化自信的论断不谋而合、遥相呼应。

关键词： 全球化　对话自我　文化自信　他者性

---

① 此文是赫尔曼斯教授回应金惠敏教授所作。2018 年 6 月 13 日—18 日，第 10 届"对话自我"国际研讨会于葡萄牙的布拉加召开，金惠敏教授受邀于会上作了题为"Cultural self-confidence and constellated community centering around Xi Jinping's speeches"的特约演讲（invited lecture），大会主席赫尔曼斯教授回应演讲的观点，即是此文。

② 译者简介：赵冰，文学博士，任职于外交学院。

③ 校者简介：可晓锋，文学博士，任职于乐山师范学院文学与新闻学院。

在对文化自信的论辩中，金惠敏教授在《文化自信与星丛共同体》① 中提出，身份本身并非自在之物，并非孤立的实体，或者什么纯粹的自我建构或自我实现，恰恰相反，它总是"一种结构，一种必须借助于一个外围的他者来完成其自身叙事的话语"。于是，他继续指出，"文化自信的建构过程便必然牵涉我们对待外部文化或异质文化的方式，是它们对我们进行定位和再定位、塑形和再塑形、构造和再构造"。

过去几十年，在西方国家的社会科学界也发生过一个类似的关于在全球化社会中如何定义身份问题的讨论。作为此辩难的一部分内容，自由、自主的个体这一西方理型越来越成为批判审查的对象。受启蒙运动之将自主作为理型的影响，一个现代性的自我概念或身份概念被广为传播。根据这种概念，自我或身份被认定为自由、独立的实体，可以脱离社会环境而进行定义和研究。在此理型的基础上，心理学家发展出了种种理论和概念，假定自我本身存在某种本质，拥有独立的私家基地，而社会环境则全然是外在的东西。诚然，不少心理学家也承认社会环境对自我具有重要的影响，但他们固执地认为，自我可被定义为某种本身具有核心本质的东西，对它的研究可以不考虑其社会环境。成千上万例对个体自尊的探查正是这种观点的代表性例证。

作为这种"容器自我"（container self）的主要批评者之一，社会学家彼得·卡莱罗（Peter Callero）审视了 20 世纪自我心理学的主要趋势。他列举并分析了当代主流心理学中一系列的自我概念，例如自我一致、自我提升、自我监察、自我效能、自我调节、自我呈现、自我验证、自我认识、自我控制和自我设障，等等。在其结语部分，他列出了这些概念的共有特征：其一，重视自我的稳定性，轻视其变化性；其二，重视自我的统一性，轻视其多样性；其三，不注意社会权力。用其本人的话说，主流心理学的一大趋势是"强调稳定性、统一性和一致性，而不重视社会建构的社会学原则。被社会建构起来的自我或许会环绕着一套相对稳定的文化意义系统

① 金惠敏：《文化自信与星丛共同体》，载《哲学研究》，2017 年第 4 期。这里所评论的是此文的英译稿（Cultural self-confidence and constellated community centering around Xi Jinping's speeches），后经修改和增补发表于纽约 Telos，195，Summer 2021。——译者注

而凝结起来，但这些意义则从来**不是永恒的和不变的**。同样地，社会建构的自我尽管看起来或许是有中心的、统一的、单一的，然而这一符号结构与环绕着它的社会关系是一样的**多维和多样**。最后，社会建构的自我从来不是个体之某种有界限的品质或心理特性的简单表达；从根本上说，它是一种社会现象，在其中，概念、形象和理解都是由**权力关系**所深深地决定的。当这些原则被忽视或遭到拒斥时，自我也就通常只能被概念化为储藏一个人之所有特性的容器了"①。

对话自我对西方个人主义的批判

对西方主流心理学自我概念之个人主义偏好的批判也是构建对话自我理论（dialogical self theory，缩写为"DST"）的基础性工作。这一理论出现于 20 世纪末期，是西方社会科学一个新的进展，是对于在西方之社会的、科学的自我概念中占据主导位置的个人主义和理性主义的一个反动。它将自我和对话两个概念组合在一起，由此一个对于自我与社会相互联系之更深入的理解便成为可能。通常情况下，所谓"自我"是指某种"内在"的东西，某种发生于个体头脑内部的东西，而"对话"则主要与"外部"之物相关，指的是发生在人与人之间交往的过程。"对话自我"这一复合概念将外部之物带给内部之物，反过来又将内部之物融入外部之物，以此超越了内与外的二元对立。在此理论之中，自我行使着作为各种不同"自我位置"（self-positions）或"主我位置"（I-positions）之间多元关系的功能，而社会则为不断发展着的对话个体所寓居、刺激和更新。为了恰切理解对话自我，我们必须在社会的主我位置与个人的主我位置之间做出区分。社会的位置（例如，我作为老师、父亲、领导等）类似于社会角色，它们均接受对于一定社会语境中个人行为之社会期待的导引。此外还有个人的位置（例如，幽默的我、热爱巴赫音乐的我、作为体育迷的我）。这种区分使个性化角色（personalized roles）的创造成为可能，在这样的角色中，社会的

---

① P. L. Callero，"The sociology of the self"，*Annual Review of Sociology*，Vol. 29，2003，p. 127，黑体强调部分为本文作者所加。——译者注

位置与个人的位置被结合在一起。例如，一个教师可以表现为一位风趣幽默的教师、一位见多识广的教师、一位专制独裁的教师或者一名助人为乐的教师。以此方式，社会的行为接受了个人的表达，个人和社会从而得以联结。

自我与社会的相互联结不允许我们继续使用那种将自我本质化和严密封装起来的概念。进一步说，它也避开了"无自我社会"的局限。我们知道，人类个体心灵给予现行社会实践创新以其丰富性和创造性，但在这样的社会里，人们是很难有机会从中获得什么益处的。自我与文化的关系必须依据多样性的位置来构想，而正是由于这样的位置，对话关系才得以发展出来。这种观念允许我们将自我视作"包含了文化"和将文化视为"包含了自我"来研究。同时，自我与社会相互联结的观念也避开了那样一类的认识陷阱，即以为自我就是个体化的和自我包含的，以为文化就是抽象的和非个体性的。

对话自我理论：自我作为心灵的社会

对话自我理论并非社会科学中从天而降的一个新生事物。它诞生于两种传统的接合点上：美国实用主义和俄国对话主义。作为一种自我理论，它以威廉·詹姆斯和乔治·赫伯特·米德关于自我运行的经典构想为灵感源泉。作为一种对话理论，它详细阐述了巴赫金关于其所提出的对话过程的生产性洞见。尽管这些作者的一些基本观点对于对话自我理论的发展可算厥功至伟，但我们还是超越了这些作者，因为我们发展出一种理论，它能够接受而非拒绝来自如下一个清晰的认识的挑战性冲击，这一认识就是：我们是全球规模的重大历史变化的一部分。

我与彼得·卡莱罗的观点一致，我要强调的是，在自我内部，既有稳定的位置，也不乏变化的位置；既有统一性（向心运动），也兼具多元性（离心运动，即各有其特殊能量和发展轨迹的众多位置）；位置的组织为社会权力的差异所决定。考虑到这些特点，自我便可定义为由主我位置所构成的微型社会，这些主我位置同时也是整个社会不可分割的组成部分。

行文至此，我们能够看到，对话自我作为一个动态的微型心灵社会，与金惠敏的文化自信观点具有紧密的联系："如果说文化自信不仅是对自身文化传统的坚持，也是为更好地坚持即丰富和发展这一传统而对他者文化之有益成分的汲取，以此而营养和强壮自身，那么文化自信也就必然意味着一种文化间性、主体间性或文化的主体间性。"作为一种补充，我愿意进一步指出，如果在个人层面上的自信不仅意味着坚持自己过去的行为方式，而且包括为了更好地生存而从他人的自我那里汲取养分，那么，这样的自信必然就与主体间性和文化的主体间性有关。在这种情况下，一个全备的对话自我便是对金惠敏所提出的对话社会的适宜补充。

在金惠敏看来，自我从来不能离开对他者的指涉而存在。自我绝不等于自我中心，相反，自我是他者中的自我，是孔夫子所谓的"和而不同"（correspondence in differences）①。唯此，一个"文化星丛"才有望达成。与该观点密切相关，对话自我理论认为，意味深长的其他人或其他群体并非全然位处自我之外，而是内化为"自我中的他者"。由于在自我中寓居有其他的个体或群体，自我便总是承担着其作为"心灵社会"的功能。在这个微型社会里，自我是"他者中的自我"，而他者又是"自我中的他者"：此他者在自我组织的内部作为"另一人"来发挥作用。举足轻重的他人或他人群体在自我中可能被呈现为或多或少占据主导地位的或拥有权力的他者，它们在自我中发挥着模范、向导、权威的作用，抑或充当那种组织个体自我的鼓舞人心的角色。

再者，与孔夫子"和而不同"概念息息相通，对话自我理论一个颇具代表性的做法是，将自我把握为"多元中的统一"或"统一中的多元"：自我的存在样态是主我位置的多元性，这些各有所别的主我位置之所以能够协同一致地发挥作用，乃是由于自我内部各有所别的主我位置之间，以及不同自我——它们构成了社会整体——所拥有的诸多主我位置之间，存在着一种对话关系的质性。

---

① 孔子的"和而不同"有多种译法，"correspondence in differences"为金惠敏的译法，意在凸显差异之为本体论根基、相通之为现象学发生（或曰事件）、对话则为差异与相通无限之往复循环等蕴涵。赫尔曼斯是在这一译法的意义上将"和而不同"与其"对话自我"做比较研究的。——译者按

全球立场与地方立场之间的紧张关系

在一个全球化的社会里，个体和群体不再处身于某一特定的文化之中，这样的文化具有自身同质性，与其他文化截然对立，而是日益生活在不同文化的交界处。民族和文化之间愈益加强的相互联系不仅导致不同文化群体之间愈益加强的联系，而且也导致个体内部不同文化之间愈益加强的联系。不同的文化汇到一起，彼此相见；同样的情形也发生在同一个体内部的各种主我位置之间。这一过程可能产生新的身份，例如接受法国教育的人却作为中国公司的商业代表，参加国际足球比赛的阿尔及利亚妇女而后却现身清真寺做祷告，居住在印度的说英语的雇员却通过互联网给远在美国的青少年上技术培训课，一位在津巴布韦接受大学教育的科学家却移民英国，拼命地在那里找工作，等等。此处的关键是跨文化进程，它导致了汇聚于单个人自我之内的文化位置或声音之多样性的形成。这样的位置或声音将会相互协商、达成一致、产生分歧、制造紧张、爆发冲突（比如说，"作为一名德国人，当与同事意见相左时，我会习惯于坦率地讲出自己的想法；但在我现时工作的伊朗公司，我发现还是恭敬为上"）。这些例子均表明，不同的文化声音卷入了多样性的对话关系之中，在那些有待确定的场域产生或积极或消极的意义。换言之，全球与地方的联结绝非只是个体之外的一个现实，而且也被相当程度地整合为行动中的对话自我的一个构成部分。

全球与地方的动态关系甚至也表现在对文明进程的研究之中。全球系统科学家谢芙尔（W. Shäfer）指出，人类历史格局图不久前还显示，大的文明居少数，小的地方文化占多数。然而，自科技文明开始向全球弥漫，此格局图就立刻变得面目全非了。我们日益居住在一个被全球化传播的文明之中，而其内部又存在着许多地方性的文化：这样的文明是"一个相互联结、遍布全球的科技实践的解域化整体"①。互联网提供了这一全球文明兴起的重要证据。然而，谢芙尔又补充说，尽管互联网用户数量在世界范围内不断增长已是一个不争的事实，但其方方面面依然是地方性的。用户终端是全球关联与地方文化相交接的场所。这也就是说，在全球范围内流通的信息和知识总是被转化、改编，以适应人们在其地方性情境中的具体需求。

对地方和全球关系的这种论述与金惠敏所援引的亨廷顿的观点颇相呼应："在未来的岁月里，世界将不会出现一个单一的普世文化，而是将有许多不同的文化和文明并存"，因此"在人类历史上，全球政治首次成了多极的和多文化的"。关于未来世界图景，亨廷顿有其远见卓识："我所期望的是，唤起人们对文明冲突的危险性的注意"，促进全球范围内的"文明的对话"。

对他者性和异在性的承认

金惠敏斩钉截铁地断言，若不指涉他者性或异在性，自我便不能存在。同样道理，假使离开他者性和异在性，对话自我也难以成立。对话的潜能在于超越交谈中双方均熟稔不疑的情境。在其交流中，谈话参与者可能在表达或强调他们自己的观点时没有意识到和吸纳另一方的观点。唯当对谈参与者能够并且愿意承认对谈另一方的异在性及其自身合理性，进而，能够并且愿意考虑他人先前的信息和讲述，并因此而修正和改变自己的原初观点时，对话的创新性才有可能发生。

在《尼各马科伦理学》中，亚里士多德将在较高水准的交流活动中所体验到的他者描述为"另一个自我"（alter ego）。这个他者与我自己（自我）相像，同时他或她又不像我自己（alter）。要处理好全球化世界的差异，必须具备认知和回应处在其异在性之中的他人或其他群体的能力。作为发展完好的对话的一个主要特点，异在性在一个由差异走向对话的世界

① W. Shäfer, "Global civilization and local cultures: A crude look at the whole", in S. A. Arjomand & E. A. Tiryakian（eds.）, *Rethinking Civilizational Analysis*, London: Sage, 2004, p. 81.

里必不可少：其始也，诸多个体和文化都以差异性呈现给对方，他们不理解彼此的这些差异，但随后作为对话过程的结果，这些差异就变得可以理解和兴味盎然了。

在自我中认出他者性是后现代自我的众多面向之一。这种后现代自我对于对话自我来说至关重要。他者性概念（自我中的他者）直通具有直接的伦理蕴涵的异在性概念。异在性包含在与实际他者和在自我中的他者的对话性关系中，当他者被从他本人的观点、历史和特殊经验而看见、接近和欣赏之时，他者的异在性也就得到了承认。扩展列维纳斯的著作，库珀和我（2007）提出，在一个充分发展了的对话自我之中，不仅实际他者位置的异在性得到了欣赏，而且对于自我中的位置的异在性亦复如是。不能认为，文化群体或国家之间相互交流中的异在性与某一个人及其自我中主我位置之多样性的交流中的异在性是毫不相干的两种东西。实际上，他者—异在性与自我—异在性，就如同自我与他者一样，是相互包含的。

结　语

对话自我理论将自我作为众多主我位置的一种动态的多元性，它们被组织在"心灵的社会"之中。这一理论既关注个体之间、群体之间、文化之间，也关注自我之中不同主我位置内部的对话性关系，代表了对那种将西方与非西方对立起来的意识形态的抗议。如此的对话自我理论应当被看成是对于金惠敏在当代全球化社会里阐论文化自信的一个有益补充。

对话自我：一种个人与文化位置理论①

〔荷兰〕赫伯特·赫尔曼斯　撰

权　达　译②　可晓锋　校③

摘　要： 对话自我既为自我概念也为文化概念提供了一种深具影响的去中心化观点。在源自威廉·詹姆斯自我心理学传统与源于巴赫金对话学派传统的交汇处提出的对话自我，既挑战了核心的、实存的自我观念，也挑战了核心的、实存的文化观念。与这一自我和文化观念明显对立，对话自我将"自我"与"文化"构想成一种位置多样性；在这种多样性中，对话关系能够得以构建。在关于对话自我的讨论中，集体声音、统领性、社会关系的非对称性以及对话的具体化性等尤其受到关注。文化与自我日益显出持续的变动性和融合性，并且对旅行与超域性愈加敏感。关于自我与文化的未来研究，本文从三个方向展开了简要探讨：从核心到接触地带的兴趣转移，程度不断增强的复杂性，以及关于不确定性经验。

关键词： 集体声音　复杂性　对话自我　多声部性　超域性　不确定性

---

①　原文发表于 2001 年的《文化与心理学》(*Culture & Psychology*，Vol. 7)，为作者引用率最高的论文之一。

②　译者简介：权达，文学博士，中国社会科学院大学国际关系学院。

③　校者简介：可晓锋，文学博士，任职于乐山师范学院文学与新闻学院。

自我与文化被构想为这样的表述——一种位置（positions）的多样性，在其中，对话关系能够得以发展。这是本文所讨论的中心观点，它使得研讨"自我为文化包容（self as culture-inclusive）的"和"文化为自我包容（culture as self-inclusive）的"成为可能。与此同时，这一构想规避了这样一种误区，即视自我为个体化的和自足的与视文化为抽象的和物化的。因此，本文的首要目的，就是为自我与文化的互相包容提供一个理论框架。

本文的另外一个目的，是为实证地研究自我与文化的方法奠定理论基础。从一种具有相互对话关系的位置多样性来构想自我与文化，意味着有可能将它们作为一种由不同部分构成的整体来进行研究。这样，研究人员的研究工作既可从理论推进至具体实践，还可从实证研究回到理论。

本文的特点之一，是指出文化心理学不是一个孤立的科学探索领域。恰恰相反，文化心理学处于多种学科以及其他心理学分支学科的交汇之处，例如社会心理学、个性心理学、发展心理学、临床心理学、哲学、社会学、文化人类学、语言学与脑科学。上述学科都有助于我们加深对自我与文化相互关系的理解。

中心概念——"对话自我"，受到詹姆斯与巴赫金两位思想家的启发。他们在不同的国家工作（分别是美国和俄罗斯），研究领域不同（心理学与文学），理论传统也不同（实用主义与对话理论）。作为一个复合术语，对话自我处于上述传统的交汇之处。

从詹姆斯的"自我"到巴赫金的"复调小说"

自我的延伸

为了理解自我的运行机制，有必要从詹姆斯提出的理论出发。[①] 詹姆斯为理解自我的心理学打下了丰富的理论基础，这种心理学在 20 世纪风行。

---

① 参见詹姆斯（William James，1842－1910）1890 年出版的《心理学原理》（*The Principles of Psychology*，Vol. 1，New York：Henry Holt）。作者曾在多处多次提到詹姆斯的《心理学原理》，尤其是其中的《自我意识》一章对自己思想的重要影响。——编者注

这其中尤为重要的是詹姆斯对"I"和"Me"进行了区分。在卢森伯格①看来，这是对自我进行心理学研究的一种经典区分。根据詹姆斯的观点，"I"等同于"主体自我"，它有三个特征：延续性、区别性和意志性。（亦参见Damon & Hart，1982）②。自我的延续性是指一种自我认同，或者说在时间历程中的同一性。自我与他人的区别，或者说是个体性，则来自"主体自我"的主观性本质。最终，在持续性的思想获取与拒绝的过程中反映出一种个人的意志感。主体自我在这一过程中证明了其自身是积极的经验处理者。

在詹姆斯的观点中，"Me"等同于"对象自我"，它由从属个人自身的经验要素所构成。由于詹姆斯认为在"对象自我"（Me）和"我的"（Mine）之间存在一种过渡状态，所以他的结论是，经验意义上的自我是由一个人可以称作"他的/她的"的要素构成的，"不仅仅是他的身体和他的精神力量，还包括他的衣服、他的房子、他的妻儿、他的祖先、朋友、名声与作品，他的土地、马匹、游艇和银行账户"③。这句经常被引用的话表明，环境中的人与物，只要被自我认为是"我的"，就从属于自我。这意味着，不只是"我的母亲"属于自我，甚至连"我的敌人"也属于自我。在詹姆斯看来，"自我"已经延伸到周围的环境中了。这种延伸式的自我概念与笛卡尔式的自我概念是截然对立的，后者基于一种二分法判断，即不但将自我与身体割裂，也将自我与他人割裂。④"自我"与"他人"并非相互排斥，仿佛"他人"只是简单地存在于"身体之外"。正是通过"延伸式自我"这个概念，詹姆斯为后来离散的、多声部"自我"的理论发展铺平了道路；在这一观念中，比较、对立和协商都成为"自我"的构成部分。

---

① M. Rosenberg, *Conceiving the Self*, New York：Basic Books, 1979.

② W. Damon & D. Hart, "The development of self-understanding from infancy through adolescence", *Child Development*, Vol. 4, 1982, pp. 841 - 864.

③ W. James, *The principles of psychology*（Vol. 1）, New York：Henry Holt, 1890, p. 291.

④ H. J. M. Hermans & H. J. G. Kempen, *The Dialogical Self：Meaning Asmovement*, San Diego, CA：Academic Press, 1993.

巴赫金的复调小说

在对詹姆斯的引述中，我们可以发现与"我"（Me）具有从属关系的若干人物：我的妻子与孩子、我的祖先与朋友。这种人物的特性在巴赫金的"复调小说"这一隐喻中得到更加明确的阐述，并为后来关于"自我"的对话研究方法提供了灵感源泉。"复调小说"这一理论隐喻源是巴赫金在其著作《陀思妥耶夫斯基诗学的问题》[①] 中提出的。巴赫金在此书中指出，陀思妥耶夫斯基的小说中没有唯一的作者——陀思妥耶夫斯基本人，而是有很多作者、思想者，比如拉斯柯尼科夫、米西金、斯塔夫罗金、伊万·卡拉马佐夫以及宗教大法官。陀思妥耶夫斯基并没有把这些人物当作只懂服从的奴隶，服务于作为作者和思考者的本人。相反，这些人物均以独立思考者的形象出场，每个人都有自己的世界观。每个人物都是具有自我意识形态体系的作者，而不是陀思妥耶夫斯基在艺术视野中塑造的物体。在陀思妥耶夫斯基的作品中，通过个体意识的塑造，多种意识和多个世界并行不悖，并没有一个统一的客观世界让不同的人物和命运置身其中。就如同在一部复调音乐作品中，多个声部以对话的方式，相互附和、相互对立。作为这种复调构建的一部分，陀思妥耶夫斯基创造了多样性的叙述角度，他所刻画的人物以其自我的变体（如伊万和斯乜尔加科夫）与魔鬼对话，甚至与他们自身的夸张式的漫画形象对话。

对巴赫金而言，"对话"概念开启了以人际关系的形式区分同一个人的内心世界的可能性。一个特定人物的"内心"思想转变成言说，使得这种言说与想象中的他人的言说之间产生了对话关系。例如，在陀思妥耶夫斯基的小说《双重人格》（*The Double*）[②] 中，第二主人公（小戈利亚德金）即为第一主人公（戈利亚德金）内心思想的人物化。通过将内心世界外化于一个在空间上彼此分隔的对手身上，相对独立的两方之间便创建了一种充分

---

① M. Bakhtin, *Problems of Dostoevsky's Poetics* (2nd ed., R. W. Rotsel, trans.), Ann Arbor, MI: Ardis, 1973. 巴赫金此书于 1929 年出版，这里所引为 1973 年的英译本。——编者注

② 这篇小说的中译本为《双重人格 地下室手记》，臧中伦译，南京：译林出版社，2004 年。——编者注

展开的对话。这种对话叙述不仅由空间与时间所结构，而且时间关系甚至被转化为空间关系。作为陀思妥耶夫斯基建构的一部分，分布在时间层面上的事件被放置在空间对立面上同时呈现出来。用巴赫金的话来说：

> 由于他（陀思妥耶夫斯基）有如此顽强的追求，要把一切作为同时共存的事物来观察，要把一切都并列而同时地理解和表现，**似乎旨在空间中而不在时间中（as if in space rather in time）**描绘，其结果，甚至一个人的内心矛盾和内心发展阶段，他（陀思妥耶夫斯基）也在空间里加以戏剧化了……①

以空间对立复调形式来构建的叙述，使得巴赫金既可以在内部对话，也可以在外部对话中观察某一特定思想，解释观察视角的多样性：

> 到处都是公开对话的对语与主人公们内在对话的对语的交错、呼应或交锋。到处都是一定数量的观点、思想和话语，合起来由几个不相融合的声音说出，而在每个声音里听起来都有不同。作者意图表现的对象，绝不是这种思想本身，绝不是这种不带感情色彩、局限于自身的东西，不是的。他要表现的，恰恰是一个主题如何通过许多不同的声音来展示；这可称作主题根本性的、不可或缺的多声部性和不协调性。②

詹姆斯的不同自我的竞争理论

在詹姆斯的著作中，"主体自我"是一种统一性原则，它的作用是理顺"客体自我"各个方面，以形成持续性的意识流。此处，詹姆斯对自我连续性的强调，甚于对自我非连续性的强调。但是在这一奠基性著作的其他部

---

① M. Bakhtin, *Problems of Dostoevsky's Poetics* (2nd ed. ; R. W. Rotsel, trans. , Original Work Published, 1929）, Ann Arbor, MI：Ardis, 1973, p. 23；此处译文采用河北教育出版社 2009 年版《巴赫金全集》（第五卷）第 37 页的文字。黑体由本文作者添加。

② 同上，p. 226；此处译文采用河北教育出版社 2009 年版《巴赫金全集》（第五卷）第 354 页的文字。

分，詹姆斯则明确指出"不同自我的对峙与冲突"①，来描述"自我"所内在具有的不连续性。他对此具体论述道：

> 我常常要面对一种必要的行为，及在我所有的经验自我之中，维护其中一种而摈弃其余。如果可能，我希望变得既英俊又肥胖、穿着得体、是优秀的运动员、一年挣一百万美元，既聪明又活泼还招女人喜欢，同时又是哲学家；还是慈善家、政治家、战士、非洲探险者，以及诗人和圣徒。但这样的事情是绝不可能的。百万富翁的工作与圣徒的工作相冲突；活泼的人与慈善家会相互羁绊；招女人喜欢的人和哲学家不可能同住一屋檐下。这些不同的**角色**（**characters**）从表面看可能都是相似的。但如果让其中一人变为现实，其他的人都要多多少少受到压制。②

这段引文表明，詹姆斯确实注意到了自我的多样性，以及不同自我之间对峙竞争的关系。他甚至使用"角色"一次，来指称构成自我的不同部分，这与巴赫金复调小说理论中提出的多种角色概念是一致的。

与此同时，詹姆斯与巴赫金对人类心智的多样性的认识存有两处重要的差异。第一，詹姆斯的观点是，"自我"的各个部分是由一个明确的、具有意志的"主我"维系而成的。这个"主我"确保"自我"的身份不随时间变化而变化，确保"自我"的连续性。巴赫金不是心理学家，他的主要兴趣并不在于心理学理论中的"自我"。作为一位文学研究者，复调代表着多种或对立世界观的多样性。因此，比起"自我"的连续性，巴赫金更强调"自我"的非连续性。第二，两人在处理人类心智的社会性方面时，具有显著的差异。詹姆斯十分关注个体自我的社会性方面，正如人们经常引用他的一句论断所说的那样："有多少人认识你，你就拥有多少个社会自我。"③ 而巴赫金更注重"声音"与"对话"，主要兴趣在于对内部与外部

---

① W. James, *The Principles of Psychology*（Vol. 1），New York：Henry Holt，1890，p. 309.

② W. James, *The Principles of Psychology*（Vol. 1），New York：Henry Holt，1890，pp. 309 – 310. 黑体由本文作者添加。

③ W. James, *The Principles of Psychology*（Vol. 1），New York：Henry Holt，1890.

对话关系的研究。

概括来说，詹姆斯作为一位关于"自我"概念的理论家，不但承认"自我"的统一性，也承认其多样性。而巴赫金作为文学理论家，通过提出"多声部"这个概念，具体研究复调小说中角色多样性的问题。此外，尽管就竞争性的角色而言，詹姆斯承认"自我"内在的社会属性，但巴赫金在角色声音及相互对话关系的论述上更为丰富。虽然詹姆斯对于"自我"的思索承认了多样性角色的可能性，但巴赫金的复调小说，如果应用于"自我"的研究，则可被视为不仅仅是对"个体"（与其他"自我"相分离的"自我"）概念的挑战，也是对"自我"统一性和连续性的挑战。如果把"自我"视作一部复调小说，那么它的含义就是一个深远的自我去中心化，即角色的去中心化。本文的目的之一即是探索这种去中心化的意义。

对话自我：在詹姆斯与巴赫金的交汇处

受到詹姆斯"自我"理论与巴赫金复调比喻的启发，赫尔曼斯（Hermans）、肯本（Kempen）和范·卢恩（Van Loon）认为"主体自我"的定置具有相对自治性，并通过这种相对自治性的动态多重性，来建立"自我"的概念。[①]"主体自我"可以在不同的甚至对立的位置上变动，并且具有赋予每个位置一种声音的能力，使得不同位置之间可以建立起对话关系。在一个故事中，声音就如同互动的角色那样，在提问与回答、同意与否定的过程中发挥作用。每一种声音，都能从他/她的位置出发，倾诉他/她自己所经历的故事。作为不同的声音，这些角色围绕各自的"客我"来交流信息，形成了一个复杂的、叙述性的"主体自我"。[②]

---

① H. J. M. Hermans, H. J. G. Kempen, R. J. P. Van Loon, "The dialogical self: Beyond individualism and rationalism", *American Psychologist*, Vol. 47, 1992, pp. 23 – 33.

② 更多关于"主我"方位的具体论述，请参见赫尔曼斯1996年的两篇论文：H. J. M. Hermans, "Voicing the self: From information processing to dialogical interchange", *Psychological Bulletin*, 1996, Vol. 119, pp. 31 – 50; H. J. M. Hermans, "Opposites in a dialogical self: Constructs as characters", *The Journal of Constructivist Psychology*, Vol. 9, 1996, pp. 1 – 26.

对话自我的一个具体特征，是连续性与非连续性的结合。按照詹姆斯的观点，"我"关于我的妻子、我的孩子、我的祖先和我的朋友等的经验都具有连续性，因为上述这些属于"我的"事物，都是相同的一个"自我"的延续。而根据巴赫金的观点，那些相同的角色，只要他们在"自我"的空间域中代表着不同的、也许是对立的声音，他们中间便也存在非连续性。作为"我的"妻子、"我的"孩子，他们是具有连续性的；而作为我的"妻子"和我的"孩子"，他们则具有非连续性。与连续性密切相关的自我统一性存在，以及与非连续性密切相关的自我多重性存在，这两者并不冲突。关于统一性与多重性的结合，20世纪初批判人格主义已经给予了讨论，特别是以威廉姆·斯特恩为代表，他提出了一个复合术语"多重性中的统一性"（unitas multiplex）。①

对话自我的另一个特征是时间特性与空间特性的结合。萨尔宾（T. R. Sarbin）、布鲁纳（J. S. Bruner）、格尔根夫妇（K. J. Gergen & M. M. Gergen）以及麦克亚当姆斯（D. P. McAdams），这些力推叙述方法的主要学者，都强调叙述的时间维度。② 布鲁纳的陈述"国王死了，然后是皇后"也许佐证了这种强调。毫无疑问，时间维度是故事或叙事类作品的基

---

① 关于斯特恩的讨论，请参见赫尔曼斯2000年的论文《评价、创新与批判的人格主义》［H. J. M. Hermans, "Valuation, innovation and critical personalism", in J. Lamiell & W. Deutsch（eds.）, *Theory & Psychology*, 10（6）, pp. 801 – 814.（Special issue: Psychology and critical personalism）］。William Lewis Stern（1871－1938），德国心理学家和哲学家。他以人格心理学和智力心理学领域的先驱者闻名于世，他是"智商"（intelligence quotient，即IQ）这一概念的发明者。斯特恩的哲学也可以说是其人格主义学说（personalism）的一种表达形式。斯特恩思想的辩证特征集中在一个核心的观念上，即他认为"人"（the person）的本性既非绝对统一性，亦非多重多样性，而是多样性中的统一性（unity-in-multiplicity）。——编者注

② 具体是指这些学者的如下著述：T. R. Sarbin, "The narrative as a root methaphor for psychology", in T. R. Sarbin（ed.）, *Narrative Psychology: The Storied Nature of Human Conduct*, New York: Praeger, 1986, pp. 3 – 21; J. S. Bruner, *Actual Minds, Possible Worlds*, Cambridge, MA: Harvard University Press, 1986; K. J. Gergen, M. M. Gergen, "Narrative and the self as relationship", *Advances in Experimental Social Psychology*, Vol. 21, 1988, pp. 17 – 56; D. P. McAdams, *The Stories We Live By: Personal Myths and the Making of Theself*, New York: William Morrow, 1993.

本特征。没有时间，就没有故事。但是，按照巴赫金对空间维度的强调，从对话自我的叙事结构角度看，时间与空间被视为同等重要。自我的空间性质表述为"位置"或"定置"，这个术语的意义与传统的术语"角色"相比较，是一个动态性更强、更为灵活的参照物。① 巴赫金使用"并置"这个术语来强调叙事的空间属性。② "并置"指出了一种叙事空间化，在这种空间化叙事中并存多种声音，它们既非一致的，也非统一性的，而是异志的甚至对立的。作为叙事并置的一部分，人物在描绘中表现为与他人对话，且常常处于对立关系中。这类人物，也许可以是被我们定义为"外部"世界的一部分，但也可能是我们内部想象世界的一部分。③

对话自我与笛卡尔式自我

正如之前所讨论过的④，我们所提出的概念是对个体主义与理性主义进行超越的一步，且与笛卡尔的"自我意识"概念有着本质的不同。笛卡尔关于"自我"的概念传统上以"我思"这个表述来体现。这种表述假设有一个中心化的"主我"，负责理性活动与思维活动中的每个步骤。此外，笛卡尔"我思"概念基于非实体化的意识过程，这种意识过程被认为与身体以及其他物质的空间延伸具有本质性差异。⑤

与个体主义的自我不同，对话自我基于这样一种理论假设，即存在多个"主我位置"，这些"主我位置"都可以被同一个人占据。处于某一个具

---

① 可参阅 R. Harré, L. Van Langenhove, "Varieties of positioning", *Journal for theTheory of Social Behaviour*, Vol. 21, 1991, pp. 393 - 407.

② M. Bakhtin, *Problems of Dostoevsky's poetics* (2nd ed.; R. W. Rotsel, trans.). Ann Arbor, MI: Ardis, 1973, (Original work published 1929).

③ L. Verhofstadt-Denève, *Theory and Practice of Action and Drama Techniques: Developmental Psychotherapy from an Existential-dialectical view-point*, London: Jessica Kingsley, 1999.

④ H. J. M. Hermans, H. J. G. Kempen, R. J. P. Van Loon, "The dialogical self: Beyond individualism and rationalism", *American Psychologist*, Vol. 47, 1992, pp. 23 - 33.

⑤ 关于笛卡尔式自我与对话自我的比较，另见 A. Fogel, *Developing through Relationships: Origins of Communication, Self, and Culture*, Hemel Hempstead: Harvester Wheatsheaf, 1993.

体位置的主我，可以同意、否定、理解、误解、反对、冲撞、质疑、挑战甚至嘲讽处于其他位置的主我。与理性主义的自我不同，对话自我总是固定于时空中的某一特定位置。正如梅洛－庞蒂（Maurice Merleau-Ponty）指出的，世界上并没有"上帝视角"。① 作为一种实体化的存在，人是不能自由地"飞跃于"他/她在时空中的位置之上的。相反，他/她总是处于时空中的某一点。甚至连包含数字系统在内的最为复杂的数学问题，从其最初发展根源来讲，也是从数自己的十根手指开始的。这个根源基础，是儿童理解算术必不可少的部分［人们也使用"feet"（既是"脚"，也是"英尺"的意思）进行测量］。

我们说对话自我具有"社会性"，并不是指一个自我独立的个体与该个体之外的人进行社会互动，而是指其他人占据了一个"多声部自我"的不同位置。自我不仅存在于"此处"，也存在于"彼处"。并且，得益于想象的力量，人们可以表现得似乎他/她就是他人，或者他人就是他/她自己。这与米德（George Herbert Mead）所说的"扮演他人的角色"是不同的。② 米德的意思是自我采用了他人的实际视角，而对话自我则能够将他人或存在当作一个位置来理解，这个位置既可以为"我"所占据，也可以创造出一个关于世界和"我"自己的不同的视角。这个被构建的视角，可能与实际的他人视角相符合，也可能不相符合（是否相符合可以通过与他人对话来检验）。但应该注意的是，他人也许是"我"想象的一部分，与实际的他人联系密切，也可以完全是想象出来的。

如社会般运转的人类心智

在计算机－脑科学中，有些研发使用"社会"作为模型来理解大脑的复杂工作机制。这种模型也许有助于我们理解自我的多声部性与对话性。例如，计算机科学家明斯基（Marvin L. Minsky）认为心智是一种按照等级

---

① 法国现象学家梅洛－庞蒂（Maurice Merleau-Ponty, 1908－1961）的《知觉现象学》初版为法文，于1945年出版。这里引用的是此书的英译本：M. Merleau-Ponty, *Phenomenology of perception*, trans. C. Smith, London：Routledge & Kegan Paul, 1962.

② G. H. Mead, *Mind, Self, and Society*, Chicago, IL：University of Chicago Press, 1934.

组建起来、由相互联系的部分构成的网络，网络上不同的部分共同像"社会"一样运转。在他的模型中，心智又包含着众多更小的"心智"，被称为"运行单位"。有很多运行单位相互不能进行理解，因为它们大多数根本不能相互交流。从这方面讲，心智就像是一个人类社会，其中许多运行单位都有自己的行动计划，各行其是，不知道组成整个集合体的其他运行单位在做什么。然而，在组织的更高层级上，运行单位之间可以进行直接交流。明斯基研发了一个摆积木的电脑程序，在该程序中他描述了在同一组织层级上两个运行单位——建造者和破坏者之间的冲突。破坏者只对毁坏建造者所建成的东西感兴趣。在这个层面上，一个运行单位可以同意或者不同意另一个运行单位：

> 只有大一些的运行单位才有足够的能力做出此类事情。在一个真实的孩子的头脑中，分别负责建造和破坏的运行单位可能会变得足够聪明，能相互间进行协商，为对方的目标提供支持。"请你再等一等，破坏者，等建造者再添加一块积木：值得再等一等，因为倒塌的声音会更大！"①

在该模型中，运行单位之间的冲突会向心智社会的更高层级升级。如果两个相互不能同意的运行单位之间的矛盾没有解决，在他们之上层级的运行单位就会被削弱。在上述例子中，如果建造者和破坏者不能解决他们之间的冲突，他们就会减少同属上一级运行单位的力量（比如游戏），结果将导致上一级运行单位被同一级其他竞争运行单位超越（比如睡觉和吃饭）。如果一个孩子心智中的建造者和破坏者不能解决他们之间的矛盾，这个孩子就会停止游戏，而愿意去睡觉。

另一位计算机科学家霍夫斯塔德（Douglas R. Hofstadter）②，在他试图理解心智的工作原理时也使用了声音与对话的概念。在他的关于心智的模型中，存在数以亿计的神经单元，类似于一个由一层一层大大小小的集合

---

① M. Minsky, *The society of mind*, New York：Simon & Schuster, 1985, p.33.

② 道格拉斯·霍夫斯塔德（Douglas Richard Hofstadter, 1945 - ），美国著名认知科学教授、计算机科学家，他是《哥尔德、埃舍尔、巴赫：永恒的金色穗带》（Gödel, Escher, Bach：An Eternal Golden Braid, 1979）的作者。——编者注

体组成的集合体序列。最高层集合体被称为"潜自我"与"内部声音"。在霍夫斯塔德看来，每一个内部声音都由数百万更小的部分组成，每一个部分都是一个集合体的活跃成分。在具体情境下，每个小部分都"指向同一个方向"。此时，一种内部声音会由此形成，并经历一个"阶段转型"时期。这种声音将宣称自己是"潜自我"集合体中的一个积极成员。如果它的力量足够大，它就会施展压力，以得到其他声音的认可和接触。一种假设性的对话可能发生："……对话发生在两个人之间，这两个人同时存在于我之中，都是真正的自我，但在某种程度上相互冲突。"① 如果不同的声音能够解决它们之间的冲突，或者当一种声音比另一种声音变得更强时，一个人就可以做出一个"决定"。

霍夫斯塔德和明斯基都认为大脑是一个运行单位或声音的集合体，这个集合体中的较高层级的运行单位与集合体可以形成相互间的对话关系，在这种关系中，某一种声音会比对方显得更为强势。计算机科学家提出的理论假设，与詹姆斯提出的"不同自我之间的竞争与冲突"② 以及巴赫金提出的复调小说理论极其吻合。

此外，两位计算机科学家的模型共同显示了这样一种观念："决定"并非由一个集权化的、统一的自我或"主我"，作为独裁式的领导来控制其追随者而做出。决定是通过"自下而上"的方式做出的，而非"自上而下"。

尽管两位计算机科学家在理论上有明显的共同之处，但应注意，他们使用"社会""声音"和"对话"这些概念时，更多是以比喻的方式来理解大脑的运行机制，而非去理解真实的人类群体中的社会过程。巴赫金意义上的对话性，不仅是局限于个体心智内的"内部声音"，也包括"外部声音"。自我的模式和文化的模式都需要对话的形式。

位置移动的模型

根据目前的论述，通过复调小说的空间特征，可以推断存在多个非中

---

① D. Hofstadter, *Meta-magical themas*, New York：Bantam, 1986, p. 782.

② W. James, *The principles of psychology*（Vol. 1）, New York：Henry Holt, 1890, p. 309.

心化的主我位置，这些主我位置分别是不同故事的作者。主我在想象的空间中（这个想象空间与物理空间有紧密的联系）从一个位置移动至另一个位置，从而形成了一个动态场域。自我协商、自我矛盾与自我融合在这片场域中创造出丰富的意义。①

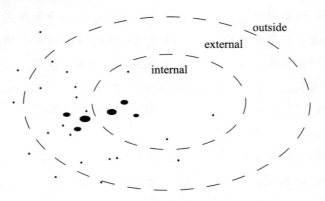

internal = 内部；exeternal = 外部；outside = 域外

图1　多声音自我的位置

在图1中，自我用由很多位置所构成的空间来表示，这些位置用图中位于两个同心圆中的点来表示。内圆中的点表示"内部位置"，作为"我"自己的一部分被感知（比如，作为母亲的我、作为雄心勃勃的工作者的我，作为生活享受者的我）。外圆中的点表示"外部位置"，作为周围环境的一部分被感知（比如，我的子女、我的同事、我的朋友约翰）。外部位置是指在个人看来，环境中的人和物，从一个或多个内部位置的角度来看是相关的（比如，同事彼得对我很重要是因为我心里一个雄心勃勃的计划）。反过来说，内部位置的相关性来自它们与一个或多个外部位置的关系（比如，因为我有子女，所以我觉得自己是母亲）。换言之，随时间推移，内部位置与外部位置各自的意义出现于其交互关系中。需要注意的是，所有这些位置（内部和外部）都是"主我位置"，因为它们是自我的一部分，内在地延伸到环境中，并对环境中那些被视为"我的"领域（例如，我的朋友、我

① I. E. Josephs, *Dialogicality from a develop-mental perspective: Co-construction, transformation, and integration of the "voices of the mind"*, Paper presented at the First International Conference on the Dialogical Self, Nijmegen, The Netherlands, 2000, June 23–26.

的对手、我的出生地）做出反应。

图 1 中的大点表明，具体的内部与外部位置作为在某一个特定时间的对话过程的一部分是交互相关的。大点代表着该系统的前端，主要活动在这里发生。这个活动域是开展对话的舞台①，内部与外部位置在对话、合作、对立、冲突、同意与分歧的过程中相遇。

图 1 中的圆圈具有高度的可渗透性，这意味着不仅是自我的内部与外部领域具有开放的边界，而且自我与外部世界之间也同样如此。自我不是一个只能用内部位置来描述的实体，就像它们是单一的特征一样，而是应该在其他位置和位置集合的背景下被描述。

该模型认为所有位置都不是彼此孤立存在的。相反，个体参与了一个积极的定位过程，在这个过程中，位置之间的合作和竞争在特定的情况下发展。例如，我的孩子请我一起去做某件事情。作为一个父亲，我想加入他们；然而，作为一个有抱负的工作者，我和一个同事还有一些工作任务，这与我和孩子们的集体活动相冲突。因此，我建议一直喜欢和我的孩子们在一起的朋友约翰先去陪伴孩子们，等我完成工作后，再去加入他们，从而解决了上述问题。在这个例子中，没有从相互作用中抽象出的内部或外部位置。相反，这是一种内部和外部位置的积极相遇（作为父亲的我—我的孩子；我是一个雄心勃勃的员工—我的同事；而我作为生活享乐者—我的朋友），它们共同形成了一种合作与竞争的混合关系。该例子说明，位置总是意味着关系，或者说内部—外部关系（例如，作为父亲，我被我的孩子邀请）、内部关系（例如，作为一位父亲，与我作为一名有抱负的员工的不一致）、外部关系（例如，我的孩子和我的朋友相处得很好）。通常来说，所有这些关系的复杂组合在起着作用。

有些位置用图中圆圈里的小点表示，意即这些位置作为自我的一部分是可以进入的（例如，我的朋友邀请我参加比赛时，存在于"我"之中的"体育迷"部分就被激活）。这些位置在其他时间点是可访问的，一旦有一

---

① J. Valsiner, *Making meaning out of mind: Self-less and self-fuldialogicality*, Paper presented at the First International Conference on the Dialogical Self, Nijmegen, The Netherlands, 2000, June 23 – 26.

个外部位置激活它们，它们就被推向前来。然而，很多位置完全是在自我的主观视域之外的，人是完全意识不到它们的存在的。但作为可能的位置，它们可以根据情况的变化，在某个时刻进入自我的空间。例如，一个小孩第一次上学时遇到一个新老师（外部位置），发现自己处于学生的新位置（内部位置）。往后的时光，他/她找到伴侣，建立家庭，又会有很多新的内部与外部位置产生，成为自我发展过程的一部分。我们认为，某些与人的早期生活相关的位置可能会逐渐退回到系统背景中，甚至可能完全从自我中消失（例如，有些人在某个年龄就丧失了他们的童心）。也有可能某一特定位置在以后生活中会从系统的背景重返至系统的前景（例如，一个老人在经历了成年的工作与压力生活后，与孩子的关系会越来越密切）。

新遇到的人可能会在自我中创造出新的位置，前提是这个系统可以接纳承认他们。然而，新的位置往往是与旧有位置相结合的结果。一般来说，位置的组织比起分离位置的作用，与自我的过程更加相关。动态系统理论家指出，新的高阶位置可能产生于低阶位置的递归式互动。① 当系统不稳定时，这些互动会产生正反馈循环，不断强化新的协调机制，使得之前的组织结构被取代。这些变化影响后续事件中相似的位置协调系统，使得新的习惯越来越强，取代其他处于竞争关系的组织。

如上述例子表明，图1中的点应被看作移动的位置。位置的移动与相互之间的关系依赖于文化变迁。我们现在的时代，通常被贴上后现代的标签，其特征是各种位置在很短时间段内不断移入和移出自我空间，其强度前所未有。可以在这里提出一些有趣的问题，比如：这种流入与流出是否会导

---

① S. Kunnen, H. Bosma, *A developmental perspective on thedialogical self*, Paper presented at the First International Conference on the Dialogical Self, Nijmegen, The Netherlands, 2000, June 23 – 26. M. D. Lewis, M. Ferrari, "Cognitive-emotional self-organization in personality development and personal identity", in H. A. Bosma, E. S. Kunnen (eds.), *Identity and emotion: Development through self-organization*, Cambridge: Cambridge University Press, 2000, pp. 177 – 198.

致一个空洞的自我①或者一个饱和的自我②；随着越来越多的人需要更稳定的职位来保证自我系统的基本一致性，从而抵消位置的密集流动，这一情形是否会导致自我的重构？虽然对这一过程我们了解还不多，但开发多样的理论与方法来研究这个过程却是非常重要的。

真实的他者及对话误解的可能性

当前理论的核心假设是，心理间与心理内的活动过程对于对话性而言同样重要。③ 事实上，这两个过程在很大程度上是相互交织的。例如，如果我和同事发生了争执，我会在独自一人的时候和她排练讨论的部分内容，引入新的元素，创造更有说服力的论点来支持我的观点，从而预测同事的反应。如果我和她一起参加下次会议，我就能更好地利用之前的想象对话来捍卫我的观点。

尽管内部与外部的对话互动高度交织在一起，但仍有必要对想象与特定共同体所界定的现实做出区分。与现实的对话相比，想象中的对话可能会采取完全不同的走向。随着互动的发展，真实他者的现实话语甚至可能迫使我重建自己的观点。也就是说，真实他者的质疑、挑战并改变自我中现有位置，且能引入一个新的位置。不同自我之间的真实对话由图 2 相交的圆来表示，可以看作对图 1 中圆的细化。也就是说，在图 1 的外部区域中用圆点表示的任何位置（例如，我的父亲、我的孩子、我的同事）都是实际对话的候选位置。图 2 交叉的圆是基于这样的观念前提，即有意义的对话假定对话的一方与他/她的世界既有一定程度的共识，但也存在着对其误解或不了解的可能性。

---

① P. Cushman, "Why the self is empty: Toward a historically situated psychology", *American Psychologist*, Vol. 45, 1990, pp. 599 - 611.

② K. J. Gergen, *The Saturated Self: Dilemmas of Identity in Contemporary Life*, London: Sage, 1991.

③ J. Valsiner, "Making meaning out of mind: Self-less and self-fuldialogicality", Paper presented at the First International Conference on the Dialogical Self, Nijmegen, The Netherlands, 2000, June 23 - 26.

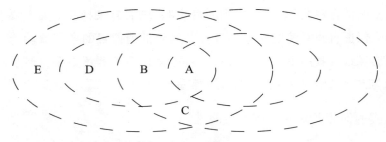

图2　对话中两个真实的个体

图2中：

A 表示：双向的内部分享（比如，我知道关于我的一些事，你也知道，你知道关于你的一些事，我也知道，我们彼此都知道这一点）。

B 表示：单向的内部分享（比如，我知道关于我的一些事，你也知道）。

C 表示：外部分享（比如，你和我，我们有共同的利益）。

D 表示：非共享的内部区域（比如，我知道关于我的一些事，而你不知道）。

E 表示：非共享的外部区域（比如，我知道关于外在世界的一些事，而你不知道）

如图2所示，共区分为5个区域：

A 区代表对话中两人之间一种双向的内部共享，两人基于自身的共识而进行的交流。比如，两人都意识到自己及对方有享受生活的强烈需求，并想基于此进行交流。这并不需要达成一致。双方可能都知道他们之间的差异（如我是一个享受生活的人，而你是个更进取的人，我们都知道彼此的不同）。

B 区是指互动中两人之间单向的内部共享。其中一个人对对方存有成见，而对方也知道这一点。例如，一位母亲（图2中靠右边的位置）可能认为她的女儿（图2中靠左边的位置）自我中心，并通过言语和非言语的方式表达了出来，从而她的女儿最终也认为她自己是个自我中心的人。

C 区指的是互动中两人的外部共享。二人分享对他人或他事的看法。例如，两人可能对少数群体持否定态度，并意识到彼此在分享其共有的态度。

D 区代表互动中两人非共享的内部区域。其中一人将他/她自身置于特定语境但另一人没有意识到这一点。比如，一个青春期的少年（图 2 中靠左边的位置）认为他自己很独立，但他的父母（图 2 中靠右边的位置）不这么认为，还觉得他很依赖人。

E 区是指互动中两人非共享的外部区域。一人将他人置于特定语境，但对话的另一人并不知情。比如，一位已婚男士（图 2 中靠左边的位置）有了婚外情，但他的妻子（图 2 中靠右边的位置）不知道这件事。

在两个人之间的互动中，重叠和不重叠的区域可以更清晰地表述对话误解的问题。与特定的他人接触的人可能会在基于图 2 中 A、B、C 区域所代表的共识基础上行动。然而，他们也可能会意识不到非共享区域 D 和 E 中的位置。对话误解是由于对实际对话接触性质的错误假设造成的。更具体地说，如果在双方各自所处的对话区域之间存在实际的差异，并且他们没有意识到这种差异，那么就存在误解。比如，1 号觉得他自己是个值得爱的人，觉得 2 号也确实爱他。然而，1 号没有意识到 2 号并不爱他这一事实。在这种情况下，1 号（图 2 左边位置）以为他和 2 号是基于 A 区域互动的。而 2 号（图 2 右边位置）和 1 号是基于 D 区域而互动的（注意图 2 左右两边的位置是对称的）。换言之，1 号想象他和 2 号分享，但实际上没有。随着互动双方的接触，他们更多地了解彼此，他们分享的区域会随之增加，对话中的矛盾则会减少。

一般的假设是，总有一些领域是互动双方不能共享的，因为他们通常与不止一个人进行交互。第三人可能会在自我中引入新的位置，从而扩大双方互动中非分享的区域。如果我们向互动伙伴讲述与第三人的新经历，该区域会缩小，而共享区域会扩大。当我们将一天的新体验告诉给家人或朋友时，就会出现这种情况。因此这种共享和非共享区域非常动态化：它们的增加和缩减取决于与对话关系的频率与内容。

文化因素可能导致了对话误解的重要性，正如人们对二元文化主义①与

---

① T. LaFromboise, H. L. K. Coleman, J. Gerton, "Psychological impact of bi-culturalism: Evidence and theory", *Psychological Bulletin*, Vol. 114, 1993, pp. 395－412.

多元文化主义①的日益关注所表明的那样。当人们在一种文化中长大，然后移居到另一种文化，他们面临的是两个或更多异质的内部立场（例如，我是埃及人，我是荷兰人）与多种非常异质的外部立场（例如，一个人的起源文化的家庭和代表宿主文化的个人和群体）相互作用。这些位置（如埃及人 vs. 荷兰人）可能被认为是相互冲突的，或者它们可能以相对独立的方式共存甚至融合，从而以多种身份的形式出现混合组合。在所有这些情况下，对话误解的可能性很大，因为多重身份的现象提出了一个具有挑战性的问题，即在文化适应过程中，人们如何以这样一种方式组织和重组他们的自我系统，使他们能够与他人分享文化元素，这些文化元素可能是高度不同的或部分未知的，充满了权力差异。②

一个对话性视角：内涵与阐释

如果对话自我被描述为一种位置的动态多样性，那么，其理论内涵是什么？这一概念是如何以建立自身与文化之间的关系为基础而详细展开的？在更明确地讨论文化概念之前，需要讨论三个相关的话题：具体位置的性质、集体声音的概念以及对话关系中权力差异的重要性。

前语言与具象对话

如前文所述，对话自我概念被构想为一个具身化的自我。具身化自我的基础是基于这样一个假定，即空间不仅在自我之外，也置身自我之中。③对话意味着对话者在空间上参与问与答、同意与否。即使在纯粹的想象对

---

① B. J. Fowers, F. C. Richardson, "Why is multi-culturalism good?", *American Psychologist*, Vol. 51, 1996, pp. 609 - 621.

② S. Bhatia, A. Ram, "Rethinking 'acculturation' in relation to diasporic cultures and postcolonial identities", *Human Development*, Vol. 44, 2001, pp. 1 - 18.

③ 参阅 J. Jaynes, *The origin of consciousness in the breakdown of the bicameralmind*, Boston, MA：Houghton Mifflin, 1976. 朱利安·杰恩斯（Julian Jaynes, 1920 - 1997），美国心理学家，以著作《二分心智的崩溃：意识的起源》闻名。在这部著作中，杰恩斯提出了一个观点：自我即一个"心灵空间"（mind-space）。此观点为赫尔曼斯吸纳并有所发展。——编者注

话中，自我也作为一个具有各种位置的自我空间发挥作用。另外，对话关系不应局限于口头对话。正如一些发展心理学家所指出的，在生命的第一年里已经存在着语言之前的对话形式。

洛柴特（Rochat）证明婴儿从出生开始，甚至在出生前，已经有了感性经验，使他们将自己的身体视为不同于周边环境的实体。① 婴儿用其四肢感知身体的其他部位。这样做，他们体验到本体感受和双触刺激（即双重触摸刺激）的结合：除了婴儿自己，没有人能体验到手触摸脸颊、反过来脸颊触摸手的相互感觉。与此同时，这种体验使它能够感觉到自己的身体，而不是别人的身体，因为另一个人或物体的身体不会导致双触刺激。福格尔（Fogel）曾说，双触刺激使婴儿可以经历早期的具身对话行为：当婴儿用嘴触咬膝盖时，嘴在还没有碰到膝盖时就张开了。②

视觉领域的模仿，就像听觉领域的回声一样，可视作对话活动最基本的形式。正如梅尔佐夫（Meltzoff）和摩尔（Moore）③ 及其他发展心理学家的开创性工作所示，婴儿从出生开始就能模仿吐舌头的动作，这是实验者在吐舌头间隙暂停静止的脸的模拟。还有报告指出新生儿的模仿现象往往在 2~4 个月大时消失。为了证明这些，洛柴特对一组 1、2 个月大的婴儿在两种条件下吐舌头的倾向进行了测试：一项是实验者平静地吐舌头几秒钟，然后暂停几秒钟，却不与婴儿进行任何互动；另一项是实验者在吐舌头过程中和之后与婴儿互动，并让婴儿积极地参与原始对话。结果发现 1、2 个月大的孩子对不同情境的反应是不同的。④ 1 个月大的孩子在平静表情情境中吐舌头更频繁。相比之下，2 个月大的孩子刚好相反，他们在交流条件下更爱吐舌头。在其他发展研究背景中表明 2 个月大时的重大转变的这些研究

① P. Rochat, "Emerging co-awareness", Paper presented at the First International Conference on the Dialogical Self, Nijmegen, The Netherlands, 2000, June 23 - 26.

② A. Fogel, *Developing through relationships: Origins of communication, self, and culture.* Hemel Hempstead: Harvester Wheatsheaf, 1993.

③ A. N. Meltzoff, M. K. Moore, "Imitation, memory, and the representation of persons", *Infant Behavior and Development*, Vol. 17, 1994, pp. 83 - 99.

④ P. Rochat, *Emerging co-awareness.* Paper presented at the First International Conference on the Dialogical Self, Nijmegen, The Netherlands, 2000, June 23 - 26.

成果可以解释：婴儿似乎对模仿他们的对象所做出的协调沟通十分敏感。这些结论与发展心理学中的基本理论发现是一致的，即2个月大的时候标志着主体间性的出现，以及婴儿积极地与互动者分享经验的第一个清晰概念。比如，婴儿在大约6周的时候在面对面时开始有了那种带有互动意味的笑容。①

发展心理学家福格尔（Fogel）研究了母亲和孩子在生命第一年时给予与索要的活动过程。② 当母亲把玩具给孩子的时候，她把玩具放入孩子的视野里，并挪动它，使孩子在拿到玩具之前有机会张开他的小手去拿。这就好像母亲在说："我给你一个玩具，你想要它吗？"孩子冲着玩具张开双手，意思是说："是的，我想要这个玩具。"

虽然婴儿还不会使用语言，但母子之间的互动无疑是对话性的。重点在于对话不应该被局限于口语形式的对话。很明显，婴儿并不懂父母的话，但能听懂语调。而且，父母与婴儿之间交换的语调可理解为一系列的提问与回答。类似地，福格尔证明，当母亲伸手帮孩子坐下的时候，两人施加的力量是互相调节的。③ 当母亲把婴儿拉到坐姿时，她感到婴儿的力量增加了，她的反应是减少自己的力量。反过来，婴儿的力量会随着母亲力量的减弱而加强：这种共同调节的动作可视为母亲对婴儿改变其位置的非语言邀请以及婴儿的合作反应。

发展心理学家还研究了婴儿时期所谓的"假性对话"。运用电影录像中定格和慢镜头的微分析，研究者观察到母亲从婴儿出生那一刻起，就通过与婴儿接触参与轮流转换行为中。敏感的母亲们从孩子一出生就对他们吮吮的行为十分敏感。当婴儿吮吸时，母亲是安静的；当吸吮暂停时，她和婴儿说话，抚摸他，母亲将婴儿的吮吸视作一种"回合"，从而形成一种对

---

① P. Rochat, J. G. Querido, T. Striano, "Emerging sensitivity to the timing and structure of protoconversation in early infancy", *DevelopmentalPsychology*, Vol. 35, 1999, pp. 950 – 957.

② A. Fogel, *Developing through relationships: Origins of communication, self, and culture*, Hemel Hempstead: Harvester Wheatsheaf, 1993.

③ A. Fogel, *Developing through relationships: Origins of communication, self, and culture*, Hemel Hempstead: Harvester Wheatsheaf, 1993.

话结构。① 正如纽森（Newson）② 和斯特恩（Stern）③ 所描述的，在这种有节奏的轮换交替中，母亲等着想象中的婴儿回应，仿佛孩子在和她进行"真实的对话"。在发育的后期，婴儿实际上会以咿呀声加以回应，而其发生频率随母亲的反应而增加。④ 一些研究者⑤已经从观察得出结论，认为母亲与婴儿正在进行一种"假性对话"，并假定婴儿还太小，无法进行"真正的"对话。

正如"假性对话"一词所暗示的那样，一些研究者认为婴儿还不能参与真正的对话。但这也反映了一种传统观点，即对话等同口头交流，因此，在语言习得之前不存在对话。然而，正如我们之前提到的⑥，并没有充足理由将对话局限于言语对话。事实上，人们之间的对话大多是通过肢体语言、面部表情、眼神、发音及语调等展开的。米德（Mead）明确地指出手势在其符号互动理论中的重要作用，甚至行为动作也充满象征性（比如，惩罚孩子代表着反对）。⑦ 当来自不同文化的人们在他们的交流中使用这两种形式作为他们对话历史的一部分时，包含语言和非语言的对话概念扩展了其与文化心理学的相关性。⑧

① K. Kaye, "Toward the origin of dialogue", in H. R. Schaffer (ed.), *Studiesin Mother-infant Interaction*, London: Academic Press, 1977, pp. 89 - 117.

② J. Newson, "An intersubjective approach to the systematic description of mother-infant interaction", in H. R. Schaffer (ed.), *Studies in Mother-infant Interaction*, London: Academic Press, 1977, pp. 47 - 61.

③ D. N. Stern, *The First Relationship: Infant and Mother*, Cambridge, MA: Harvard University Press, 1977.

④ K. Bloom, A. Russell, S. Davis, "Conversational turn taking: Verbal quality of adult affects vocal quality of infant", *Infant Behavior and Development*, Vol. 9, 1986. [Special issue: Abstracts of papers presented at the Fifth International Conference on Infant Studies, 39.]

⑤ A. Clarke-Stewart, M. Perlmutter, S. Friedman, *Lifelong Humandevelopment*, New York: Wiley, 1988.

⑥ H. J. M. Hermans, H. J. G. Kempen, "Body, mind, and culture: The dialogical nature of mediated action", *Culture & Psychology*, Vol. 1, No. 1, 1995, pp. 103 - 114.

⑦ G. H. Mead, *Mind, Self, and Society*, Chicago, IL: University of Chicago Press, 1934.

⑧ M. C. D. P. Lyra, "An excursion into the dynamics of dialogue: Elaborations upon the dialogical self", *Culture & Psychology*, Vol. 5 (4), 1999, pp. 477 - 489.

集体声音存在于个体之中

当代心理学对自我与集体性的关系显示出日渐浓厚的兴趣。群体被视为外在于个体，几十年来，研究都集中在这个问题上："个体是如何在群体中起作用的？"[①] 但研究者，通常是那些研究自我归类理论的研究者却转变了问题，他们开始这样问："群体是如何在个体中起作用的？"[②] 这些心理学家认为，人们认为自己所属的社会类别对他们的心理功能有着深远的影响。在自我与文化的关系中也可以观察到类似的转变。[③] 鉴于在传统观念中，文化被视为外在的，即外在于自我的东西，人类学家和文化心理学家越来越关注文化是作为自我的结构与过程。[④]

从理论的角度来看，笛卡尔的个人主义和中心化自我的思想是脱离群体和文化的，与对话方式开放的集体声音领域的形成对比。正如巴赫金所观察到的，对话性不仅包括，也远远超出了面对面的接触。[⑤] 巴赫金关注的是同一民族语言（如俄语、英语）中的不同"社会语言"（如特定群体的语言），以及同一文化中的不同民族语言。作为社会语言的例子，他提到了专业术语、年龄群体和世代的语言、流行的语言以及服务于当今社会政治目的的语言。当说话者进行独特的言说时，他们总是同时在用社会语言说话。尽管说话者可能没有意识到社会语言的影响，但这些语言塑造了个人声音的表达方式。对于这种个人与集体说话方式的同时性，巴赫金名之以"双声词"（ventriloquation）一词，意思是一个声音通过社会语言中的另一种声音或声音类型说话。巴赫金所指的"多声部性"（multivoicedness），不仅指

---

① D. T. Miller, D. A. Prentice, "The self and the collective", *Personality and Social Psychology Bulletin*, Vol. 20, 1994, pp. 451 - 453.

② J. C. Turner, M. Hogg, P. Oakes, S. Reicher, M. Wetherell, *Rediscovering the Social Group: A Self-categorization Theory*, Oxford: Blackwell, 1987.

③ D. T. Miller, D. A. Prentice, "The self and the collective", *Personality and Social Psychology Bulletin*, Vol. 20, 1994, pp. 451 - 453.

④ 可参阅：R. A. Shweder, R. A. LeVine (eds.), *Culture Theory: Essays on Mind, Self, and Emotion*, Cambridge: Cambridge University Press, 1984.

⑤ 另外可参阅：I. Marková, "Dialogical models and reference", *Polish Quarterly of Developmental Psychology*, Vol. 3, 1997, pp. 137 - 144.

不同个体声音同时共存，还指个体声音与集体声音同时共存。①

问题是，个体与集体的声音是如何相互影响的。经验证据表明，两种声音是个体自身各自相对独立的部分。根据普兰提斯（Prentice）、米勒（Miller）及莱特戴尔（Lightdale）的研究②，一个人对群体的依附感不同于个人对群体中个体成员的依附感。个体对群体的归属感可能要比对其成员的情感要强烈，相反，一些人对其他人的联结感要比对所属群体的感情更深。自我中的个人部分和集体部分的相对自治要求我们研究它们的对话关系。作为个人，人们可能与他们属于的集体一致或相悖（例如，作为心理学家，我们习惯于说……，但我认为这是毫无意义的，因为……）。

集体声音的一个核心特征是，它们组织并限制了从对话关系中形成的意义系统。比如，桑普森（Sampson）③ 曾说，社会关系受到两极对立的支配，导致了"社会二分法"，如男性与女性、年轻人与老年人，或白人与黑人。在这种二分法中，主词（比如"年轻"）被定为拥有另一个的词汇（比如"年老"）所缺乏的特性。其结果就是那个对立词并不是由其自身所定义的，而是被否定性地定义的。由于这样的对立承载着权力差异，一些群体声音会比其他群体声音更有机会被听到。由于集体声音的约束性影响，人们无法在有平等的机会表达他们观点的自由空间中构建意义。反而，意义为所属群体代表的社会地位所组建、所影响。这是因为，集体声音不仅存在于外部，也存在于特定的个体自我之内，集体声音可能会限制甚至压制个体的语义系统，尽管个体可能会为了其声音被听到而进行反抗。一个青春期的少年感受到了自己的同性恋倾向，可能会抵抗这种感情，因为它是集体主义所禁止的。然而，随着后来的成长，他可能会加入同性恋运动，

---

① J. V. Wertsch, *Voices of the Mind: A Sociocultural Approach to Mediated Action*, Hemel Hempstead: Harvester Wheatsheaf, 1991.

② D. A. Prentice, D. T. Miller, J. R. Lightdale, "Asymmetries in attachments to groups and to their members: Distinguishing between common-identity and common-bond groups", *Personality and Social Psychology Bulletin*, Vol. 20, 1994, pp. 484 –493.

③ E. E. Sampson, *Celebrating the Other: A Dialogic Account of Human Nature*, Boulder, CO: West-view, 1993.

纠正这种存在于社会及其自身中的不平衡感。①

人们可能发现，个人声音与集体声音之间的区别与自身所处的社会的和个人的两种位置之间的区别是一致的。② 社会位置是由社会性的定义、期待及惯例所支配和组织，而个体位置的形式则来自个体组织自己生活的特定方式，时而与社会期待包含的期望相反或对抗。例如，当一个人在特定文化中被定义为女性，这种社会位置就会对她的衣着、行为、举止以及情绪调节产生特定的期待。然而，从她自身的角度来看，她可能觉得在某些情况下自身是女性的（比如在穿着上），但在另一些场合变得男性化（比如在性行为上）。在这种情况下，这个人的语义系统是在她的社会位置与她的某个或多个个人位置之间的张力关系中构建的。③

支配性与对话性

从很小的时候起，人们就不断地参与社群中人们（母亲、父亲、姨妈、叔叔、老师、同龄人）的对话中，根据不同的社会场合而被置于多样的特定位置（孩子、学生、朋友）。在这些互动中，孩子并不是以中立或抽象的方式被对待，而是由更强大的人以赞许或否定的方式对待。他/她是一个"好"孩子或者"坏"孩子，是"勤奋的"学生或者"懒惰的"学生，是一个值得"信任"的朋友或者不是。此外，在构建自我叙述时，孩子能够将群体中的"你是……"言语转变为"我是……"的话语。不过，这些位置不是简单地"复制"他人的观点，而是在发展的过程中创造性地构建与

---

① 与对话本身有关的性别认同的讨论，可参阅：C. Latiolais, *From Dialogical Self to Chronotopic Body: Adialogical Approach to Gender Identity*, *Moral Psychology and Heterosexualmelancholy*, Paper presented at the First International Conference on the Dialogical Self, Nijmegen, The Netherlands, 2000, June 23 – 26.

② R. Harré, L. Van Langenhove, "Varieties of positioning", *Journal for the Theory of Social Behaviour*, Vol. 21, 1991, pp. 393 – 407；可参阅此文作者对社会位置和个人位置进行的区分。

③ H. J. M. Hermans, E. Hermans-Jansen, "Dialogical processes and the development of the self", in J. Valsiner & K. Connolly (eds.), *Handbook of Developmental Psychology*, London: Sage, 2001；个人语义构造体系与个人的两种位置之间的张力关系的案例分析，可参阅此书。

重建。换言之，尽管他者的观点非常强力，却并不能完全决定孩子的自身，但肯定在某种意义上组织它，即他者的观点在一个持续的对话过程中被接受，在这一过程中，孩子以及长大后的成年人，对这些影响进行"回应"。

在一项关于参与者主动与回应的相互作用的研究中，林奈尔（Linell）观察到对称性与非对称性（或支配性）的突发性模式。① 他认为，这种模式在一定程度上可以理解为对交际行为中文化地建立起来、在制度上凝结下来的规定与惯例的再生产。遵循巴赫金与维果斯基等学者的传统，林奈尔强调，意义并不完全是在互动中从头构建的。确切地说，它们属于历史中由新的角色不断传承与投入的文化资本。这一传承意味着，如果没有一些宏观框架（结构的人种学背景）的概念，就无法理解具体对话关系的微观语境。每一次言说都有前对话的历史，并根植于情境与文化之中。②

林奈尔甚至认为非对称性存在于每一个体的行为－回应这一行为模式中。说话者拥有一定特权，能够采取主动并展示他们的观点。然而，作为这个交互过程的一部分，人们在互动中不断交替着"权力持有者"与"权力对象"的角色。在很多方面，权力持有者一方支配，也即控制着交流中互动双方共享的"领域"。该领域即交流双方共同参与和生产的话语。林奈尔对互动中的支配力做了至少四种不同的维度区分——互动优势、话题主导、言说数量以及策略手段：

· 互动优势涉及的是主动－回应结构中的不对称模式。占主导的一方即采取最主动行动的一方：他或她在很大程度上决定着接下来的局势。从属一方允许或必须允许他或她的参与行为被指引、控制甚至禁止。

· 话题主导即一方主导性地引入并维持话题以及话题角度等情形。决定对话话题的人可能会获得高度的支配地位，这不仅体现在谈话的内容上，还体现在话题的整体走向上。

· 言说数量也反映了支配关系。一个在谈话中说很多话的人阻碍了另

① P. Linell, "The power of dialogue dynamics", in I. Marková & K. Foppa（eds.）, *The Dynamics of Dialogue*, New York：Harvester Wheatsheaf, 1990, pp. 147 – 177.

② 又可参阅：M. C. D. P. Lyra, "An excursion into the dynamics of dialogue：Elaborations upon the dialogical self", *Culture & Psychology*, Vol. 5, No. 4, 1999, pp. 477 – 489.

一方轮流主导的机会（比如，审讯犯罪嫌疑人）。

　·最后一点，策略手段是一种特殊的支配方式。一个人即使无需多说话，也能对谈话产生强烈影响。当其有策略地讲出一些非常重要的事情时，其方向和由此产生的见解可能受到很大影响。

　　基于社会制度中个人的社会位置，有些人比其他人拥有更多机会扮演掌权者的角色。比如，父母广泛利用对话中的主导因素，这样，孩子们就没有太多机会表达自己的想法。父母很容易"抢走"孩子说话的机会，或修正孩子所说的话。爱伦森（Aronsson）和隆德斯特罗姆（Rundström）在一项关于过敏诊所儿科会诊的研究中观察到，父母经常作为他们孩子（5～15 岁）的发言人而介入对话。① 即使医生对孩子说话，他们也会抓住时机接过话题，或者在孩子说话后马上强调孩子的话，并解释孩子的意思，这暗示着孩子们不能或者也没有抓住机会正确地表达自己。②

　　正如前面的例子所表明的，社会权力或支配的概念是对话过程的内在特征，而且与一个人在特定情境中所处的位置密切相关。据此，在文化过程分析中，支配是一个不可或缺的概念。支配关系不仅组织和制约着社会或群体内部的互动，而且也制约着不同文化群体之间的互动。

文化位置：移动与融合

　　在前文中已讨论过，对话关系既不局限于内在的思想活动，也不限于口头的谈话，而是从生命初期便开始的具象的、空间性的、世俗化的过程。不仅如此，前文也讨论了个体的声音是如何与集体声音共存并相互交织的，而这些声音存在于（对称的）交换与（非对称的）社会支配的张力之间。这些对于文化定置及语义构建究竟意味着什么？

---

　　① K. Aronsson, B. Rundström, "Child discourse and parental control in pediatric consultations", *Text*, Vol. 8, 1988, pp. 159－189.

　　② P. Linell, "The power of dialogue dynamics", in I. Marková & K. Foppa (eds.), *The Dynamics of Dialogue*, New York: Harvester Wheatsheaf, 1990, pp. 147－177.

文化的内在同质化与外在独特性所带来的问题

在早前出版的论著中，我们认为，加速的全球化进程与文化之间日趋紧密的相互连接，给当代心理学带来了前所未有的挑战。正如沃尔夫（Wolf）之前所指出的，我们生活在一个生态联系（如切尔诺贝利核灾难威胁着欧洲）、人口联系（如墨西哥人移民到美国）、经济联系（如日本人在美国和欧洲建立了汽车工厂）和政治联系（如战争在亚洲开始，影响全球）日益紧密的世界。① 这个清单上还可以加上越来越多教育联结：越来越多的年轻人前往其他国家，继续并充实他们的教育和职业培训。

与全球范围的社会变革以及相应的社会结构的复杂性和动态性明显矛盾的是，许多跨文化心理学研究人员已经并将继续在遵照文化二分法概念化文化差异的前提下开展工作。通常，这些二元论展现的是西方与非西方的文化或自我之间的对比。不同研究者使用不同的术语来区分西方文化与非西方文化："个人主义" vs. "整体主义"②；"自我中心的" vs. "社会中心的"③；"独立的" vs. "延伸及重要他人的"④；"初级控制" vs. "次级控

---

① E. R. Wolf, *Europe and the People Without History*, Berkeley：University of California Press, 1982.

② L. Dumont, "A modified view of our origins：The Christian beginnings of modern individualism", in M. Carrithers, S. Collins, S. Lukes（eds.）, *Thecategory of the Person.* Cambridge：Cambridge University Press, 1985, pp. 93 – 122.

③ R. A. Shweder, E. J. Bourne, "Does the concept of the person vary cross-culturally?", in R. A. Shweder & R. A. LeVine（eds.）, *Culture Theory：Essays on Mind, Self, and Emotion*, Cambridge：Cambridge University Press, 1984, pp. 158 – 199.

④ A. Marsella, "Culture, self, and disorder", in A. Marsella, G. DeVos, F. Hsu（eds.）, *Culture and Self：Asian and American Perspectives*, New York：Tavistock, 1985, pp. 281 – 308.

制"①；"自足个人主义"与"整体个人主义"②；"个体主义"与"集体主义"③；"独立自主"与"相互依赖"④。

我们对跨文化心理学中文化分类的传统，即将文化视为内在同质、外在独特的特点进行了挑战。这里简要概述以下三种挑战。⑤

第一，日益增长的文化联结（人口、生态、经济等）往往导致"杂化"的现象，这种现象产生于跨文化互动过程导致现有的形式与实践重新组合成新的形式与实践。⑥ 杂化的现象是由于现有的文化实践转化为新的实践，从而创造出"多重身份"的结果，例如：身穿希腊长袍的墨西哥女学生以伊莎多拉·邓肯的风格跳舞；一名亚洲血统的伦敦男孩为当地的孟加拉板球队效力，同时支持阿森纳足球俱乐部；阿姆斯特丹的摩洛哥女孩打泰拳；以及美国原住民庆祝狂欢节。皮特斯讨论这类例子，用来反对文化经验正在走向文化的统一或标准化的观点，就像西方与非西方这一简化分类所展

----

① J. R. Weisz, F. M. Rothbaum, T. C. Blackburn, "Standing out and standing in: The psychology of control in America and Japan", *American Psychologist*, Vol. 39, 1984, pp. 955 – 969.

② E. E. Sampson, "The debate on individualism: Indigenous psychologies of the individual and their role in personal and societal functioning", *American Psychologist*, Vol. 43, 1988, pp. 15 – 22.

③ H. C. Triandis, "The self and social behavior in differing cultural contexts", *Psychological Review*, Vol. 96, 1989, pp. 506 – 520.

④ H. R. Markus, S. Kitayama, "Culture and the self: Implications for cognition, emotion, and motivation", *Psychological Review*, Vol. 98, 1991, pp. 224 – 253；另可参见斯皮罗（Spiro）对文化分类进行的审查与批判：M. E. Spiro, "Is the western conception of the self 'peculiar' within the context of the world cultures?", *Ethos*, Vol. 21, 1993, pp. 107 – 153.

⑤ 更多可参见：H. J. M. Hermans, H. J. G. Kempen, "Moving cultures: The perilous problems of cultural dichotomies in a globalizing society", *American Psychologist*, Vol. 53, 1998, pp. 1111 – 1120.

⑥ J. N. Pieterse, "Globalization as hybridization", in M. Featherstone, S. Lash, R. Robertson (eds.), *Global modernities*, London: Sage, 1995, pp. 45 – 68；W. Rowe, V. Schelling, *Memory and Modernity: Popular Culture in Latin America*, London: Verso, 1991.

现的。①

第二个挑战来自一群研究者的作品，主要有历史学家、社会学家及政治学家，统称为"全球体系理论家"。② 这些理论家不只感兴趣于文化的进展，还包括经济、政治、地缘与军事的变化，因此他们得以在最具可能性的条件下研究文化与文明。比如威尔金森（Wilkinson）认为现存一种文明：一个单一的全球文明。这种文明最初出现于大约公元前1500年近东地区，当美索不达米亚文明与埃及文明交汇融合，现存文明为其直接的传承或现存的表现形式。这一融合的文明体系随之延至全球，并吸收了所有其他先前的独立文明（如日本文明、中国文明以及西方文明）。在他的学术论文中，威尔金森提出了对文明的实务性定义应以联结为标准，而不是以同一性为标准。那些拥有密切的、富有意义的、持续性的互动的人，是属于同一文明的，"即使他们的文化截然不同，他们的互动多数是不友好的"。他还提道：

> ……以色列人和犹大、荷马时代的万神殿、议会、反对部落、两党制、七勇士远征底比斯、潘趣与朱迪的木偶表演、希特勒与斯大林的条约都是敌对的独立个体组成的相互对抗的集合，通常被认为是内部对立统一的。③

第三个挑战是文化不断增长的复杂性。例如，汉纳斯（Hannerz）在对这一发展的综合讨论中，提出了文化流动的概念，反对文化只有单一本质

---

① J. N. Pieterse, "Globalization as hybridization", in M. Featherstone, S. Lash, R. Robertson (eds.), *Global Modernities*, London: Sage, 1995.

② R. Robertson, *Globalization: Social Theory and Global Culture*, London: Sage, 1995; S. K. Sanderson (ed.), *Civilizations and World Systems: Studying World-historical Change*, London: Altamira Press, 1995; I. Wallerstein, *The Modern World-system: Capitalist Agriculture and Theorigin of the European World-economy in the Sixteenth Century*, New York: Academic Press, 1974; D. Wilkinson, "Central civilizations", in S. K. Sanderson (ed.), *Civilizations and World Systems: Studying World-historical Change*, London: Altamira Press, 1995, pp. 46-74.

③ D. Wilkinson, "Central civilizations", in S. K. Sanderson (ed.), *Civilizations and World Systems: Studying World-historical Change*, London: Altamira Press, 1995, p. 47.

的观点。① 他从三个角度对文化进行了甄别，这有助于理解文化是受全球动态影响的：（a）观念和思维方式：某些社会单位的人们共同持有的一整套概念、命题、价值及思想活动等；（b）外化的形式：思想和思维方式公开和易于感知的不同形式（如科学、艺术、高速公路、电脑）；（c）社会分配：思想、思维方式与外在形式，即（a）和（b），在人群中分布的方式。这三个角度是相互关联的，因此一个角度的复杂性受到其他角度的复杂性的影响。传统的人类学和心理学尤其关注三个角度中的第一个：理解一个特定群体或社会的（共享的）知识、信念、经验和意义的结构。在某种程度上，人类学家和心理学家已经处理了第一种角度和第二种角度之间的关系：思想和思维方式借助某些有限的形式（演讲、音乐、视觉艺术或其他沟通形式）表达出来。整体而言，对第三种角度，即社会贡献，关注程度最小。

科技在第二个与第三个角度上扮演着重要的角色。② 特别是媒体，作为"意义的机器"：它们允许人们在彼此不在场的情况下进行交流。复杂社会的文化使用文字、印刷、广播、电话、电报、摄影、电影、磁盘和磁带录音、电视、录像和电脑。这一系列不同的外化模式同时使得新的意义系统的构建成为可能（第二角度对第一角度的影响），而且使得这种系统的全球分布成为可能（第三角度对第一、二角度的影响）。考虑到三个角度的内在关联性，每个角度的复杂性都有所增强。这种复杂性给跨文化概念带来了一个挑战性的任务：从同质类别的角度来看待文化。③

---

① U. Hannerz, *Cultural Complexity: Studies in the Social Organization of Meaning*, New York: Columbia University Press, 1992.

② U. Hannerz, *Cultural Complexity: Studies in the Social Organization of Meaning*, New York: Columbia University Press, 1992.

③ 相关讨论可参阅：T. L. Holdstock, "The perilous problem of neglecting cultural realities", *American Psychologist*, Vol. 54, 1999, pp. 838 - 839; R. J. Smith, "Cross-cultural malaise", *American Psychologist*, Vol. 54, pp. 839 - 840; R. G. Tweed, L. G. Conway III, A. G. Ryder, "The target is straw or the arrow is crooked", *American Psychologist*, Vol. 54, 1999, pp. 837 - 838; H. J. M. Hermans, H. J. G. Kempen, "Categorical thinking is the target", *American Psychologist*, Vol. 54, 1999, pp. 840 - 841.

旅行与超域性

对文化复杂性的忽视与另一个问题紧密相关，这个问题在跨文化心理学的很多工作中都很典型：文化是有地域性的。很多跨文化心理学家将有地域性的文化作为他们研究的基本部分。在跨文化心理学中最全面和最有影响力的研究之一便是对 50 个民族文化及 3 个区域文化之间的对比。[①] 这种方法与特里安迪斯（Triandis）对文化的定义异曲同工，他为文化定义了三个标准：地点（当地社区）、时间（特定历史时期）及语言（可理解性）。

跨文化心理学将文化定义为具有地域中心性的观点日益受到社会人类学的最新发展的挑战。如克里夫特（Clifford）将"旅行"作为一种隐喻来捕捉不同文化间的关系。[②] 自马林诺夫斯基（Malinowski）和玛格丽特·米德的开创性工作以来，专业民族志一直建立在对"特定区域"进行深入研究的基础上。这样的一个领域是一个有中心、有边界的地方，就像一座花园，"文化"这个词从这里得到了它的原意。然而，后来的研究者开始把民族志工作视为一系列的旅行际遇，而不是地方性的居处。旅行将文化概念去中心化了，因为文化活动与身份的构建不是在居处"之中"发生，而是在国家、民族和地区之间的接触区域。旅行这一隐喻激发了人们对散居、边境、移民、旅游、博物馆、展览、国际合作、朝圣和流亡的兴趣。[③]

对文化适应的反思

文化适应是不同文化间很典型的一种现象，因为其发生于某人的传统文化与主文化之间的接触区。这方面很有名的研究来自贝里（Berry）的文

---

① G. Hofstede, *Culture's consequences: International Differences in Worker-lated Values*, Beverly Hills, CA: Sage, 1980.

② J. Clifford, *Routes: Travel and Translation in the Late Twentieth Century*, Cambridge, MA: Harvard University Press, 1997.

③ J. Clifford, *Routes: Travel and Translation in the Late Twentieth Century*, Cambridge, MA: Harvard University Press, 1997.

化适应策略的模式（同化、分离、边缘化与整合）。① 整合策略是最优的，因为比起其他三个，该一贯性的预测具有更多正向的结果。②

在一项文化适应模式的研究中，巴迪亚（Bhatia）和兰姆（Ram）（2001）批判了一些潜在的设想。③ 其中之一是尽管文化群体的生活环境存在着很多变化，在文化适应中心理活动对所有群体而言都是同样重要的。这一普遍主义的观点主导了现今文化适应的研究，并为跨文化心理的大框架之下的许多研究提供了重要的基础。④

文化适应模式的主要问题之一是，就像巴迪亚及兰姆所论的⑤，来自西欧国家，如英国、德国的移民，与来自前殖民地国家，如印度、肯尼亚的移民，他们的心理过程是相似的。这一假设，如果基于不同群体来自不同的历史背景这一理论，则引起了强烈的质疑，而这一理论无法通过任何依据普遍性观点的模式得到印证。

普遍性的视角对于自身和文化的关系有重要的含义：

> 这种普遍主义假设人类的基本特征对于所有物种的成员都适用（即构成一系列的心理素质），而文化影响了其发展与表现（即文化在这些主题中各有体现……）⑥

---

① J. W. Berry, "Acculturation as varieties of adaptation", in A. Padilla (ed.), *Acculturation: Theory, Models and Some New Findings*, Boulder, CO: Westview, 1980, pp. 9 – 25.

② J. W. Berry, D. Sam, "Acculturation and adaption", in J. W. Berry, M. H. Seagull, C. Kagitcibasi (eds.), *Handbook of Cross-cultural Psychology: Socialbehavior and Application*, Needham Heights, MA: Allyn & Bacon, Vol. 3, 1997, pp. 291 – 326.

③ S. Bhatia, A. Ram, "Rethinking 'acculturation' in relation to diasporic cultures and postcolonial identities", *Human Development*, Vol. 44, 2001, pp. 1 – 18.

④ M. H. Segall, W. J. Lonner, J. W. Berry, "Cross-cultural psychology as a scholarly discipline: On the flowering of culture in behavioral research", *American Psychologist*, Vol. 53, 1998, pp. 1101 – 1110.

⑤ S. Bhatia, A. Ram, "Rethinking 'acculturation' in relation to diasporic cultures and postcolonial identities", *Human Development*, Vol. 44, 2001, pp. 1 – 18.

⑥ M. H. Segall, W. J. Lonner, J. W. Berry, "Cross-cultural psychology as a scholarly discipline: On the flowering of culture in behavioral research", *American Psychologist*, Vol. 53, 1998, p. 1104.

在这种观点下，文化与个人的心理活动是分开的，而且，自我具有一些自然属性，这些属性甚至先于文化就已经存在了。其中的含义是，自我是一种心理学的给定，它具有核心的、本质的性质，并代表了一种独立的、客观的、普遍的实在。① 换言之，普遍主义的视角通常将自身与文化视为"变量"，这蕴含着一个自我排他的文化概念和一个文化排他的自我概念。这与我们之前讨论的笛卡尔对自身与环境的区分得到了很好的呼应。

从哲学的角度来看，分化的自我这一议题可以追溯到笛卡尔与其同时代的维科之间的争议。通过对比两位思想者的观点②，他们就像是 17 世纪哲学争议中扮演着主角和对手的角色。笛卡尔坚信数学的确定性，只接受那些毫无疑问的见解；而维科作为历史学家，他的学术兴趣使其偏爱追溯至遥远过去的黑暗之中。笛卡尔相信明晰的（非实体的）思维的力量，维科则相信（实体的）想象力的力量。对于笛卡尔而言，空间存在于自身外部，只有经过严谨的逻辑－数学分析才能理解，从而得出普遍规律。对维科而言，历史世界是由人类自身建设并重建的，因为他们创造了自己的历史，他们必须研究自己的思想与它的产品的关系，以理解自己所生活的特定文化情境。笛卡尔的思想是封闭的，与他人隔绝。维科研究自己的思想与它的产品的关系，以理解自己所生活的特定文化情境。笛卡尔关注思想，而维科关注语言。笛卡尔思维缜密，远离人群。维科学习语言的本源来理解不同文化阶段具体个人的沟通过程。对笛卡尔而言，理性思考是哲学的开端。对维科而言，理性思维是一种历史获得，而不是人性的组成部分（心智与身体关系的现代哲学分析，参见马克·约翰逊 1987 年的著作）③。

---

① S. Bhatia, A. Ram, "Rethinking 'acculturation' in relation to diasporic cultures and postcolonial identities", *Human Development*, Vol. 44, 2001, pp. 1 - 18.

② H. J. M. Hermans, H. J. G. Kempen, *The Dialogical Self: Meaning Asmovement*, San Diego CA: Academic Press, 1993.

③ M. Johnson, *Thebody in the Mind: The Bodily Basis of Meaning, Imagination, and Reason.* Chicago, IL: University of Chicago Press, 1987.

带连字符的文化身份：介于协商与权力之间

如巴迪亚与兰姆所观察到的①，在所讨论的文化适应模式中，整合策略被视为一条通向最终目标的线性轨迹。然而，这没有解释的是如何实现这一目标，以及冲突、权力和不对称问题如何影响诸如移民和散居侨民或在任何东道国文化中形成少数群体的文化适应过程。整合模式隐含地假设了多数文化和少数文化都具有平等的地位和权力。

权力的概念离不开对多重的、带有连字符的、混杂的身份这一现象的认识（比如阿拉伯裔－犹太人，亚裔－美国人，阿尔及利亚裔－法国人，非洲裔－英国人）。有观点认为文化中的联姻是成为带有字符的身份的部分原因，这一观点给对话关系的非对称性带来了挑战。拉达克里施南（Radhakrishnan）提出了一些有见解的问题：

> 当一个人作为亚裔美国人讲话时，那么究竟是谁在说话？如果我们置身于连字符的身份世界中，谁代表着这种连字符的身份：亚洲人还是美国人，或者说话者可以在介于亚洲与美国的部分之外为自己发声……没错，这两个部分都是有其地位的，但哪一个具有权力和潜力来解读另一种文义呢？如果那个亚洲人的部分变得美国化了，那么美国人的部分会变得亚洲化吗？②

正如引文所示，跨文化的概念，如"整合策略"③ 和"双语能力"④ 忽

---

① S. Bhatia, A. Ram, "Rethinking 'acculturation' in relation to diasporic cultures and postcolonial identities", *Human Development*, Vol. 44, 2001, pp. 1 – 18.

② R. Radhakrishnan, *Diasporic Meditations: Between Home and Location*, Minneapolis: University of Minnesota Press, 1996, p. 211, 转引自 S. Bhatia, A. Ram, "Rethinking 'acculturation' in relation to diasporic cultures and postcolonial identities", *Human Development*, Vol. 44, 2001, p. 13.

③ J. W. Berry, "Acculturation as varieties of adaptation", in A. Padilla (ed.), *Acculturation: Theory, Models and Some New Findings*, Boulder, CO: Westview, 1980, pp. 9 – 25.

④ T. LaFromboise, H. L. K. Coleman, J. Gerton, "Psychological impact of biculturalism: evidence and theory", *Psychological Bulletin*, Vol. 114, 1993, pp. 395 – 412.

视了生活在不同文化间那种带有论争的、充满协商的、时而痛苦的破裂体验。这个张力的领域，即个体所处的新机会和危险之间的某个地方，需要从关注发展的最终状态（如整合或能力）转向一个更注重过程的文化适应的概念，这可以对情境化的、协商的和经常有争议的发展轨迹做出解释。后殖民理论与流散理论摒弃了固定的民族和文化边界，让我们更多地从旅行文化的角度来思考，即这里和那里，过去和现在，家园和祖国，自我和他者，彼此需要不断地互相协商。①

总体而言，一个日益互联的世界社会需要对不同文化、不同个体以及个体中不同的文化位置（如多重或带有连字符的身份）之间所具有的对话关系给予重视。文化可以被看作一种集体声音，在自我中起着社会位置的作用。这些声音被具身的、历史情境中的自我表达，它们不断地卷入与其他声音的对话关系中。与此同时，这些声音不断受到权力差异的影响。

未来研究的三个方向

以下我将简要地讨论三个未来的研究领域：文化间接触领域的相关性，自身与文化的复杂性概念，以及不确定性的体验（另见赫尔曼斯与肯本1998 年的论文）。②

从核心到接触地带

跨文化研究主要关注的是文化的核心方面，而非它的边缘。然而，从对话的角度来看，作为不同文化间接合点的边缘区域变得突出而明显。这并不是说文化间的界限被消除了，而是变得越来越具有渗透性。因此，研究方向应当从国家与地区间的对比转变为研究接触地带的文化过程，例如，伴随着为不同文化群体所欢迎的日渐增多的国际交往、关系、组织与机构

---

① S. Bhatia, A. Ram, "Rethinking 'acculturation' in relation to diasporic cultures and postcolonial identities", *Human Development*, Vol. 44, 2001, pp. 1 – 18.

② 参见：H. J. M. Hermans, H. J. G. Kempen, "Moving cultures: The perilous problems of cultural dichotomies in a globalizing society", *American Psychologist*, Vol. 53, pp. 1111 – 1120.

［另见阿帕杜莱（Appadurai）的作为跨国接触区的全球景观］①。例如，研究可能会涉及人们通过移民、移居、旅行接触其他文化群体时与通过国际组织、机构或网络联系同事及朋友时在语义和行为上的文化变迁。在这些接触区域中，由于接触伙伴而来的沟通、理解和误解、冲突和权力差异如何改变他们的意义和实践？应该关注新兴的互联网社区和网络［见海文（Hevern）关于通过网站建设塑造在线身份的调查］。② 当人们与其他文化的代表人物在没有任何身体、局部接触的情况下进行密集接触时，他们的思想和行为会发生什么变化？他们的共同兴趣和主题是什么？想象的作用是什么？人们如何应对被定义为想象和实际的现实之间的差异？沿着不同的国际接触区可能会提出更多的和其他的研究问题。这项研究并不局限于不同国家之间的关系，因为在一个特定的国家内，不同甚至对立的文化群体（民族、宗教、种族或任何具有共同意义和实践的新兴社区）是一个更广泛的相互关联的社会系统的一部分。接触区不仅存在于不同国家之间，也存在于广义上的不同文化群体之间。

个体自身与身份的文化复杂性

文化的复杂性不仅来自一个社区共享的多重意义和实践，也来自外化的形式以及这些意义、实践和形式在整个人口中分布的方式。③ 这其中的一个含义是，意义和实践与其说是一种文化中的学习、发展或社会过程，不如说是来自不同文化起源的立场相互作用的会面场所。例如，大众媒体不仅用来表达人们的意义和实践，相反，许多人的意义和实践也在媒体传播中形成和改变。媒体不仅能够表达文化意义，而且能够传播文化意义（广播和视频存储允许重复观看和在世界范围内传播）。

---

① A. Appadurai, "Disjuncture and difference in the global cultural economy", in M. Featherstone (ed.), *Global culture Nationalism*, *Globalization and Modernity*, London: Sage, 1990, pp. 295 – 310.

② V. W. Hevern, Alterity and self-presentation on the web, Paper presented at the First International Conference on the Dialogical Self, The Netherlands: Nijmegen, 2000, June 23 – 26.

③ U. Hannerz, *Cultural complexity: Studies in the Social Organization of Meaning*, New York: Columbia University Press, 1992.

特别是，网络使得多重身份的构建与新意义的构建、共建紧密相关。例如，塔拉莫（Talamo）与里戈里奥（Ligorio），通过创建一个特殊的互动教育世界，关注自我的对话构建。[1] 重点是在共享的虚拟世界中进行协作学习与知识构建。假定学习者作为虚拟社区的主动贡献者而构建自己的知识。这种知识不是预先指定的，不是从一个人传到另一个人的，也不是要在一端发射，在另一端编码、储存、检索和重新应用的东西。学习是处于一个紧急的环境中，它的形式是参与者共同建构的。来自学习者群体的指示被用来组织任务、定义参与者角色并指导数据分析。

这种虚拟环境为新的身份体验打开了大门。参与一个虚拟世界里，在那里真实的特性（包括物理的与个人的）并不直接对他人可见，从而打开了一个领域，参与者在其中通过照片、设计、图片或动画彼此交流。定位的概念为研究参与者在相同的互动场景下寻求多重身份的可能性提供了框架。具体位置的选择是由双方对话接触中的策略手段所驱动的，并取决于在特定情况下哪些特征是最相关、最有效的。参与者的定位不仅可以看作一个个体的移动，也是一个情境塑造和情境更新的过程。[2] 情境本身在引导和塑造参与者可能的选择方面起着积极的作用。[3]

不确定性的体验

正如坎克里尼（Canclini）所指出的，全球化与混杂化的进程引发了大量的不确定性，而不确定性与焦虑的体验密切相关。[4] 从现有的理论框架来

---

① A. Talamo，M. B. Ligorio，*Identity in the Cyberspace：Thesocial Construction of Identity Through On-line Virtual Interactions*，Paper presented at the First International Conference on the Dialogical Self，The Netherlands：Nijmegen，2000，June 23 - 26.

② E. A. Shegloff，"On talk and its institutional occasions"，in P. Drew，J. Heritage（eds.），*Talk at Work：Interaction in Institutional Settings*，Cambridge：Cambridge University Press，1992，pp. 101 - 134.

③ A. Talamo，M. B. Ligorio，*Identity in the Cyberspace：Thesocial Construction of Identity Through On-line Virtual Interactions*，Paper presented at the First International Conference on the Dialogical Self，The Netherlands：Nijmegen，2000，June 23 - 26.

④ N. G. Canclini，*Hybrid Cultures：Strategies for Entering and Leaving Modernity*，Minneapolis：University of Minnesota Press，1995.

看，参与日益增长的全球化进程和相关技术发展的自我可以有三个特点。第一，自我是由高度密集的位置组成的，这是全球范围内群体和文化空前互联的结果；第二，自我的位置变得相对异质化了：在过去相对紧密的社会中，同质化的群体在更广阔的互联社会系统中变成了异质的伙伴；第三，自我比历史上任何时候经历了更大的"位置跨越"。以下这一串例子可以作为位置跨越概念的例证：（a）我挺直了身体，为了看起来没那么老；（b）我化了妆；（c）我做了拉皮除皱手术；（d）器官移植；（e）为了改变自我意识，我接受了脑移植。这些位置的范围不仅非常广泛，而且在某些情形下比其他情形下变化更大（从［d］到［e］的跨越要比从［a］到［b］的跨越程度小）。从文化的角度来看，也存在类似的连续性：从与一个业务部门代表接触到与同一家较大组织中另一个业务部门代表接触，可能意味着连续性上相对较小的差异。而从亚洲血统的边缘化群体转变为与西方国家主导的宿主文化的人接触，代表了更大的差异。由此认为，位置的密度和不均一性以及较大位置跃迁的可能性，助长了不确定性的体验。

对于未来的研究，可以提出一些重要的问题：在什么情况下人们会经历不确定性，他们如何应对？他们的反应是确定性降低还是不确定性规避？对于面临不确定性增加的人来说，有什么策略可用？他们更喜欢相对化策略还是绝对化策略？或者，他们只是简单地像作为一种快速的生活方式的一部分那样避免不确定性，从而更喜欢在无穷无尽的一系列支离破碎的文化碎片中旅行？

不确定性可以被研究，例如通过比较人们在不同的全球环境中所处的位置（例如金融、意识形态、技术）。当人们同时加入不同的关系网络，而这些关系网络在很大程度上又是分割的时，他们怎么应对这种不确定性、矛盾性、模糊性和相互冲突的利益？当他们在没有任何可能有助于清晰地组织其生活的整体综合知识系统的情况下穿越这些接触区域时，他们如何找到自己的方式？他们是对一些景观进行了个性化的组合，还是对其中一种景观进行了超级专门化，或者将不同景观中的元素重新组合成新的混合格局？当然，不确定性并不主要存在于文化的核心，而是存在于文化的接触区域。

结语：来自蒙田与塞涅卡的发声

目前的大多数研究都是探索将自我和文化视为位于统一性和多样性之间的张力领域的动态系统的含义。本文提出了一种观点，即在不失去统一性概念的情况下，在相当大程度上分化自我和文化，而不是从本质的、核心的自我或本质的、核心的文化的角度来思考。很久以前的经典作家也曾有过类似的想法。蒙田（1580/1603）早已挑战过自我的统一性，他总结道：

> 我们每个人都是由修补组成，如此无形而又结构各异，因而每个部分、每个瞬间都发挥其各自的作用。在我们自身中所存在的差异并不比我们与他人的差异少。①

而塞涅卡（Seneca）说得更为简明扼要："相信我，担当一个个体的角色是一件很了不起的成就。"②

---

① M. de. Montaigne, *The Essayes: Or Morall, Politike and Millitarie Discourses* (J. Florio, trans.), (Original work published 1580) London: Blount, 1603, pp. 196–197.

② L. A. Seneca, L. Annaei Senecaead Luciliumepistolaemorales (Tomus II)〔L. Annaeus Seneca's moral letters to Lucilius (Vol. 2)〕, (L. Reynolds, ed.) (Original work published *c.* 65), Oxford: Oxford University Press, 1965, p. 516.

对话自我：桥接自我与社会的间在[①]

可晓锋[②]

摘　要： 由赫尔曼斯主创并推动发展起来的对话自我理论，是以巴赫金等为代表的欧洲对话主义学术思想传统与以詹姆斯、米德等为代表的美国实用主义学术思想传统的当代"联姻"而孕育出来的"全球化时代的产儿"。不同于理性主义与个体主义所认知的人的自我，"对话自我"呈现为一个由非单数的"主我位置"（I-positions）所构成的"心灵社会"，并作为桥接自我与社会的一种"间在"（inter-being）[③]。对话自我理论以对话自我所展现的"对话""相遇（meeting）""桥接（bridging）"之开放性姿态，观照和关注全球化世界社会中"人的此在"以及个体自我对不同情境的行动应对（response），试图对混合的（mixing）、流动的（moving）的当代文化和复杂联结的全球化世界社会做出一个理论上和实践

---

① 本文为任职于乐山师范学院科研启动项目"后巴赫金时代的对话理论话语研究"（项目编号：801/205200045）中期成果。

② 作者简介：可晓锋，文学博士，任职于乐山师范学院文学与新闻学院。

③ "间在"（inter-being），是中国学者金惠敏教授最近提出的理论概念，是他汇通胡塞尔的"主体间性"、哈贝马斯的"交往理性"、巴赫金的"对话"、朱利安的"间距与之间"、商戈令的"间性论"诸论，并进一步推进而提出来的。"间在"（inter-being）概念既强调人作为"具身的（embodied）个体"这一客观性存在，又重视个体之间的"间性"；从而将"主体"刷新为"间在"，将"主体间性""交往理性"刷新为"个体间性"（interdividuality），用以规避胡塞尔、哈贝马斯理论中的独断性和强制性。

上的"灵活的""民主的"回应（respond）。

关键词： 赫尔曼斯　对话自我　间在　位置　社会　民主

　　对话自我理论（Dialogical Self Theory，缩写为 DST），是还未被国内熟知的著名荷兰学者休伯特·赫尔曼斯（Hubert J. M. Hermans）主创并推动发展起来的。赫尔曼斯于 1937 年 10 月 9 日出生在荷兰南部的边境城市马斯特里赫特（Maastricht），这座城市位于荷兰与比利时、德国的交界处，语言上法语和德语地位几乎与荷兰语齐平。时至今日，面包食品仍是马斯特里赫特的一张名片，而赫尔曼斯就是马斯特里赫特的一位面包师的长子。1960—1965 年赫尔曼斯在奈梅亨大学①学习心理学，是当届第一个取得硕士学位的学生。1965 年成为母校奈梅亨大学心理实验室的一员。1967 年赫尔曼斯于奈梅亨大学取得博士学位，此后一直在奈梅亨大学从教，直到 2002 年荣休，同年被授予"荷兰狮骑士勋章"（Knight in the Order of the Netherlands Lion）。2017 年当选为比利时皇家弗兰德斯科学与艺术学院外籍院士（Foreign member of the Royal Flemish Academy of Belgium for Science and the Arts）。从 20 世纪 90 年代初至今，在赫尔曼斯三十年的深耕细作下，对话自我理论不仅在荷兰国内、在欧美主流的学术圈内，而且日益在全球范围内形成广泛的影响。

　　概括起来，西方学界于对话自我理论有一种定性认识：它被指认为全球化的"时代理论"，同时又逐渐被当作一个"元理论"，难以归入欧美现有的主流学科。对话自我理论是以巴赫金等为代表的欧洲对话主义学术思想传统与以詹姆斯、米德等为代表的美国实用主义学术思想传统的当代"联姻"而"孕育"出来的"全球化时代的产儿"。所以，对话自我理论"生就"一副"热情的面相"，以"对话""相遇（meeting）""桥接（bridging）"的开放性姿态，认识和关注全球化世界社会中"人"的此在以及个体自我对不同情境的行动应对，试图对混合的（mixing）、流动的

---

　　①　即拉德堡德奈梅亨大学（Radboud University Nijmegen）。

（*moving*）的当代文化①和一个复杂联结的全球化世界社会做出一个理论上和实践上的回应。以这样"热情的"姿态，对话自我理论在全球化的世界社会中，并不局限在心理学领域而是广泛地应用社会学、人类学、哲学、文学等人文社会科学的广阔园地；并未步封于心理治疗、精神分析的狭地，而是驰骋在移民身份、行业咨询、团队管理、学校教育甚至文艺作品分析的阔土上；它将自己变身为一个多学科领域的"飨宴"。这副面相的对话自我理论因"以复杂而深刻的方式阐述了全球化对心理功能的影响"，被当代西方学界、学人指认为"我们时代的理论"（a theory for our time）。② 与此同时，发展中的对话自我理论也透出一种"元理论"的底色。对话自我理论所关注的问题是冯特在《心理学的哲学期望》中所谓的"原始问题"③，亦即巴赫金所言的："在一切地方，凡珍贵而有价值的东西都聚集到一个中心——作为载体的人。"④ 因此，由于根本上关注的是"人（类）本身"这个"原始问题"，对话自我理论的探索突围了当代主流心理学所理解的"心理生活"之学科性边界，从而置自身于不同学科、学术传统的"交界面（interface）"上，既让不同学科、学术传统的立场（positions）"进入（in）"自身而"相遇（meet, or encounter）"，又保持自身"中立"于它们之间（between）。对话自我理论由此显现出"桥接（bridging）"潜能和"间性（interality）"特征。但需注意，赫尔曼斯对话自我理论现实地、谨慎地规划了自身的体量，表明它自己既不标榜为一个宏大理论，来为各种各样的人类行为提供全面的解释；也不自认是一个微型理论，将精力聚焦在人类某

---

① Hubert J. M. Hermans, "Mixing and Moving Cultures Require a Dialogical Self", *Human Development*, Vol. 44, No. 1, 2001, pp. 24 – 28.

② Mark Freeman, "A Theory for Our Time, Size Medium", *Theory Psychology*, Vol. 24, No. 5, 2014, pp. 728 – 730.

③ "心理学的哲学期望"是冯特著名的《人类与动物心理学讲义》开篇第一讲的第一个问题，见威廉·冯特著：《人类与动物心理学讲义》，李维译，北京：北京大学出版社，2013年版，第1页。

④ 巴赫金著：《陀思妥耶夫斯基诗学问题》，白春仁、顾亚玲译，《巴赫金全集》（第五卷），石家庄：河北教育出版社，1998年版，第103页。

些功能的狭窄的片段上①，而是"规格适中（size medium）"。在一种整体意义上，它恪守威廉·詹姆斯为心理学划定的时间界域——"当前的生活"，但它只是从"我们时代"回应那个还会擦身而过的"原始问题"的召唤，这其中饱含着实用主义式的"用心"：既有不愿且不能充当"普世""神谕"的自知之明，也有不愿且不能对现实的人类本身及其生活无动于衷的一个适当的理由——这就是照看好自己以及自己的生活。

赫尔曼斯的对话自我理论存有一个明确的目标指向——"灵活主体（flexible subject）"的构建与治理。由于对话自我超越了个体主义的个体、社会的二元结构，也超越了理性主义的自我与身体、自我与他者的二元结构，因此，它作为联结自我与他人、自我与社会的"间在"而展现出个体作为能动主体的"灵活性（flexibility）"，即一个灵活的主体能够在自我与情境的关系中、在人与环境的关系中、在个体与社会的关系中，具有既主动又自由地做出反应，展开有效行动的能力。在赫尔曼斯对话自我理论看来，"灵活的主体性"是人的心理健康的重要体现，并且这种心理健康包含了罗杰斯的"完满机能"（fully functioning）概念的充分意义。② 当然，这种向人类潜能敞开的"灵活主体"，也让人们看到马克思的"全面发展的人"的身影。在这一意义上，赫尔曼斯对话自我理论能从心理健康的专业问题上升为存在哲学或生命哲学的一般命题。

一、赫尔曼斯的对话自我理论产生的背景和语境

十年之前就有论者评说道："对话自我（dialogical self）"是过去二十年

① Hubert J. M. Hermans, "Dialogical Self in a Complex World: The Need for Bridging Theories", *Europe's Journal of Psychology*, Vol. 11, No. 1, 2015, pp. 1 - 4.
② Hubert J. M. Hermans, Els Hermans-Jansen, *Self-narratives: The construction of Meaning in Psychotherapy*, New York: Guilford Press, 1995, pp. 114 - 117.

来社会科学领域中最重要、最具独创性的新理论之一。① 但正如赫尔曼斯自己曾说的："一种理论从来都不是孤立发展起来的。总是有其他人——科学家、哲学家或者艺术家——悄然进入你的心灵，他们在那里与你自己的思想和情感相遇，然后导致了不可预测的'产物'，它是外部的启示与我们心灵内部回应的交杂组合。"② 纵观来看，赫尔曼斯的学术生涯是从动机研究启航的，接着提出评价理论（valuation theory），再转向叙事途径（narrative approach），然后在对话自我理论的园地中深耕细作，熔于一炉。因此，考察对话自我理论的产生，需将之放置在赫尔曼斯学术事业的整体中进行，需要梳理它与赫尔曼斯的前期研究，如成就动机研究、评价理论、自我叙事等之间的关系。

（一）在"新"与"旧""之中"和"之间"

赫尔曼斯的思想形成和发展的大的时代背景是 19 世纪到 20 世纪社会、文化的大变革时期。这个时期科学技术的异军突起极大影响甚至开始支配人类社会各个方面，但科学在不同地域的不均衡情况造成的区域性差异则促成了人类社会变化和文化思想在整体上的多样性和多元化。从自身成长和教育这个切近距离上看，赫尔曼斯的生活同样没有避过传统与现代的碰撞和交汇。

在"新"与"旧"的碰撞中，赫尔曼斯明确表示自己作为一个心理学专业的学生，受训于两种非常不同的传统：一个是欧洲哲学传统，尤其是现象学和存在主义思想家的影响；另一个是美国的实证方法，包括美国实用主义的影响；授业的老师也有"新派""老辈"之分。赫尔曼斯在学术思想上显现出来的包容多样性，并非一个特例，而是奈梅亨大学的心理学研究之一贯特色。他就读和工作的现代奈梅亨大学（Universiteit Nijmegen，始

① 这是对 2010 年出版的《对话自我理论：全球化社会中的定位与对应定位》（Hubert J. M. Hermans, Agnieszka Hermans-Konopa, *Dialogical Self Theory：Positioning and Counter-Positioning in a Globalizing Society*, Cambridge：Cambridge University Press, 2010.）一书的诸多媒体推介和评论之一。

② Hubert J. M. Hermans, *Between Dreaming and Recognition Seeking：The Emergence of Dialogical Self Theory*, Lanham：University Press of America, 2012, p. 17.

建于 1655 年，复立于 1923 年），本是荷兰国内的天主教教徒捐建的。这所大学心理学课程的开设，始于一位在当时负责教育学的牧师，他仿照比利时的鲁汶天主教大学的设置，并招聘罗尔斯（F. J. M. A. Roels，1887—1962）① 到奈梅亨大学讲授心理学。那时实验的和科学的心理学在荷兰实属罕见，大学中的心理学一直是理论的和哲学的，但罗尔斯已经认识到立足于笛卡尔二元论的心理学（包括所谓以科学为目的的实验心理学）的片面性，他认为心理学唯一恰当的研究对象是作为一种心理 - 物理统一体的人；并且他还认为心理学不能脱离人类生活的直接经验，应该像生活需要面包一样"应用"心理学。罗尔斯既不排斥心理学的科学性和实验化，同时又深受欧洲意识哲学的影响；他不只是一个理论家，而且也有非常实际的指向：应用心理学探索和解决日常问题。罗尔斯的学术思想影响深远，实为奈梅亨大学心理学研究传统的奠基者，不仅为其弟子吕滕（F. J. Theodorus Rutten，1899—1980）所继承和发展，且在再传弟子赫尔曼斯的学术探索中持续回响。吕滕继承罗尔斯对心理学研究与实践应用关系的思考，并有所探索发展。一方面，他全心全意地赞同美国心理学协会所制定的目标②，将心理学应用作为促进人类福祉的手段；另一方面，他从哲学上探究了心理学知识与不同文化（地域）的关系。吕滕敏锐地观察到西方文化中无处不在的理性主义、与日俱增的个人主义以及文化（包括神话）敏感性的渐趋衰落的趋势，尤其是在 20 世纪 50 年代初他游历美国之后，吕滕更加坚定了这样的认识：必须保持心理学的广泛性和多样化。20 世纪 60 年代的荷兰心理学几乎完全转向美国，吕滕没有狂热地推波助澜，但也没有阻止美国心理学的新方法进入荷兰。然而吕滕还在美国的实验测量和统计数据的方法占据主导地位时，就提醒心理学家必须不断克服教条主义：真正的危险来自已经掌握的专业知识、语言、方法都可能固化感知行为的方式，阻碍新的发展。为此他建议心理学家阅读哲学家、诗人、小说家们的"伟大的文

---

① 罗尔斯（F. J. M. A. Roels）是赫尔曼斯和坎本的老师吕腾（F. J. Theodorus Rutten）的心理学老师，他曾在鲁汶跟随冯特（William Wundt）和屈尔佩（Oswald Külpe，1862—1915）的一个学生学习哲学和心理学。

② 现在美国心理学协会网站上口号是："Advancing Psychology to Benefit Society and Improve Lives."

学作品"。对于多年之后开启对话自我理论探索的赫尔曼斯来说，追求一种综合性的（all-round）而不局限于一种或仅仅少数的方法，将"无束缚"的创造性视为真正的意义和价值，从而追求一种开放的（open-minded）心理学，是吕滕留下的最可宝贵的学术遗产。其实，从罗尔斯到吕滕，再到福特曼（Han Fortmann, 1912—1970）、博伊滕迪克（F. J. J. Buytendijk, 1887—1974），这些对赫尔曼斯影响深刻的大学老师们，努力建构一种坚持"心理学的中立"而颇具特色的奈梅亨大学心理学研究传统。

赫尔曼斯的这些大学老师与天主教关系密切，虽然都清楚奈梅亨大学的心理学研究所承担的"护教"责任，但他们也顺应了启蒙运动以来的高扬科学和人之个性的世俗化潮流，不约而同地转变了立场，即对宗教的心理学研究必须从世俗的角度进行。① 正因他们"自由""开放""包容"的态度，自小长于宗教氛围并对之深为排斥的赫尔曼斯，在大学期间不受其羁绊并转向"科学"的方向。赫尔曼斯将他的这些老师归为"老"一辈，这不仅是因为他们的年纪，更因为他们对"传统"的承袭。他们虽然不抵触自然科学发展对心理学的影响，甚至坦然接受了心理学的科学化趋势，但是基于自己的（宗教）信仰和师承关系，仍然主要在哲学和思想上认识心理学。重要的是他们相承的开放心态，使得他们对当时行为主义的蓬勃发展和对精致的数据统计等工具和方法也敞开部分怀抱，主动送出教员到美国接受培训，这造就了赫尔曼斯所说的"新"一辈。"新"一辈的"新"对于像赫尔曼斯一样的青年学生来说，一方面是他们从美国学到的"新"知识和方法，另一方面是他们传播的无限科学进步的"新"憧憬。从思想发展来看，赫尔曼斯显然在其学术研究的早期阶段被"新"一辈的"新"吸引了；"老"一辈的教诲则像一粒"火种"潜藏在心里，至少在找到对话自我理论路向之前，赫尔曼斯并没有特别意识到这股正在暗中发酵的力量。②

---

① 参见 Jacob A. van Belzen, "The Introduction of the Psychology of Religion to The Netherlands: Ambivalent Reception, Epistemological Concerns, and Persistent Patterns", *The History of The Behavioral Sciences*, Vol. 37, No. 1, 2001, pp. 45 – 62.

② Hubert J. M. Hermans, "Moving through Three Paradigms, yet Remaining the Same Thinker", *Counseling Psychology Quarterly*, Vol. 19, No. 1, 2006, pp. 7 – 9.

作为对话自我理论的主创者，赫尔曼斯成长于"新"与"旧""之中"（"in"）和"之间"（"between"）；一方面，赫尔曼斯在"新"的科学（方法）中，尤其是在当时美国文化氛围中发展起来的、科学的与实用的心理学思想和方法中，似乎找到一条摆脱不美好的"旧"的成功之途；然而另一方面，从罗尔斯到吕滕，再到福特曼、博伊滕迪克，"老"一辈拓展的思想脉络已经融入赫尔曼斯的体内，并且在其研究中以创新的面貌日益显现出来。这条思想脉络的源头和背景是欧洲的哲学、文化思想以及心理学传统；它立足于具体的人，以开放的心态吸纳各种理论，以方法的中立态度认识具体的人的心理，将一种中立的"心理技术"应用到具体的人的社会生活中，关注作为社会关系一部分的具体的人的具体生存状态和具体的个人意义。赫尔曼斯的对话自我理论与这条思想脉络是相一致的，既是这一脉络的一部分，更是这条脉络的创造性延伸。

（二）赫尔曼斯的对话自我理论与其成就动机研究、评价理论和自我叙事研究的关系

赫尔曼斯的学术研究，历经多个犬牙差互、前后交错的范式，在晚出的对话自我理论中，仍然可见其动机理论、评价理论和自我叙事思想的历史遗迹。因此，需要观察的是各有自己历史的每种思想和共时构成的思想"星丛"，探索它们为对话自我理论的形成提供了怎样的语境。

1. 自我对质观念的提出以及对动机的重构：走向对话自我理论的起点

成就动机研究是赫尔曼斯开启对话自我理论研究之前所历的曲折路途，赫尔曼斯于其中获得声誉，也于其中遭受了一次煎熬的"思想革命"，还是于其中，一些走向对话自我理论的起点悄然树立起来，比如，自我对质观念的萌生。在1965年之后十多年间，赫尔曼斯采用"新的""科学的"统计实证方法的成就动机研究在荷兰国内获得巨大成功，但也开始受到多方批评。20世纪60年代末，学生运动席卷西方世界①，卷入其中的荷兰学生

---

① 这里是指1968年5月发生在法国巴黎的以学生为主体的社会运动，史称"五月风暴"。

批判赫尔曼斯做了他们强烈反对的"成就社会（achieving society）"的帮
凶——其成就动机研究和测验不仅代表而且肯定了"成就社会"的核心价
值；而应用他的成就动机测试的实践者则希望不仅仅提供一个评测认识自
身，更需要提供解决自身问题的方法。个中"苦恼"，终于在赫尔曼斯仿佛
效仿其老师们的美国之旅中突破某种质变的临界点。一场悄然发生的个人
思想"革命"，让赫尔曼斯终于意识到他自己的成就动机研究饱受批评的根
本痼疾——将人理解为具有相对稳定的个体特征（亦即个体差异），它折射
的恰恰是现代"成就社会"这种讲求效率和效益的商业社会、资本社会的
工具理性。在工具理性的主宰之下，人变成了"成就社会"这架机器的构
成部件，人的个体特征则变成部件的型号规格。因此，成就动机研究坚持
的科学性就是工具理性的数字化、定量化、标准化和控制论的一种形式，
而进行成就动机研究则成为工具理性控制人类社会和人类自身的一种手段
或一个环节，所以，测验人的成就动机也就成了为这些"部件"是否适合
"成就社会"提供评鉴和预测的工具。这其中暗含的"物化"倾向，实质上
是对"人"的偏离。

　　赫尔曼斯提出自我对质观念，其核心是要求人们找出他们生活中重要
的东西；在他们思考自己的过去、现在和期望的未来中发现有意义的东西。
自我对质在方法上摒弃了选择式问卷，而采用将开放性问题置入一个对话
性场景中的形式：双方并排坐在一起，心理学者（psychologist）将问题说给
他的来访者（client），邀请后者对问题进行回答。赫尔曼斯提出的自我对质
观念之创新性在于这几个方面：一是心理学者和来访者之间的合作关系，
即双方并排坐在一起的情形之所以不同于传统的心理治疗情境，是因为来
访者不再仅仅是如同物一般的被观察和被治疗的对象，在自我对质观念中
来访者作为心理学者或治疗师的"同事"或"共事者"参与整个过程；二
是采用开放的对话问答形式，而不是机械的选择选项模式给予了来访者的
"主体性"以空间，自我对质观念进一步凸显了人性或人文主义的色彩；三
是以上两方面使得自我对质具有从心理治疗、咨询的特定情境向日常生活

情境延伸的潜能，即自我对质也能用于日常生活的普通正常人。① 因此，美国之旅中形成的、先前潜藏起来的"革命性"力量终于在自我对质观念中显示出来，促使赫尔曼斯纠正心理学中实验的和心理测量上忽视人的中心地位的偏见，去反思先前成就动机研究与成就社会的狭隘的经济成就精神之间的关系。自我对质观念的提出，表明此时的赫尔曼斯的思想认识既是一种回归：向奈梅亨大学的心理学脉络回归，向以海德格尔哲学为基础的相遇哲学回归，说到底就是向"人"的回归；也是一种重新定向：深入人的自身体验中，与他们一起探索其生活中重大事件和情境的个人意义。

赫尔曼斯在这里，借助自我对质的方法，一方面重构了先前的动机研究，同时提出一种新方法研究作为社会个体的人的行为及其个人意义或价值。赫尔曼斯淡化了弗洛伊德的本能论色彩，他主要是从人的自我和心灵的二元性的角度②，即人类经验的基本二元性或人类存在的二元性重构了他对动机的认识。③ 也就是说，赫尔曼斯认为，人既是一个独立自主的个人，

① 贝尔森（Jacob. A. van Belzen）曾在注释中提请注意这一点，即自我对质法（the Self-Confrontation Method）不仅可用于心理上的调查，还可以用到其他领域，比如神学研究（theological research）中。参见 J. A. van Belzen, "Culture, Religion and the Dialogical Self": Roots and Character of a Secular Cultural Psychology of Religion", *Archive for the psychology of religion*, Vol. 25, No. 1, 2003, p. 21; J. A. van Belzen, *Towards Cultural Psychology of Religion: Principle, Approaches, Applications*, Berlin: Springer, 2010, p. 143.

② Hubert J. M. Hermans, Harry J. G. Kempen, *The Dialogical Self: Meaning as Movement*, Academic Press, Inc., 1993, pp. 146 – 147.

③ 赫尔曼斯综合了 Klages 的《性格学》（*Characterology*）中 Bindung（solidification）与 Lösung（dissolution），（Klages, L. Charakterkunde, 1948）; Angyal 的 autonomy（self-determination）和 homonomy（self-surrender）（A. Angyal, "A Theoretical Model for Personality Studies", Journal of Personality, Vol. 20, No. 1, 1951, pp. 131 – 142; Neurosis and treatment: A holistic theory, Wiley, 1965）; Bakan 的 agency 和 communion；（D. Bakan, *The duality of human existence: Isolation and communion in western man*, MA: Beacon Press, 1966）; Loevinger 的自我发展的最高阶段是 autonomy 和 interdependence 的调和（J. Leovinger, Ego development, Jossey-Bass, 1976）; McAdams 的人生叙事语境中的 power 和 intimacy（D. P. McAdams, *Power, Intimacy, and the Life Story: Personological Inquiries into Identity*, Salt Lake Cift: Dorsey Press, 1985）; 通过综述这些研究文献，赫尔曼斯将之概括为人的经验或存在的二元性：既要维持作为独立个体的自主，作为社会个体又需要与他人交流和互动。

又是与自身之外交流互动的社会个体。① 正是在这种对"人"的新的更深入认识的基础上，赫尔曼斯将人的动机重构为两种基本动机：S－动机，即力求自主自强；O－动机，即渴求与他人的接触和联合。它表明赫尔曼斯在研究上向前踏出重要一步，认为人自身的存在需要人自身以外的存在的存在。由此，自我对质观念的提出以及它对动机的重构，表明赫尔曼斯已经从以工具理性作为社会价值规范主导的成就动机研究中突围出来，并为赫尔曼斯的对话自我理论奠基了第一块核心基石。

2. 评价理论与自我叙事：向对话自我理论的过渡与前奏

从 20 世纪 70 年代中期（1974 年）的草创，一直到 21 世纪初（2001年），自我对质方法观念和评价理论构成赫尔曼斯学术研究的一个重要的过渡和探索阶段。评价理论（valuation theory）以及稍后形成的自我叙事（self-narrative），让对话与自我的链接和结合呼之欲出；终于在 1992 年至 1993 年间，赫尔曼斯及其同事将评价理论和自我叙事中包含的新鲜因素，提炼为"对话自我"（the dialogical self），此后，对话关系、对话自我以及从此视角进行的研究渐成赫尔曼斯研究和思考的中心和重心。因此，从这个意义来说，评价理论与自我叙事可视为对话自我理论的一种前奏和进场。

赫尔曼斯的评价理论、自我叙事对"人的研究"重在认识纷繁复杂的人类经验现象对于个人的意义，探究这些意义如何组织结构为主体的自我。评价理论本质上是一种现象学的自我理论，这一理论认为自我（即人或人格）是通过一个有组织的过程建构而成的，自我被视为一系列具有个人性意义的历史事件而被统合为一个整体。其中所谓的具有个人性意义的历史事件，就是赫尔曼斯所说"评价"（valuation）。赫尔曼斯受到情境主义的叙事思想的极大影响，他同意叙事和故事在组织人类经验方面是最有力的工具之一。将情境主义的叙事观念与评价理论整合起来，赫尔曼斯开发出他自己的自我叙事思想。所谓自我叙事，就是人作为一个有动机的故事讲述者，能够从他自己的位置讲述关于他自己的故事。一个人的自我叙事呈现了他的自我，体现了他的身份，表达了他对自己和对世界的"评价"。一个

---

① Hubert J. M. Hermans, *Between Dreaming and Recognition Seeking: The Emergence of Dialogical Self Theory*, Lanham: University Press of America, 2012, p. 57.

主体的自我叙事不只讲述一次，作为主体，一个人能够根据情境多次重述（retell）他的自我叙事。概括地说，评价理论和自我叙事既是在认识主体的自我，也是在管理主体的自我，它们最终指向了"心理健康"问题。这也就是说，赫尔曼斯的自我理论，最终都是对自我的关注和照看，是从自我的角度探索和寻求幸福（well-being）。①

反思成就动机研究对"人"的僵化认识和对人文精神的偏离，促使赫尔曼斯重构自己的研究路向；由此开掘的自我对质法、评价理论、自我叙事研究，使得赫尔曼斯展现出三个方面的变化。一是开放性，从研究人的特质转向纷繁多变的人类经验现象，赫尔曼斯不仅突破心理学分支学科的边界，亦突破心理学与其他学科的边界，如哲学、社会学等；因此将人的自我视为一个开放的建构过程，展了人作为主体的自由性。二是多样包容性，突破了成就动机研究中只重视人的理论或经济价值的局限，评价理论将宽阔的价值区域，如社会的、政治的、美学的、宗教的等方面都视为主体自身评价体系或意义体系的一部分，都能够通过自我叙事体现出来；三是初显的对话性，赫尔曼斯反思和批判了传统的心理学调查中将人视为客体的物化态度，认为合作-对话的主体间关系更有益于认识和理解人类经验，更有助于探索人的自我。

二、对话自我理论的推进发展及其主要特征

一种思想的发展常常不是线性的：新的范式的形成与采用，并不意味着先前的范式及其理论概念的终结。就像赫尔曼斯，若从"对话"的视角看去，发现在他明确提出"对话自我"这个范式之前，"对话"的观念已经"点缀"在他的评价理论、自我对质法和自我叙事思想当中。

（一）"对话自我"观念的初显

从对话自我理论的发展来看，在被视为对话自我理论正式开端的论文

---

① Hubert J. M. Hermans, Frans Meijers, "The Pursuit of Happiness", *British Journal of Guidance & Counselling*, Vol. 47, No. 2, 2019, pp. 139 – 142.

《对话自我：超越个体主义和理性主义》（"The dialogical self：beyond individualism and rationalism"，1992）之前一段时期内（20世纪70年代中到90年代初），多篇论文都已涉及对话问题。比较明显的是赫尔曼斯1987年题为《自我作为有组织的评价体系：走向一种与人的对话》（"Self as an organized system of valuations：Toward a dialogue with the person"）的论文，其中的"与人对话"，其实是指自我对质法的运用。他1987年另一篇论文《评价过程中的梦：一种阐释方法》（"The dream in the process of valuation：A method of interpretation"）中则提到，自我对质法的实质即为一种对话模式；赫尔曼斯在1989年的论文《生活的意义是一个组织的过程》（"The meaning of life as an organized process"）中再次提到，自我对质法本质上是心理学家与人（client）之间的对话。

　　之所以说这个时期为"对话自我观念的初显"，首先是因为这一时期的"对话"观念并非以明确的"对话"面目显现的，它还不具有对话自我理论中"对话"的清晰形态和功能。这个时期的"对话"，是赫尔曼斯为了拨正其先前动机研究中偏离"人"的路向，以及挣脱静态地研究"人"的僵化模式。它包裹着"转向或转折点"这层意义的光彩，披挂着自我对质法的"行头"，化身研究自我的一种方法、一条改良的路径，其实是在心理学家的引导下、以主体对自我反思的描述为主所构成的一种"特别的对话"，即只是特定的人（client）与特定的他人（psychologist）的对话①，并不是人（client）的自我与自身的对话；换言之，此时的"对话"不是自我本身的内在本性，而只是探查自我之本性的一种模型、框架或装置，还远未成为其自我理论的核心，与对话自我理论之间仍有大的间距。

---

　　① 在赫尔曼斯的这一时期的研究中，在自我对质法的应用中，并不把他的对象一律称为"病人"，即不正常的人；person，subject，individual，client，interviewer在他的论文中具有通用的含义和性质，这就意味着，他研究的是"人"，即使是特别的"病例"，也是"人"的构成部分，实际上他也经常在他的学生中就所研究的主题进行心理学调研。这一点上，他与福柯的研究，比如关于囚犯［见《声名狼藉者的生活》，载《福柯文选》（第一卷），北京大学出版社，2016年］、疯人（见《疯癫与文明》）等，有异曲同工的立场。这也就是说，赫尔曼斯并不是针对特定人群的研究，而是关于人的普遍性的研究。

（二）对话自我理论的提出

赫尔曼斯的"对话自我理论"之正式开幕是其与同事、同学哈里·坎本（Harry J. G. Kempen）等三人于 1992 年在《美国心理学家》上发表《对话自我：超越个体主义和理性主义》（"The Dialogical Self：Beyond Individualism and Rationalism"）一文。这篇论文和《对话自我：意义即运动》（*The Dialogical Self：Meaning as Movement*，1993，与坎本合著），成为赫尔曼斯的"对话自我理论"在出版文献上的标志。

正如赫尔曼斯自己所言，"对话自我理论并非社会科学中从天而降的一个新生事物"①，它萌生于 20 世纪 80 年代末 90 年代初；"对话自我"并非赫尔曼斯首创的术语，这个概念受到查尔斯·泰勒（Charles Taylor）的同题论文《对话自我》（"The dialogical self"）的激发。② 但推动赫尔曼斯提出对话自我理论的，还是"对话"所具有的"力量"。《对话自我：意义即运动》一书的《导言》开篇第一句话："这本书是两位作者 25 年来互相对话、与自己对话、与当代心理学的集体声音对话的结果"③，显然就是承认这一点。在坎本（Harry J. G. Kempen）去世十多年之后，赫尔曼斯又再次提及与这位自己曾经的同事、同学的合作和对话对于对话自我理论所蕴藏的力量。赫尔曼斯回味到，不是对话现象本身，而是他们"自由的"（no limits or boundaries）对话作为一种看待（look at）现象的方式，具有一种力量，即能够让没有关系的两个主题变得有趣，通过对话交流甚至产生"新"的

----

① Hubert J. M. Hermans，"Dialogical Self Theory：Against West Versus the Rest"，*Journal of East-West Thought*，Vol. 9，2019，p. 61；中译参见［荷］赫伯特·赫尔曼斯著：《对话自我理论：反对西方与非西方二元之争》，赵冰译，可晓锋校，《读书》，2018 年第 11 期，第 37 页。

② Charles Taylor，"The Dialogical Self"，in David R. Hiley，James F. Bohman，Richard Shusterman（eds.），*The Interpretive Turn：Philosophy，Science，Culture*，Ithaca NY：Cornell University Press，1992，pp. 304 - 314.

③ Hubert J. M. Hermans，Harry J. G. Kempen，*The Dialogical Self：Meaning as Movement*，New York：Academic Press，Inc.，1993，p. xix.

关联。① 在赫尔曼斯看来，学习的过程即"对话"过程，即自我与他者、社会集体思想的对话隐喻一个学习的过程。这种隐喻的对话所有的"创新"力量，使得赫尔曼斯发现美国实用主义和俄国对话主义能够交合的结点，"对话自我理论"就诞生于这个交汇点上。当然，结合赫尔曼斯的学术道路，也不妨说，推动提出"对话自我理论"的"对话的力量"还来自赫尔曼斯与他自己的"对话"，即"对话自我理论"的提出，是赫尔曼斯自身学术思想的自我反思之后的必然出路。

（三）对话自我理论的发展

对话自我理论近三十年（从 1992 年至今）的发展，以"自我－社会"为对象和主线，大致有三个研究侧重的向度：侧重"自我－社会"中自我一极，在"自我－社会"的社会一极研究中侧重探索对话自我与总体社会（全球化社会世界）之间动态互动与侧重探索对话自我在心灵社会之中的运作特征；这里选用赫尔曼斯的一部代表性著作对应一个侧重面，以便于描述他对话自我理论的探索与推进工作。

1. 侧重"自我"一极的研究：以《对话自我：意义即运动》为代表

赫尔曼斯在这一向度的研究中，吸收了赫拉克利特的对立统一思想、维科的诗性智慧（想象力）观念以及费英格（Hans Vaihinger）的"仿佛"（as if）哲学、凯利（George Alexandrer Kelly, 1905—1967）个人构念（personal construct）思想等，一方面将前期的自我研究成果，如评价理论、自我叙事理论统合到对话自我的理论框架内，另一方面强调想象力在人类活动中不可或缺的建构作用，将自我"隐喻"为一个心灵空间，讨论了自我当中想象的对话（imaginal dialogues），展现了对话自我的基本轮廓，界定了对话自我概念的基本内涵。

在对话自我理论的第一篇发表文献——《对话自我：超越个体主义与理性主义》（1992 年）中，赫尔曼斯表明提出"对话自我"的现实针对性有两个：一是自我概念在研究中的重要性日益增加，二是西方思想中占据

---

① Hubert J. M. Hermans, *Between Dreaming and Recognition Seeking：The Emergence of Dialogical Self Theory*, Lanham：University Press of America, 2012, p. 30.

统治地位的自我概念日益显现出其文化偏见。后者的两个典型特征是自足的个体主义与空洞的理性主义。赫尔曼斯批判这种笛卡尔式的自我理念造成自我与他者的分裂、自我与社会的分裂；而对话自我则从身体性和社会性两个方面超越了个体主义的和理性主义的自我。赫尔曼斯将对话自我概念化为一种在想象性的情景中的相对独立的主我位置（I positions）的动态多元性；在借鉴巴赫金复调小说等诸理论基础上，认为自我是对话性的叙述者，既是肉身化的、身体性的，也是社会建构的，他者因此不是外在于而是就在自我的结构之内，由此形成对话的、互动的自我。① 萨宾（Theodore R. Sarbin）在为《对话自我：意义即运动》所写的前言中指出，"对话自我概念有助于澄清并给予叙事心理学的一个核心特点以形体：即自我叙事的协作性"。他认为，"对话自我是在故事的形成和故事的讲述的语境中获得意义的"②。在《自我叙事：精神治疗中的意义建构》（1995 年）一书中，赫尔曼斯再次提起巴赫金的著作《陀思妥耶夫斯基的诗学问题》，并指出（自我）叙事的讲述者与听者之间的互惠性使得故事讲述成为一个高度动态的互动现象，这将人们引向一个重要概念，即对话。③ 这些都表明，赫尔曼斯提出的对话自我概念是对（自我）叙事理论的整合发展，甚至有评论将《对话自我：意义即运动》一书视为"依照维柯方式的自我心理学"，是"一门叙事主义的教程"。④ 不仅是整合自我叙事，赫尔曼斯还将评价理论与动机研究也与对话自我概念进行对接。这也体现在学术性自传《在做梦与追求认可之间：对话自我理论的发生》以及《评价、创新与

---

① Hubert J. M. Hermans, et al. "The Dialogical Self: Beyond Individualism and Rationalism", *American Psychologist*, Vol. 47, No. 1, 1992, pp. 23 – 30.

② Theodore R. Sarbin, "Foreword", in Hubert J. M. Hermans, Harry J. G. Kempen, *The Dialogical Self: Meaning as Movement*, Academic Press, Inc. , 1993, pp. xiii – xiv.

③ Hubert J. M. Hermans, *Self-narratives: The construction of meaning in psychotherapy*, New York: Guilford Press, 1995, pp. 9 – 11.

④ M. Brewster Smith, "Self-Psychology à la Vico: a Tutorial in Narrativism", *The American Journal of Psychology*, Vol. 107, No. 4, 1994, pp. 623 – 628.

批判人格主义》①《自我叙事即意义建构：自我研究的动力学》等文章中。②

2. 侧重探索对话自我与总体社会（全球化社会世界）之间的动态互动关系：以《对话自我理论：全球化社会中的定位与对位定位》为代表

在《对话自我理论：全球化社会中的定位与对位定位》中，赫尔曼斯强调对话自我是由社会的或文化的过程建构而成。在自我与社会的关系，或个体与社会的关系上，对话自我理论试图跳出个体还原论和集体还原论这两种非此即彼的阐释视角的陷阱。赫尔曼斯向人们表明，个体的活动任何时候都是一个连续性的社会的构成部分，具有"中介功能"，也即具有对话的性质。行动中的个体并非单纯的"一个人"，其活动不是孤立绝缘的，因此，个体行动必然是由他人或直接或间接地参与共建而成，即便有时他人并不在场③，"即使当表面上看起来是沉默的时候，我们也可能是在与我们的父母交流，反对我们的批评者，与我们的上帝交谈，或者质疑我们良心的某些化身"④。个体能够想象地进行问答会话，在它之下涌动这样一个过程："我（the I）在一个想象的空间中运动……从一个位置移动到另一个位置，开创出自我协商、自我矛盾和自我整合的动态场域，从而生产出各种各样的意义。"⑤赫尔曼斯由此认为，想象（或意象，the imaginal），尤其是与他人或其他存在的想象的互动，"再生产（reproduce）了我们的社会现

<hr/>

① Hubert J. M. Hermans, "Valuation, Innovation and Critical Personalism", *Theory & Psychology*, Vol. 10, No. 6, 2000, pp. 801 – 814.

② Hubert J. M. Hermans, "Self-Narrative as Meaning Construction: The Dynamics of Self-Investigation", *Journal of Clinical Psychology*, Vol. 55, No. 10, 1999, pp. 1193 – 1211.

③ Hubert J. M. Hermans, Harry J. G. Kempen, "Body, Mind and Culture: The Dialogical Nature of Mediated Action", *Culture and Psychology*, Vol. 1, No. 1, 1995, pp. 103 – 114.

④ Hubert J. M. Hermans, Trix I. Rijks, Harry J. G. Kempen, "Imaginal Dialogues in the Self: Theory and Method", *Journal of Personality*, Vol. 61, No. 2, 1993, p. 213.

⑤ Hubert J. M. Hermans, "The Dialogical Self: Toward a Theory of Personal and Cultural Positioning", *Culture and Psychology*, Vol. 7, No. 3, 2001, p. 252.

实"①。因此，对话自我理论所研究的不是一个纯粹的内部世界，而是一个"想象的社会世界"（an imaginal social world），是赫尔曼斯所谓的"自我中社会"与其外部的社会构成的一个总体的世界。

在全球化的社会世界中，不仅是文化现象的研究者，社会生活中的普通人们也日益感受到，文化并不再如传统认识的那般，是外在于自我的；文化与自我，就像社会与身份一样，它们是互相包容的。② 在这种情况下，认识和理解自我与文化的关系，不仅需要人与人、群体与文化之间的对话，也需要同一个人的自我对话。③《对话自我理论：全球化社会中的定位与对位定位》一书，就是赫尔曼斯与其合作者阐述在全球化时代如何认识和增进自我与自身、与文化的对话关系的代表之作。

3. 侧重探索对话自我在心灵社会之中的运作特征：以《自我中的社会：一种民主的认同理论》为代表

赫尔曼斯将自我与社会两个概念联结成一个"自我-社会"（self-society）的复合术语，意在突破自我与社会互相分离或者二元论的传统观念，为经济、文化的高度全球化的当今时代提供认识自我和关注自我的概念框架和技术策略。相比前两个侧重面，以《自我中的社会：一种民主的认同理论》为代表的侧重面，代表了对话自我理论最具特色的一面。

赫尔曼斯关于对话自我的论述有着一个从"自我即一个心灵空间"到"对话自我即一个心灵社会"的发展过程。早在1992年的论述对话自我的第一篇论文中，赫尔曼斯就借用朱利安·杰恩斯（Julian Jaynes）的术语，首次提出"自我即一个心灵空间"（the self as a mind space）。④ 这一"隐

① Raya Jones, Hubet J. M. Hermans, "The Dialogical and the Imaginal", in Raya A. Jones, Masayoshi Morioka（eds.）, *Jungian and Dialogical Self Perspectives*, London：Palgrave, 2011, pp. 18 - 19.

② Hubert J. M. Hermans, "Introduction：The Dialogical Self in a Global and Digital Age", *Identity*, Vol. 4, No. 4, 2004, p. 297.

③ Hubert J M Hermans, Agnieszka Hermans-Konopka, *Dialogical Self Theory：Positioning and Counter-Positioning in a Globalizing Society*, Cambridge：Cambridge University Press, 2010, p. 1.

④ Hubert J. M. Hermans, et al. "The Dialogical Self：Beyond Individualism and Rationalism", *American Psychologist*, Vol. 47, No. 1, p. 26.

喻"描述除了受到马克·约翰逊（Mark Johnson）、乔治·莱考夫（George Lakoff）等人的影响，还接受了计算机科学家（如明斯基）用"社会"作为一种理解大脑复杂性的隐喻模式，即"心智即社会"（mind as society）。①在 2002 年组编关于对话自我的一个研究专辑的导论中，赫尔曼斯明确使用"对话自我即一个心灵社会"（the dialogical self as a society of mind）的表述式②，并在《自我即社会：交换与权力的动力学》（2005 年）一文中，详细讨论了"自我即一个心灵社会"的两个基本原则：主体间交换与社会支配。赫尔曼斯既认为自我以微型社会的方式运作，又强调自我作为一个心灵社会同时也是总体社会的一部分③，这有助于在认识自我复杂性和高度动态性的同时，也关注自我在复杂性的全球化世界中的治理。

对话自我理论中，对话自我作为一个心灵空间（即一个想象空间），被高度动态而又相对自主的、多元的主我位置占据。不同的主我位置代表了这个个体的自我与世界的不同关系。在每个主我位置上，个体的自我都讲述着一个关于自我的故事，并可能与并置的另一个主我位置建立交谈或对话的关系。这样，对话自我就像一部时间结构和空间结构同等重要的复调小说，不同的"主我位置"的声音在心灵空间中进行交谈和对话。主我位置之间交换沟通（或对话）创造出一个动态的张力领域，其中存在自我的协商、冲突和整合。赫尔曼斯把这种想象的对话关系解释为，随着时间和环境的变化，主我在心灵空间中从一个位置到另一个位置的运动。在主我的"运动"中可能产生在某一既定主我位置上没有的新的意义。④ 此即赫尔

---

① Hubert J. M. Hermans, "The Dialogical Self: Toward a Theory of Personal and Cultural Positioning", *Culture and Psychology*, Vol. 7, No. 3, 2001, pp. 250 – 252.

② Hubert J. M. Hermans, "The Dialogical Self as a Society of Mind: Introduction", *Theory & Psychology*, Vol. 12, No. 2, 2002, pp. 147 – 160.

③ Hubert J. M. Hermans, "Self as a Society: The Dynamics of Interchange and Power", in Mark W. Baldwin (eds.), *Interpersonal Cognition*, New York: The Guilford Press, 2005, pp. 388 – 413.

④ Hubert J. M. Hermans, "Opposites in a Dialogical Self: Constructs as Characters", *Journal of Constructivist Psychology*, Vol. 9, No. 1, 1996, pp. 10 – 12; Hubert J M. Hermans, "The Dialogical Self: Toward a Theory of Personal and Cultural Positioning", *Culture and Psychology*, Vol. 7, No. 3, 2001, p. 252.

曼斯所谓的"意义即运动"（meaning as movement）。当赫尔曼斯认为自我与社会、文化是互相包容的；那么，要想认识和关注自我，就必须将个体自我能够占用的"主我位置"所形成的"星丛"嵌入他人或群体的主我位置星丛。① 由此，"自我－社会"这一隐喻不仅是对话自我的形象化，而且也将对话自我包含的复杂性和不确定性类比为社会关系的复杂性和不确定性。在当今高度全球化和文化多元化的语境中，赫尔曼斯又提出，自我是民主地组织起来并以民主的原则运作。在民主地组织起来的自我中，外部社会中的个体与团体成为自我的"位置星丛"的一部分，并在自我的微型社会中发挥着作用。

（四）对话自我理论作为"桥接理论"的间性特征

赫尔曼斯是在《对话自我理论手册》（2012 年）这部被他称为里程碑式的出版物中提出对话自我理论即一种"桥接理论"（bridging theory）的观点的。此前两年，在《对话自我理论：全球化社会中的定位与对应定位》（2010年）一书中的说法稍有区别，即"桥接框架"（bridging framework）。② 在《自我中的社会：一种民主的认同理论》中，赫尔曼斯遵循先前，依然将对话自我理论界定为一种处在学科交界面上的桥接理论。③ 在最近出版的文集《对话自我理论与心理疗法手册：心理治疗传统与文化传统的桥接》（2019年）中，赫尔曼斯仍旧坚持指出，"描述对话自我理论最好的方式是将其限定为一种'桥接理论'"④。

---

① Hubert J. M. Hermans, et al. "Fields of Tension in a Boundary-Crossing World: Towards a Democratic Organization of the Self", *Integrative Psychological and Behavioral Science*, Vol. 51, No. 4, 2017, p. 531.

② Hubert J. M. Hermans, Agnieszka Hermans-Konopa, *Dialogical Self Theory: Positioning and Counter-Positioning in a Globalizing Society*, Cambridge: Cambridge University Press, 2010, p. 11.

③ Hubert J. M. Hermans, *Society in the Self: A Theory of Identity in Democracy*, New York: Oxford University Press, 2018, p. 9.

④ Agnieszka Konopka, Hubert J. M. Hermans & Miguel M. Gonçalves (eds.), *Handbook of Dialogical Self Theory and Psychotherapy: Bridging Psychotherapeutic and Cultural Traditions*, London: Routledge, 2019, p. 250.

将"对话自我理论"界定为"桥接理论"，是指对话自我理论提供了一个新的、宽敞的概念平台，借此源自不同文化的理论、研究传统和实践方法能够相遇（meet），或者将要相遇，能够互相对话学习，讨论其共性和差异，从而创造新的、意想不到的联系。赫尔曼斯曾经解释过，将事物移入新的关系中，其实就是一种创新。① 作为桥接理论的对话自我理论，不是一种宏大理论，来为各种各样的人类行为提供全面的解释；也不是一种微型理论，将精力聚焦在人类某些功能的狭窄的片段上。作为桥接理论的对话自我理论，也不是为了联合或整合两个或多个现存的微型理论的目标而采取多源整合手段的思想体系。② 对话自我理论最显著的特征之一就是它不受传统学科和分支学科的限制。这是因为，这一理论的提出是基于这样一种信念，即要深入了解人类自身的运作需要不同学科领域的互相配合。所以，作为一种桥接理论，对话自我理论体现出一种间性特征。这种间性特征，既是指处在学科交界面上的对话自我理论，构建了一个跨越不同学科的平台，不同学科在此互相学习、彼此沟通；也是指不同的自我与文化在对话自我理论提供的平台上，在对话自我的心灵空间中形成的对话互动的关系。

作为桥接理论，对话自我理论并不担忧受到"来访者"的影响，它就像其他理论一样，甚至期待进行证实、反驳、修正、充实或者进一步的发展。它甚至可能在失去可信性、丰富性或真理性时从舞台上消失。在相比朱利安的他者性这一点上，对话自我理论毋宁是建构了一种他者间性，即相对于其他被桥接的理论而言，对话自我理论也是他者性的，并不因为具有桥接潜能而取得类似中心化的地位。与朱利安的由间距开拓或解放出来的"之间"的"无自我"本性不同，即与"之间的本性正是没有任何本性"③ 不同，对话自我理论则不仅仅是一座桥梁、一个通道，它是有"自我"的，是有自己的声音的，是有主体性的，它不仅联结现有的意见和实

---

① 参见"Notes 1", in Hubert J. M. Hermans, Harry J. G. Kempen, *The Dialogical Self：Meaning as Movement*, New York：Academic Press, Inc. , 1993, p. 10.

② Hubert J. M. Hermans, Thorsten Gieser（eds.）, *Handbook of Dialogical Self Theory*, Cambridge：Cambridge University Press, 2012, p. 1.

③ 朱利安（François Jullien）著：《间距与之间：论中国与欧洲思想之间的哲学策略》，卓立（Esther Lin）、林志明译，五南图书公司，2013年版，第61页。

践，而且为其提供了自己的见解和视角。这就是说，对话自我本身就是一种理论，具有自己的身份和特有的概念框架。只是这一框架以开放的方式，为不同的、分离的甚至是互相矛盾的概念系统或理论提供一个平台，或互相走近、进行接触对话的桥梁。① 所以，基于此，作为桥接理论，对话自我理论不是一种综合理论，既不是一种整合主义的，也不是折中主义的。因为在作为桥接理论所提供的平台上，对话自我理论没有必要，也没有意愿"强迫性"地同化他者，自认高人一等。按照朱利安的说法，对话自我理论拉开了与他者的间距，民主地、充分地认识和欣赏各种相对自主的现有理论和实践。赫尔曼斯认为，在日益多元化的全球化社会中，无论是整合主义的方法，还是折中主义的路径，其致命的弱点在于不过是为本已多元化的世界增加另一种没有跳出现有规范且范围有限的意见而已。与这种仍旧假设"认同"并以之为目标的、缺乏"创造力"的做法不同，对话自我理论作为一种桥接的元理论，试图以大跨度的视角，不仅在不同文化传统之间，而且也在学科领域内部架起富有生产性的对话桥梁。②

三、对话自我作为"桥接"自我与社会的"间在"（inter-being）

赫尔曼斯坚持"桥接理论"是描述和限定对话自我理论的一种最好方式，这是基于对话自我的"自性"，即它作为"桥接"自我与社会的"间在"，并呈现为一种"自我－社会"（self-society）形态。而以"对话"为表现形式的对话自我理论的桥接能力（或潜能），其根源也就在于作为间在的对话自我所饱含的"间性"。这种"间性"既反映了对话自我的"在想象

---

① Hubert J. M. Hermans, Thorsten Gieser (eds.), *Handbook of Dialogical Self Theory*, Cambridge, UK: Cambridge University Press, 2012, p. 1; Hubert J. M. Hermans, "Dialogical Self in a Complex World: The Need for Bridging Theories", *Europe's Journal of Psychology*, Vol. 11, No. 1, 2015, p. 2.

② Agnieszka Konopka, Hubert J. M. Hermans & Miguel M. Gonçalves (eds.), *Handbook of Dialogical Self Theory and Psychotherapy: Bridging Psychotherapeutic and Cultural Traditions*, London: Routledge, 2019, pp. 250－251.

的心灵空间中相对自主的主我位置（I positions）的动态多元性"①，也展现了个体自我与他人、与社会、与文化之间的生动关系。这里主要蕴涵了两层意思，一是对话自我表明个体自我具有"社会性"，即个体自我的存在既离不开他者、离不开社会，同时也是社会过程的构成部分与产物；而社会中的其他人或其他群体并不全然外位于自我，它们能进入自我，促成了个体自我中的"心灵社会"的形成。由此，二是对话自我指向个人主体的心灵的"运行机制"，即个体自我是以"社会的模式"来运作的。所以，对话自我作为"自我－社会"，恰当地表征了个体的社会存在与个体自我的对话性之间关系；对话自我作为桥接自我与社会的"间在"，则展现了个体与他人、与社会、与文化之间的生动关系。

（一）对话自我作为"间在"："社会的"自我与自我中的"社会"

通常认为自我与社会的分别，是人的内部状态与外部世界的分别，也是内部意识与外部环境的区别，人的感官身体就是边界线，因此，自我能够拓展的最远的疆域以"包裹"它的身体（或皮肤）为界，而与界外之物，即自然界、社会文化等一切外部事物和活动"分离"开来。外部社会的一切，其他人、群体、社会机构等，则是个人自我的活动语境或原因。在盛行身心二元论观念的语境中，"自我"可能更加深藏在身体的内部，因为对一个人身体的接触一般"不被认为"接触到他的自我，或者被认为只是表面的接触、部分的接触，总之与其"真正的自我"还有"距离"。这种自我以与身体的分离、与他人的分离甚至与社会的分离彰显其主体性，认为"本身存在某种本质，拥有独立的私家基地"②，从而独立于"外在"的他人和社会环境。也正是在这样"通常"的语境中，"对话"被认为只是发生在人们"之间"，也往往是"外在于"个体自我。赫尔曼斯所建构的对话自

---

① Hubert J. M. Hermans, et al. "The Dialogical Self Beyond Individualism and Rationalism", *American Psychologist*, Vol. 47, No. 1, 1992, p. 28.

② Hubert J. M. Hermans, "Dialogical Self Theory: Against West Versus the Rest", *Journal of East-West Thought*, Vol. 9, 2019, p. 59；中译参见［荷］赫伯特·赫尔曼斯著：《对话自我理论：反对西方与非西方二元之争》，赵冰译，可晓锋校，《读书》，2018 年第 11 期，第 34 页。

我，正是从深受启蒙理性及其"自主"理想影响的封闭的、自足的、无身的笛卡尔式自我的批判开始的。虽然赫尔曼斯明确声称，"对话自我"是以詹姆斯、米德、皮尔斯等为代表的美国实用主义理论传统与以布伯、巴赫金等为代表的欧洲对话主义理论传统联姻的产物①，但这个"复合概念"，并非"自我"与"对话"的简单捏合，赫尔曼斯在其第一篇论述对话自我的论文中已经有所表述②：对话（性）是自我（心灵、意识、思想）的内在本性，而非外在的强加。新近的论著如《对话的心灵：共识与伦理》③《对话的大脑：情绪神经生物学对理解对话自我的贡献》④ 等甚至提出"对话……根植于大脑本身"⑤。当赫尔曼斯用"主我位置"、心灵社会等术语界定"对话自我"，实质上是将自我与社会的关系进行了重构，赫尔曼斯使用的"自我－社会（self-society）"一词，不仅以"形象"的形式超越传统的个体－社会二元论，并且隐含着"对话自我"作为处在自我与社会之间的"存在"，即"间在（inter-being）"的意义。

1. 对话自我是"身体的（embodied）"自我

西方思想史上漫长的身心之争、灵魂与肉体的缠斗，无论出自形而上学还是宗教的目的，反而恰恰表明身体感官的巨大影响作用。现代的各个领域的"人的研究"中对身体性的重视，正是把人放置于环境中，认识到

---

① Hubert J. M. Hermans，"The Dialogical Self: Toward a Theory of Personal and Cultural Positioning"，*Culture and Psychology*，Vol. 7，No. 3，2001，pp. 248 – 249；Hubert J. M. Hermans，Thorsten Gieser（eds.），*Handbook of Dialogical Self Theory*，Cambridge：Cambridge University Press，2012，p. 2；Hubert J. M. Hermans，Giancarlo Dimaggio，"The Dialogical Self in Psychotherapy: Introduction"，in Hubert J. M. Hermans，Giancarlo Dimaggio（eds.），*The Dialogical Self in Psychotherapy*，London：Brunner-Routledge，2004，p. 1.

② Hubert J. M. Hermans，et al. "The Dialogical Self Beyond Individualism and Rationalism"，*American Psychologist*，Vol. 47，No. 1，1992，p. 23.

③ Ivana Marková，*The Dialogical Mind: Common Sense and Ethics*，Cambridge：Cambridge University Press，2016.

④ Marc D. Lewis，"The Dialogical Brain Contributions of Emotional Neurobiology to Understanding the Dialogical Self"，*Theory & Psychology*，Vol. 12，No. 2，2002，pp. 175 – 190.

⑤ Robert S. Perinbanayagam，*Discursive Acts: Language，Signs，and Selves*，London：Routledge，2017，p. 8 – 10.

人无法孤存于社会之外这一经验事实，由此，存在的身体本性被界定为人类生活的基础。梅洛－庞蒂说："我们在我们的所有体验和我们的所有反省的根基中，发现了一种能直接自我认识的存在，因为它是对自我和对所有物体的认识，它不是通过确认和作为一个已知事实，或通过根据一个自我观念的推理，而是通过与存在的直接联系认识它自己的存在。"① 这就是说，我们的认知本身就是身体性的。查尔斯·泰勒同样认为，人不仅在把握自然环境上是身体性的，而且对自己的意识、理解与他人的关系和所处的社会环境，在很大程度上也都是身体性的。② 人们在身体上的所知，与其行为和移动的方式，都能够编码人们关于自我和世界的认识和理解。因此，人的自我作为身体性的自我，就显现在人的直接的身体存在中。要注意的是，说对话自我是身体性自我，并不是为自我找到一个"最低层次"的物质基础，而持这种看法的人，显然没有在意认知语言学研究对身体深度参与人类思维的成果。③ 对赫尔曼斯及其同事来说，对以"无身体"的"我思"为核心的"笛卡尔式"或理性主义的自我的批判，正是对话自我理论迈出的超越性一步。

---

① 莫里斯·梅洛－庞蒂著：《知觉现象学》，姜志辉译，北京：商务印书馆，2001年版，第466页。

② Charles Taylor, "The Dialogical Self", in David R. Hiley, James F. Bohman, Richard Shusterman（eds.）, *The Interpretive Turn*：*Philosophy*，*Science*，*Culture*, Ithaca NY：Cornell University Press, 1992, pp. 304 – 314.

③ 《自我与人格结构》一书中就持这种意见，认为威廉·詹姆斯将自我划分为三个层级，肉体、身体的物质自我是"最低层次"的，参见布里尼克、克里著：《自我与人格结构》，李波译，北京：北京大学医学出版社，2008年版，第11－12页。乔治·莱考夫、马克·约翰逊的认知语言学显然反对这种看法，他们认为"心智天生是亲身的"（the mind is inherently embodied），即人类的思想与身体有着无比深刻的联系，参见乔治·莱考夫、马克·约翰逊著：《肉身哲学：亲身心智及其向西方思想的挑战》，李葆嘉等译，北京：世界图书出版有限公司，2018年版，第1页。对话自我理论强调"并存""并置"的对话关系，以及对情感和脑科学的重视，因此也并不把身体放置于最低层次的地位。

2. 对话自我是 "社会中的" 自我

对话自我是身体性的，意味着它总是绑定在一个特定的时间 - 空间位置上①，即它总是跟随一个身体（或想象的 "身体"）定位在具体的社会交往关系当中。不能脱离社会环境，不能隔绝于他人，与它们的关系牢牢地将对话自我 "束缚" 在社会中。因此对于一个人的自我而言，"任何他人都作为不容置疑的共存方式或环境为我存在"，在自我与他人的交往关系（无论是现实的还是想象的）中，"我的生命有一种社会气氛……"② 在现实的交往行为或交流对话中，行动者或对话人由于身体的在场，其自我不可能无拘无束地 "飞越" 他们的时空定位，成为 "上帝之眼" 或全知全能的叙述者，或者成为笛卡尔的至高无上的 "我思"，因为在对话中 "我是相对于他人形成自我的"，并且这自我也 "是相对于所处的集体而存在的"。③ 即使在静默中、在沉思中一个人的自我与自身的对话，即诺伯特·威利的以 "内心语言" 呈现的对话自我，或者巴赫金的显现在表述里还在形成过程中的 "心灵"，也都还是社会的，因为这个同时还是身体性自我的，"感受的结构同样是社会的"，因为自我的身体并非全然是一个纯粹的生理身体，还是社会化的身体，它的感觉、感受的 "认识程度、清晰度、外形与它对社会的熟悉情况成正比关系"④。

3. 对话自我是 "社会的" 自我，即自我中的 "社会"

赫尔曼斯及其同事特别指出，对话自我作为 "社会的" 自我，不是指 "自足" 的个体与外部社会中的他人的交流互动。这是说对话自我不是 "社会中的" 自我吗？答案是否定的。赫尔曼斯及其同事只是在强调对话自我作为 "社会的" 自我的深刻的 "新" 内涵，即对话自我显现为一个自我中

---

① Hubert J. M. Hermans, et al. "The Dialogical Self Beyond Individualism and Rationalism", *American Psychologist*, Vol. 47, No. 1, 1992, p. 29.

② 莫里斯·梅洛 - 庞蒂著：《知觉现象学》，姜志辉译，北京：商务印书馆，2001年版，第459页。

③ B. H. 沃洛希诺夫著：《马克思主义与语言哲学》，李辉凡、华昶等译，《巴赫金全集》（第二卷），石家庄：河北教育出版社，1998年版，第436页。

④ B. H. 沃洛希诺夫著：《马克思主义与语言哲学》，李辉凡、华昶等译，《巴赫金全集》（第二卷），石家庄：河北教育出版社，1998年版，第437页。

的"社会"，这也是对话自我在自我与社会关系上表现出的最具特色的一处。所谓自我中的"社会"是指对话自我即一个开放的"微型社会"，其本质之处不是对话自我"身"处社会之中，也不在于它能够参与外部的社会交流互动，而是外部社会的他者可以"进入"自我的结构中并占据一个"主我位置"，这样，多个不同的"主我位置"通过交流互动而结成对话关系，从而"构成"一个自我中的社会。因此，与"自足"的个体自我之不同就在于对话自我不再是一个独立的实体，而是一个动态过程，它能够扩展到他人和整个社会，并且其本身也是整个社会的一部分。①

（二）对话自我作为"自我－社会"（self-society）："主体性""主体间性"的重塑

对话自我理论在总体上展开了一个存在论议题。赫尔曼斯始终都非常重视其理论的实践应用，并应用到社会咨询、心理治疗等当中。对话自我理论对人的存在问题所给出的一个回答是：人作为主体是以"自我－社会"的形态存在着。

1. "自我－社会"的观念的三重涵义

这种将"自我"与"社会"以连字符联结而成的"自我－社会"概念，即为对话自我理论体现出的一种人的生存观念，它有三重涵义，反映出对话自我概念包含的三种关系。一是构成性意义，是指对话自我由多样性的主我位置构成一个开放的微型心灵社会，这反映了它与封闭自足、同质单一的自我之间的差异关系；二是功能性意义，是指对话自我承担和行使作为多样不同的主我位置之间多元关系的功能、以"社会"模式运作的情状，反映的是主我位置之间"和而不同"的对话关系；三是存在论意义，是指对话自我在整个社会中的存在形态，它将外部社会之物带给自我中"社会"的内部之物，同时又将内部之物融入外部社会之物。对话自我超越内与外的二元对立，反映了自我开放于社会并与之互通的关系。

---

① Hubert J. M. Hermans, "The Dialogical Self: Between Exchange and Power", in Hubert J. M. Hermans, Giancarlo Dimaggio (eds.), *The Dialogical Self in Psychotherapy*, London: Brunner-Routledge, 2004, p. 14.

2. "自我－社会" 的观念与主体性的对话性重构

"自我－社会" 观念的前两层涵义，已经有所分析论述，现在集中谈谈它的存在论意义。"自我－社会" 观念的深刻存在论涵义就在于它表述了个人与社会之间以（查尔斯·泰勒意义上的）"对话行动" 而形成的一种高度动态的存在方式与一种灵活的主体性。"自我－社会" 既意味着自我不是封闭在内部的存在，它不仅是与社会联通的，而且嵌入、包容在社会中，是整个社会不可分割的一部分；也意味着社会不是隔绝在自我的外部，而是能进入自我的领地中运作。① 这就是说，"自我－社会" 即自我与社会的互相联结与互相包容。在人的这种存在方式中，一方面，打破了自我个体化与自我包含的壁障，自我在 "对话行动" 中成为 "他者中的自我"，这就是说，自我的存在离不开他者，因为它自身也是他者——他人自我的他者；另一方面，社会中的其他人或其他群体并不全然外位于自我，它们能进入自我，不仅构成自我的 "客我"，而且是自我可能占据、挪用的 "主我位置"，而由此自我总是行使着 "心灵社会" 的功能。因此，"自我－社会" 这种存在论观念，一方面是指人以自我中的 "心灵社会" 存在着，而外部社会能够联通并进入这个微型社会，影响着人的自我，在某种程度上约束着人的存在；另一方面，以 "心灵社会" 运作的个人自我参与现行的社会实践，它自身的高度动态性与多样性，以驱动力的作用给予外部社会以多元性、丰富性、活力性和创造性。

"自我－社会" 观念意味着自我开放的主体性。人的自我既能主动参与现实的社会行动，也能够让外部社会之物 "进入" 自身中，并以 "社会" 模式运作。这一方面说明，无论是把这种 "进入" 表述为认识、理解、学习，还是影响、熏染等，都首先说的是自我向外开放的质性，与社会相通的质性；同时另一方面，人的自我也不是一个被动的、像 "物" 一样的 "容器" "数据库" 或者 "接收器"，它被隐喻为一个由多样的 "主我位置" 构成的高度动态的微型 "心灵社会"。这一 "心灵社会" 中，各种各样的主

①　Hubert J. M. Hermans, *Society in the Self: A Theory of Identity in Democracy*, New York: Oxford University Press, 2018, p. 1.

我位置之间存在的肯定、否定、冲突、矛盾等互动交流，从而结成多元对话关系。这种多元对话关系盘结的自我中的"社会"中，在整体上以"社会"功能形式运作。因此，人的自我不是那种"静默"的内部表象，人的主体性也不再是那种"板结"的自我本质化的呈现。因为，即使从传统的认识论来看，人不仅有与他人交流的能力，也有与自己沟通的能力。因此，可以这样说，一个人的自我意识不是建立在一种内省的或"我思"的内部观察者的基础上，自我意识只是一个与自己沟通的问题，是"我"与自己相处的能力问题。而要能以一种互相交流的方式与自己建立联系，"我"必须是同一的（同一个"主我"），又必须是自身的"他者"（不同的"主我位置"）。对话性的自我意识是同时兼具统一性和多样性，所以在对话视角下，人的自我不是单一同质的，而是一个时刻响起"对话"声音的"心灵社会"。从这一点出发，仅仅将人认识为一种"独白式"的单质的个人主体显然不是恰当的，人总是在与他人、同时也与自己协商的过程中追求某种统一性，并将维持的这种统一性显现为他的主体性。因此，一个人表现出来的主体性，是其自我中的"社会"里各种主我位置"对话""协商"的整合样态，它既是这个过程，也是其结果。

"自我－社会"是对话自我作为桥接自我与社会的"间在"之存在论表述。它既表明自我以一个微型的"心灵社会"的功能形式运作，也表明此自我是整个社会不可分割的部分。综合两者，"自我－社会"表达了人的一种生存方式与形态。"自我－社会"意味着自我向社会开放，其他人与群体能够"寓居"自我中，成为自我中的"他者""另一个人"；自我"进入"社会是其一部分，说明自我总是他者中的自我。在这个意义上，对话自我作为"自我－社会"超越了传统的自我、社会的二元论，同时也在存在论意义上，将所谓"主体"转换为作为"间在"的"个体"，将人的主体性重构为对话性的主体性，重构为"个体间性"。从这个意义上说，虽然每个人都是从"单独"之中出生，却是通过与周围人的"对话"而生存下去。自我在对话关系中出现，并在持续的对话中得以维持和成长。在持续的对话中，一个人与他人接触并与世界融合。在这些互动过程中，参与者的自我都在与他者的自我对话。对话成为自我出现的媒介，成为自我的行为模式，也内化为自我的超越性和自由性。也是在对话里，自我永远在回应周围环境的符号化刺激，因此，自我对自身、对他者永远保有一种主体性，这让作为行动者的每个"人"具有了一种无可替代的价值。自我驱动人的行为，并为行动者的人提供行动模式和策略，同时自我也需要在人的行动所形成的文化过程中生存和发展。正是在人的这种文化过程中，自我呈现出它自己的现实。

结　语

对话自我理论是赫尔曼斯与其同事用了近三十年的时间和精力开发的一个引人入胜的思想领地，并以一种无比的开放性将人们"汇聚"到现实人生的"大门"前，即无论你如何思考自己的存在或认识你自己，即便你相信你的人生的开头是一种"被抛入"世界的偶然性，然而"入世"或"在世"的现实性，在你哪怕还是懵懂婴孩时，也已经"等待"你的"应对"。人生是一场"对话"，人的"自我"生在"对话"中，并从"对话"中成长起来。从时间点来看，虽然赫尔曼斯对话自我理论出现在全球化已经展开的"后现代"社会，却在一种整体论意义上，将整个人生过程都纳入观察和思考人的自我的研究中，把每个人最具体的个体经验当作认识自我最牢靠的出发点，因此既不将"自我"视为在出生之前或身亡之后仍存在的某种先验事物，也不将它视为脱离具体感性经验的理性抽象物。对话自我理论带着某些行为主义色彩不断向每个面对现实人生"邀请"的个人提问：你该怎么做？尤其在社会急剧变化，人类文化前所未有地流动混合、充满各种认同危机而又复杂联结的当今全球化时代中，你该如何做？即表示着你该如何成为一个应对这个世界的"自我"。在这个对每个人最现实也最基本的问题上，对话自我理论以一种高度动态的方式回答"人性是什么"的普遍问题，它的答案是人无定性，或者应情境变化而灵活应对就是普遍的"人性"。对话自我理论最具现实意义的一点就是，提出"对话自我"不是强调或重弹"自我中心论"的老调，即对话自我不是一个封闭的独裁王国，而是一个在现在的时间点上，既向历史，也向未来对他人、社会和作为"我们"的人类开放的"心灵社会"。我们对于任何人都有义务，不只是因其为人，更是因为他人是"自我中的他者"，任何人都可能"进入"自我而构成"自我"，就像查尔斯·泰勒所说的："认同和自我是在与有意义的他者持续的对话和斗争中形成的。"① 所以，我们对于任何人都有"义务"，其正义性不是从外部强加而来，而是植根每个人的自我之中。从现代社会追求自由、平等的"民主"语境来说，这种"义务"及其正义性都体现在对话自我的对话性民主之中。因此，可以说，对话自我理论让人们认识到，自我是其在与他人、与社会、与文化、与人类整体的对话互通中，需要通过"自我治理"呈现或者才能呈现人之道德和人性的"实践领域"。在人的自我是人之存在的"实践领域"的意义上，赫尔曼斯才能说，"你想要一个更民主的社会吗？那就从你自身开始吧"②。无论从个人、社会、人类的哪个层面上，无论是面对何种人生危机，对话自我理论想要传递的信息总是：欲变世界，先变自身！

---

① 查尔斯·泰勒：《承认的政治》，汪晖、陈燕谷主编《文化与公共性》，北京：生活·读书·新知三联书店，1998 年版，第 300 页。

② Hubert J. M. Hermans, *Society in the Self: A Theory of Identity in Democracy*, New York: Oxford University Press, 2018, p. 15.

雷蒙·威廉斯选读

文学与社会学
——纪念吕西安·戈德曼

〔英国〕雷蒙·威廉斯 撰

张云鹏① 译

摘 要： 吕西安·戈德曼是一位在欧洲大陆传统中培养出的思想家。为了纪念他，表达对他的敬意，我们有必要来探讨一下在完全不同的传统中出现，却共享许多相同立场和关注点的研究与理念。毫无疑问，在社会学和文学研究中，正在经历着一种以很多不同的方式呈现出来的悖论。一个理论概念暗含着法则与方法，甚至一种方法论。但是，正如戈德曼所说，最有效的法则概念，以及其最有效的组织方法，实际上是源自在性质上完全不同的学科研究。而且，自然科学与人文科学之间的显著差异，不仅仅是涉及不可避免的积极价值的问题，同时也是改变性质的问题：因为社会与文学都包含有积极的、相互冲突的人类历史，而且人类历史与积极价值总是密不可分。与此同时，那种将文学看成是人文研究中心的主张，也一直依托于"实用批评"，它虽不缜密，却能够对实际意识提供精确、详细和合理、适当的描述，避免简单化理论与方法的死板、抽象以及静止的特性。这就需要尝试拓展一种完全

---

① 译者简介：张云鹏，河南大学文学院、河南大学文艺学研究中心教授、博士生导师，研究方向为中国文学理论与美学、中外比较诗学等。

不同的社会整体性理论，把文化研究视为对整个生活方式之中各种元素之间关系的研究。卢卡奇和戈德曼的研究与此关系密切，尤其是戈德曼的结构概念和意识分析，对认识文学研究与社会研究之间的关系非常重要。他由此阐发了一种新的文学社会学，即发生学结构主义的文学社会学。而"集体性主体"和"意识的初始性结构"，则是其虽尚未完成却富有意义的两个重要概念。

关键词：戈德曼　文学社会学　整体性理论　情感结构　集体性主体

去年①春天，吕西安·戈德曼（Lucien Goldmann）莅临剑桥大学，并作了两场讲座。我们喜欢并推崇他的著作，因此对我们很多人而言，能听到他的讲座，确实是一次珍贵的机会。而且，他说他喜欢剑桥大学，因为在这里，离教室很近的地方就是树木和田野。我邀请他今年再来，他同意了。尤其重要的是，我们还互相允诺，将坦率地交流当下的研究工作，因为我们均意识到，具有讽刺意义的是：英格兰与法国之间短短的地理距离却常常成为极大的文化距离，在细节层面上尤其如此。然而，就在这年秋天，他却去世了，时年刚满57岁。一个项目才刚刚开始，就不得不以书面的形式出现，就像凡事终会结束一样。不过，我首先想做的事就是马上来纪念他，以表达对他的敬意，现在我主动公开我的想法，我认为我们有必要搞一次聚会，探讨在完全不同的传统中出现，却共享许多相同立场和关注点的研究与理念。当然，我深感遗憾的是他再也不能来参加我们的对话，他在剑桥搞讲座的方式，准确地说，就是对话：令我吃惊的是，尽管从某种意义上说，我仅仅阅读了他已出版的著作，但这些著作在定义与体系上均具有相当精准的特点。

我认为，现在很多人已经注意到特定社会情境对英国知识分子的长期影响：这是一种一直在变化却始终伴随着一定持续性影响的情境。至少在人文科学研究中，通过各种研究结果，英国思想家和作家持续地被拉回到日常语言：这不只是表现在某些节奏和词汇的选择方面，而且也存在于阐

---

① 即 1970 年。

释方式方面，这种阐释方式可以说是无系统性的，但是也代表着当下受众的不寻常意识：一个共享而平等的群体，一个既有可能听从又同样可以触及的群体。我相信，这种习惯性的方式具有很多积极的方面，但是，我同样确信其消极方面也很严重：一种分享的意愿，或者说至少不会太明确地提出质疑的意愿，是这位思想家和作家所属群体的意识——作为知识分子，他的描述提出了精准定位——无论情愿与否，事实是他仍然是这个群体中的一员。而且，虽然这一群体，很久以来，当然尤其是在像剑桥这样的地方，实际上可以具体地说，是属于一个享有特权的群体，有时也可以称之为占支配地位的阶级。这种向日常语言的延伸，当时常常是，现在也常常是，一种向当下意识的拉近：是在某种既优雅又不失明确的范围之内对理念的一种构建。

注意到这一过程，再来看如此多的学生，从 20 世纪 60 年代早期以来，选择成为完全不同的知识分子，我就一点也不吃惊了。在社会学领域中，我们已经非常落后——的确，在很多方面，可以说就是一个欠发达的乡村——当然，也有其他因素导致这种情况。不过，在文学研究领域，相同的情况也时有发生，半个世纪以来，剑桥大学在这方面比其他地方更加明显，曾经产生了值得注意的、影响力很大的研究成果。意识到英语思维中的某些绝对限制性条件，即那些似乎与更大社会范围里某些限制及僵局紧密相连的限制性条件，使我们不可避免地去寻找替代性传统与方法。当然，一直以来，美国有美国的研究情况：相同的语言出现在这里，但该语言却独立于此种特殊英语语言共识之外。理论，或者说至少是体系，好像迷人般地随时可以获取。而且，大多数美国知识分子，无论优秀还是平庸，似乎都不曾与非知识分子的统治阶级分享过这种独特的一体化。一个人以一种俱乐部的方式，向一个在别处劳动或休闲之后碰巧来到这里的人，以其尽可能精确的方式解释他毕生所从事的工作，却不能马上得到理解，不过此种抱怨似乎并不常见。

此外，值得注意的是：在某些研究中替代性方法变得迷人，因而得到效仿：在理论研究的漫长岁月中，有时是实质性的；在程序上抽象化的某些习惯中，有时则又显得更加地表面化：一个论证带有编号的标题与副标题；获得斜体字之突如其来额外精准度的定义；高度专业化的内置词汇。

每个人，除英国人之外，突然间似乎都以这种方式思考，至少以这种方式写作。依赖其他类型的编排顺序和强调方式，是一种偏狭守旧的癖好。作为少数几个可以立刻借助意志行为形成的实际联盟之一，要摆脱英国资产阶级，似乎特别需要这些替代性程序与风格。

实际上，情况更加复杂。我们需要乔姆斯基，在其专业研究中，他是一位非常严谨的思想家，他提醒我们：我们可以多么容易地使用一种特殊的社会科学之抽象方法和词汇，从而与统治阶级达成另一种共识，该统治阶级已经学会，在大众面前，不是谈论权利和影响，而是谈论管理策略与全球情境：不是人的规则而是管理。正如乔姆斯基的一个例子所言，对越南流亡农民的轰炸，在程序显示中，可以被描述为城镇化的加速。英国思想家们清晰地意识到此种危险，其未必就是，但是可以称之为：去人性化和使其神秘化，于是，他们就可以容易地，非常容易地，回到其原来的习惯，并公开表示：虽然他们能够按照传统的方式理解微观世界，但是他们却不理解诸如权利结构之类的抽象化，而且，虽然他们能够理解客观对应物，但是他们也不理解物化，甚或他们也不懂得协调（mediation），虽然他们懂得情感宣泄。另外，某些已被普遍接受的思维习惯，就是一种非常独特而又有效的选择，即对传统的和对民主形成以前之概念及其调整的选择，借助所谓的点金之术，这些被普遍接受的思维习惯呈现出具体化的状态，即注重微小细节的状态。然而，一个人把这种事件的发生看得越清楚，他就越要清楚地看待一种社会状况之形形色色的真实结果。在这一社会状况中，知识分子实际上没有多少选择，只能把自己界定为一种独立（separate）的职业：能够更清楚地窥视那个赋予他们这份职业却不可能拥抱他们的社会，获得一种独立的、自我界定的语言与方法，该语言与方法至少不受更加直接之偏见与鼓励的限制，但是它们却仅仅只是专著里与讲坛上使用的语言与方法：一种黑板编号，一种口述强调，一种教师对可重复性概念的坚持：是习惯，即与新的、大胆的询问和术语的真正严谨性奇怪地相互产生作用的习惯。

理论问题

吕西安·戈德曼，一位在欧洲大陆传统中培养出的思想家，他出生于布加勒斯特（Bucharest），后来相继搬到维也纳、日内瓦、布鲁塞尔以及巴黎，由此，他很快体验到这种孤立的游离（mobility）和冷峻（impersonality）感，在他的写作风格中，这一点表现得非常明显。无论怎样，对我来说有趣的是，我已经阅读了他以这些熟悉的方式呈现给我们的研究成果，听到了一个来自不同心灵的声音：在其他意义上的流动性——敏捷的情感灵活性，对其观众不同的凝视，一位穿着开领式衬衫、面带微笑之男人的来回踱步，同时，与会议记录相比，他更多注意的则是一支香烟，但是他首先关心的还是对他的论点所提出的挑战，一个明显包括他自身的挑战。另外，还有一种悖论的感觉：一种既愉快但又绝对严肃的感觉，一种既具有暂时性但又充满激昂信念的感觉，一种既自贬而又自信的大胆。或许，剑桥大学的戈德曼就体现了这种悖论，但是仅此界定或许还远远不够。

因为我认为，毫无疑问，在社会学和文学研究中，我们正在经历着一种悖论，而且是以很多不同的方式呈现出来的悖论，但是其中最明显的，还是作为一种风格问题而呈现出来的悖论。该悖论的基本形式是这样的：我们需要理论，但是存在与意识的某些限制阻止我们获得理论，或者说，至少是阻止我们将其理解清楚，与此同时，对理论的需要又不停地逼迫着我们的心灵，似乎在劝说我们接受种种伪理论（pseudo-theory），而这些伪理论事实上不仅不能使我们满足，而且常常促使我们继续在错误的地方、以错误的方式进行寻觅。一个理论概念暗含法则与方法甚至一种方法论。但是，最有效的法则概念，以及来自最有效之法则概念的最有效组织方法，实际上，正如戈德曼提醒我们的，是来自性质上完全不同的学科研究：来自自然科学，因为作为公正研究的基础，在此领域，要研究的物质可以认为是客观的，价值中立的观察是可能的，而且在此，那些艰难、严谨而又真实的学科实践——这可能的确是令人难忘的——似乎也是行得通的。

而且我认为，在文学作品中，很明显地存在着诸多我们如不直接研究其价值，简直就再也没有什么文学价值值得研究的材料，此状况引发大学整体语境中的明显危机，因为大学越来越从严格的、专业化的、客观的学科角度进行自我定义。并且不足为奇的是：在英格兰，曾经领导反对戈德曼所称之为"唯科学主义"（scientism）的是文学批评家们，其中最重要的是利维斯（Leavis）。社会学方面的记录则不是太清楚，而且我还想说，也不太值得敬重。当然，这是因为在社会学研究中，通过定界、隔离、定义之行为，有可能制作或设计某些种类的客观物质，这些物质可以保持价值中立，因为无需与其余的体验或其他任何关系做各种连接。甚至对价值本身也可以用这种方式进行研究，正如在一个复杂或简单的民意调查中一样：尽管一定比例的人相信这一点，而另一部分人则相信那一点，但是这一调查结果，直到下一次民意调查，一直就是最终的结论。不过，我并不是要说这诸种研究工作的结果，对于社会学研究的中心区域，不可能做出非常有价值的贡献，因为研究一定会涉及社会关系中的人，以及历史中的人物。研究的结果，不管人们知道与否，一定会涉及积极的价值观与选择，其中包括观察者的价值与选择。在此，我要说的是：最终缺失的，或者说出现不充分的，正是这一中心区域，而且也正是由于这一缺失，同时伴随着历史上以任何适当方式开展英国社会学研究的失败（而且，我们仍然记得在剑桥大学建立英国社会学研究的艰难），我们开始做出下面的断言：在文学中、在价值及其探讨清晰明确的英语语言中，可以找到一个真正的中心，一个人文的中心。

然而，正是在此处，文学与社会学研究之间关系的中心问题就立刻显现出来。顺便说一下，我们绝不能认为，在文学中与在社会学中一样，没有进行虚假目标的追求。古典语言以及借其草率衍生而形成的文献，可以借助一种严谨的内在文本方法论进行研究，这种方法论对几乎所有的文学研究都产生过影响。借助孤立的指定文本什么的，本着相同精神对其他语言进行的研究，已经同样被插入文学研究的过程之中，而且常常明确地作为一种至少提供某种严谨的学科的方法。在我们自己对非常丰富而且重要的中世纪英国文学的研究中，如此内在的方法论，以及与价值和历史之比较活跃问题的相对分离，已经取得了相当大的进展。用其自身的直接术语来说，这一切再一次被证明是正当的；只是这些术语与主要探究之间的连接出了问题，或者用更优雅的说辞来表达，是走到了极限。

自然科学与人文科学之间的显著差异，不仅仅涉及不可避免的得以表达之积极价值的问题，而且是改变性质的问题：因为社会与文学都包含有积极的、相互冲突的人类历史，而且人类历史与积极价值总是密不可分的。但是，在文学中，与在一些社会、历史和人类学研究中一样，改变的这些事实可以设计（projected）为一个明显的整体，这一整体所具有的优势是包容事实并使其最终变得像岩石一样静静地矗立着。当然，只可惜我们所了解的真实自然科学，甚至也相悖于日常体验，只可惜仅仅是其中一些石头静静矗立在那里，甚至即便是这些石头，它们仍然是改变的产物：地球延续的历史。这不完全是源于科学，而是源于某些哲学和意识形态系统，而且我认为，最终是来自宗教，因为这些既包含变化，又践踏变化，或者说使变化趋于合理化的表面整体性，是设计出来的。

在文学中，最常见的这类虚构整体就是"传统"，因为在此，"传统"不被认为是一种主动的、持续不断的选择与再选择，即便是最近的"传统"，常常也不被认为是一组具体的选择，而现在更方便的是将其视为一个客体，一个被设计的现实。有了这一现实，我们必须顺从此现实中的措辞，即便所有这些措辞，一直是或者说一定是别人的估价、选择和删减。固定教学大纲的理念，是这种假定最普通的方法论产物。而且鉴于这一整体，变化的事实当然会得到承认，但是这种承认也只是以一些特定的方式来实现。同时，我们肯定能受邀参与文学的历史研究，只是现在，不是作为变化，而是作为变异，在静态整体之中的一系列变异：这一段时期的特点和另一段时期的特点；正如在经验主义的历史中，我们了解了这段时期和那段时期一样，但是在此"和"没有得到强调，不管怎样，只是被理解为暂时的变异，而非性质上的改变。

类似的虚假整体性，在经济学、政治理论、人类学甚至在当前的社会学等诸领域中，都有着非常广泛的反映。在这些领域，变异被看作一种事实，然而仅仅是一种事实，则未必能使我们与积极价值和选择之令人烦扰的过程产生密切的联系。当然，正如人们常说的，我们不可能脱离这些事实，况且为了得到这些事实，人们需要付出艰难而漫长的努力。但是，这种令人信服的经验主义，从一开始就建立在事实可以是静止不变的，而且正如我们人类一样，事实是可以保持中立的这样一种假设之上。我们得知，

理论可以滞后，但是重要的一点是人们心照不宣地认为，理论从一开始就
处于一种静态的、消极的，因而也是从经验主义那里得来的整体性之方法
论的假设之中。文学研究中最明显的例子，是"种类"或"流派"研究的
方法论。在此，要使所有的实证工作成为可能，诸如在史诗、悲剧或者传
奇之"持久形式"的文学"主干"中，就要假设存在在前，于是，我们所
有的积极研究都属于其中的变异，这些变异可以被认为具有直接的原因，
甚至是一种社会历史。但是就其基本特征而言，这些变异在实践中又被认
为是自发的，具有其内在的法则：一种演绎的理想主义假设，它不仅阻止
我们看清如此形式所产生的重要历史——无论怎么说，事实上这些形式绝
非永恒的——而且在形式形同虚设的持续性之中，阻止我们看清这些激进
的、性质上的变化，可这些变化本身是非常重要的，而且它们有时确实能
使我们不可避免地采用一种完全不同的研究方法，一种不再依赖那种普通
分类的方法。

"实用批评" 的限度

然而，将文学看成是人文研究中心的主张，并非依托于这些具有其明
显客观性方法中的任何一种，而是一直依托于"实用批评"（practical
criticism）。实用批评应该得到注意，一是就其本身而言，二是因为英国的大
部分文学社会学研究著作都是源于此，这一点是矛盾的。我知道，如果遇
到这种极度的紧张（full intensity），一种对特殊地方性效忠的离奇人类的承
诺，戈德曼也会非常吃惊——每一位游客都会非常吃惊。在戈德曼攻击
"唯科学主义"时，他可能片刻间就已认为他有剑桥盟友，这些盟友曾经用
同样的语言攻击同样的事情。但是，这种情况延续的时间并不会太长。戈
德曼对"唯科学主义"的攻击——从自然科学到人文科学不加评判的方法
转移，首先是以一种批判社会学（critical sociology）的名义；但是，"社会
学"这一词汇往往只能在实用－批评圈子（practical-critical circles）内提
及，这引发人们最后再满怀悲伤地看看这自愿被诅咒之人。下面，正如戈
德曼开始描述他自己的方法论一样，我将从劳伦斯（Lawrence）那里引来一
段决定性的言论："我们判断一件艺术作品，是通过它对我们真诚而又具有

生命力之情感世界的影响，别无其他。所有关于风格和形式的批评性无谓饶舌（twiddle-twaddle），对以仿制－植物学的方式做出的书籍进行的伪科学（pseudo-scientific）分类与分析，只是一些粗鲁无礼，多半是些平淡的行话而已。"所以，谢谢你，这里没有方法论；有的只是真诚而又具有生命力的情感。但是，谁来决定真诚与生命力？如果你需要问这样一个问题，你就不可能开始理解答案。人们会说，就在他们自己的内心深处，而且是用一种积极而又合作的批评方法来决定。

但是，是哪些人们呢？是在什么样的社会关系中？是彼此之间还是与他者？无论要冒着被诅咒的何等危险，这些都是社会学家必然要回答的问题。然而，实用批评在下面几个点上都是不够缜密的：其一，当实用批评变得逐渐强硬，以至于成为一种似乎具有客观性的方法时，它却挑战性地以主观原则为基础；其二，其文本从语境脱离；其三，在实用批评令人沉思的一些方面，又常常使实用批评对新型文学作品产生敌意。但是，我们相信，当实用批评做得不好时，所有这些弱点都是非常明显的：无论是好是坏，实用批评再一次成了一种内在尺度。不过，实际上，所有这些弱点，或者说潜在的弱点，都是产生于实用批评实施者的具体社会状况。这些问题——哪些人？处于什么样的社会关系？——的真正答案，正如我们所知道的，是精确的，甚至是有原则的：是见多识广的、爱批评的少数人。作为最普通的主张，一种看得见的人文过程被开启了，它以真诚和生命力之非常明显的绝对品质为中心，然而作为一个自我界定的群体，在实际的压力之下却又结束了。同时，由于这种批评性活动是真实的、完全不同的社会关系——一种与主流文明隔离的感觉，在此种文明中，真诚与活力受到限制或者破坏，一种与其限制或破坏作用的所有媒介难以调和的对立——就出现了，推动原初状态的普遍化。一个激进的批评群体需要对其自身的活动和身份进行定位并为其辩解，实际上，英国的文学社会学就起始于这一需求：好的文学与平庸的甚至糟糕的文学之间的实际区别，包括潜藏于不同价值观之下的文化状况研究——一部文学和文化的批评史，而后进一步延伸，从其在批评活动中的起点到成为这些状况的一个主要元素，即公众读者的本质（nature）。于是，所提供的详细解释，当然就是对文化衰退的一种阐释；从这层意义上说，从事批评之少数人的彻底隔离，既是起始点，又是终结点。但是，文化衰退的任何理论，或者更中立地说，是文化危机的任何理论——而且实用性批评者在创立该理论的过程中并没有遇到多少困难——不可避免地获得了广泛的社会解释：在此情况下，这是工业主义和大众文明给有机社会带来的破坏。

在 20 世纪 30 年代，这种诊断与其他激进的阐释是重叠的，或者说似乎是重叠的，或许尤其是与对资本主义产生影响所进行的马克思主义阐释也是重叠的。然而在两个群体之间，几乎马上就出现了一种根本性的敌意：回顾过去，在《细绎》（Scrutiny）期刊与英国马克思主义者之间的一场批评性交战中，我们毫不怀疑，《细绎》赢了。但是，为什么会是这样呢？难道《细绎》期刊中的评论者更接近文学，不仅仅是使其相当草率地适合一个从其他证据——主要是经济类证据，构思而来的理论吗？我相信事实就是如此，但是真实理由则更加重要。正如当时已经普遍意识到的，马克思主义在实用批评具有优势的决定性区域，确实是薄弱的：实用批评能够对现实意识提供精确、详细、合理适当的描述：不仅仅只是一个计划或者概述，而是实实在在的研究成果，其中充满丰富而有意义的具体体验。在马克思主义理论中，并不难找出相应薄弱的原因：它就存在于基础和上层建筑已经达成共识的公式之中，而这一公式，作为一种简单的映像、表现、意识形态表达，在普通人的手里，很快就转变成一种对上层建筑的阐释——这是经不起实际作品长期体验的简单化（simplicities）。这是还原论的理论与实践——人类具体的创造性体验与行为，被快速而机械地划分成在其他地方总是能找到其终极实在与意义的类别体系之中——这实际上为所有讲述艺术之人留出了发挥的空间。这种艺术在其密度与强度方面完全符合艺术作品创作和估价的实际人体维度。

我曾经说过，有一种胜利，而且这种胜利是如此地具有压倒一切之势，以至于在英格兰，整整一代人几乎提不出什么原创性问题。教师和学生已经知道了答案，或者说是他们认为他们自己已经知道了答案。而且即便是在今天，我也毫不怀疑，卢卡奇和戈德曼的研究工作可能很快会被认为是废弃的战场。那么，这些新型马克思主义者所拥有的到底是什么呢？难道终究仅仅就是稍有更新的词汇和一种新型的政治历程吗？我认为他们拥有的更多，而且多得多，但是无论怎样，我可以肯定地说，我们必须牢记这场决定性的交战，因为一些真实材料是从那里得来的，这使得英国人对持续性探究所做出的特别贡献仍然是有意义的、积极的，无论我们是多么地想要逃脱英国人的共识，走向完全不同的意识与词汇。

社会的整体性

正如我已经说到的，最重要的是，这种基础与上层建筑所已达成共识的公式，使得文学与思想的马克思主义阐释在实践之中常常显得软弱无力。然而对于许多人来说，这一公式仍然靠近了马克思主义的中心，显示出文化史与文化批评恰当的方法论，当然也指出了社会研究与文化研究之间的关系。经济基础决定社会关系，社会关系决定意识，意识决定实际的想法与作品。关于这些术语中的每一个，都可以有无休止的争论，但是如果人们不相信这样的说法，马克思主义似乎也就失去了其最明确的、具有挑战性的地位。

就我而言，我一直反对经济基础与上层建筑的这一公式：主要原因不是其方法论的薄弱，而是因为其死板、抽象以及静止的特性。另外，通过对19世纪的研究，我现已认为这一公式本质上就是一个资产阶级的公式；更具体地说，就是一个功利主义思想的核心。我并不是要放弃我对经济活动与历史具有无比重要性的感知（sense），因为我在《文化与社会》（*Culture and Society*）中展开的探究，就是从对一个转变性变革的感知开始的。但是，在理论与实践中，我逐渐意识到我必须放弃我所熟知的马克思主义传统，或者说至少把其先放一放，尝试着拓展一种完全不同的社会整体性理论；把文化研究视为对整个生活方式之中各种元素之间关系的研究；在特殊的作品与时代中寻找研究结构的方法，该方法能够与特殊的艺术作品和形式，包括更加综合的社会生活形式和关系保持联系，同时又能对其进行阐释；用更加积极的见解，即对一个领域中互相决定性力量的见解，取代经济基础与上层建筑的这一公式，即便这种决定性力量也是不均衡的。这是《漫长的革命》（*The Long Revolution*）中的计划，回首往事，离奇的是我当时竟然不了解卢卡奇和戈德曼的研究，而他们的研究与此关系是很大的，另外，尤其是他们是在一个多一分自觉的传统，少一分激进的隔离中工作的。我当时甚至也不了解，或者说我忘记了，马克思在《德意志意识形态》（*The German Ideology*）一书中对实用理论的分析，在这本书中——正如我现在发现的，常常是出现在阅读与再读马克思之中——我对经济基础与上层建筑公式之还原论的感觉，被赋予了一个非常精确的、基于历史与分析的焦点。

由此，也就很容易想象当我在卢卡奇和戈德曼的研究中发现一种积极而成熟的马克思主义理论时我所产生的感受，这一理论利用很多相同的概念探索许多相同的领域，但也使用了一个完全不同领域的其他概念。我同时还认识到这样一个事实，即它已被指责为是异端的，而且是向左派黑格尔主义（Left Hegelianism）、左翼资产阶级唯心主义（left-bourgeois idealism）等的回归，但是，即便这一事实也没能阻止（detain）我。如果你不在教堂里，你就不会为异教而烦心；只有（但是常常是这样）最惯常化的马克思主义，或者说最理想主义者的革命主义，才规划出此种有权威的、有信仰的形态。唯一严肃的标准是实际的理论与实践。

卢卡奇以及继卢卡奇之后的戈德曼所表达的关于物化（reification）的内容，对我来说，才似乎是真正的进步。因为在此，经济活动对所有其他人类活动形式的支配，经济活动的价值对其他所有价值的支配，都被赋予了一个明确的、基于历史的解释，即这种支配，这种变形，是资本主义社会的具体特征，而且在现代组织有序的资本主义社会中，这种支配——正如一个人确实能够观察到的那样——正在加剧，因此这种物化，这种虚伪的客观性，正在更加彻底地渗透每一种其他类型的生活与意识之中。于是，整体性理念就成为一种批评性武器，反对这种精确的变形；的确，也反对资本主义本身。然而，作为其他价值的首要断言，这并非唯心主义。相反，正如这种变形，只能通过对特种经济的历史性分析才能从其根源上得以理解一样，要想克服和超越它，不在于孤立的见证或者行动，而是在于实实在在的工作，借助人类更多的政治和经济手段，去发现、坚持，并且建立起人类社会更多的终极目标。

对我来说容易接受的，是在最实用的层面上。但是，从整体性的角度进行思考的宗旨，是要使我们认识到我们是其中的一部分；于是，我们自己的意识、我们的工作、我们的方法，都严重地处于危险之中。而且，在文学分析的特殊领域中，存在着这种明显的困难，即我们必须要面对的大部分工作，都是这物化意识时代的产物，因此看起来似乎是理论突破的东西，可能会非常快地反而成为方法论的陷阱。但是，至于卢卡奇，我终归还不能这样说，因为我还没有机会接触他所有的著作；不过在他的一些著作中，至少在其《历史与阶级意识》（*History and Class-Consciousness*）这本书中的主要见解，还没有被转化为批判性的实践，而某些不太成熟的操作——本质上仍然是基础和上层建筑的操作——却不停地反复出现，不过，对于该书，他已经部分地给予否定。现在，我仍然以合作的方式阅读戈德曼的著作，而且批判性地提出相同的问题，因为我可以肯定，整体性的实践，对于我们任何人，在任何时候，都是极度的乃至也可以不言而喻地说是难懂的。

　　然而，有了进展，我就要认可他们。尤其是戈德曼的结构概念以及他对种种意识所作的区分——基于卢卡奇，也发展于卢卡奇——对我来说，似乎是非常重要的。而且戈德曼的结构概念和意识分析，对文学研究与社会研究之间的关系尤其重要。在一个更简单的层面上，文学与社会学之间的许多连接点都可以进行研究。例如对大众读者（reading public）的研究，在此，对被阅读作品所进行的文学分析与对大众真实结构所进行的社会学分析，二者几乎还没有结合在一起：或者在作者作品的主旨所具有的整个重要关系之中，作为不断变化之历史群体的作家的真实历史；或者在文学形式的完整特质与多样性之中，也在与其他结构形式的关系复合体之中、文学形式的社会历史。我在《漫长的革命》一书中，以一种初步探索的方式，尝试了这些分析中的某一种，但是当我们接近最棘手的中心问题时，不幸的是，这些问题的领域是有局限的，我随即感觉到，或者说至今仍然感觉到合作者的严重缺失，尤其是那些没有发声，或者说必须发声之人的严重缺失。

　　当然，戈德曼是不接受这些局限的。他说话时，时而是作为社会学家，时而是作为批评家，时而又是作为文化史学家；而且在他的知识传统中，从一开始就既有哲学又有社会学。耐心的文学研究就是由此开始。因此，当他谈及结构时，他有意识地运用一个术语、一种方法，而且与其说术语与方法相互交叉，不如说它们构成了彼此明显独立之学科的基础。这是一种意识的术语和方法，因此文学与社会学之间的关系，并非一方是各种各样的个体作品，而另一方则是各种各样经验事实之间的关系。真实关系存在于意识的整体性之中：是一种先假设，而后得到揭示的关系，而不是先得到理解而后再给予详细说明的关系。在我们自己的传统中，有很多需要证明的东西——尤其是文学与社会学之间有意义之基础关系的存在——从普通哲学和社会学的角度，在进行特殊分析之前，是可以超越的。看看我们的研究工作，可以说，在任何一种现已开展的哲学或社会学中，我们都缺少一个中心。再看看戈德曼的研究——由于他所具有的不同之处，他代表着整个的别样传统——可以说，在与物质的全面接触开始之前，在推理的层面上，他拥有了一个现已被人们接受的中心。

情感结构

我认为，随后的争论只要有可能得到进一步的展开，就会出现这种必然的张力，甚至是方法上的矛盾。我可以举一个突出的例子。在我的研究中，我发现我必须建立一种情感结构（structure of feeling）的理念。在一个独特的历史情形中，会显示出一个作家群以及其他群体的某些共同特征。之后，我将对其进行精确的应用分析。与此同时，我却发现非常有趣的是，戈德曼的研究开始于一种结构概念，这种结构概念自身包含有社会实例与文学实例之间的关系。他坚持说，这种关系涉及的不是内容问题，而是心理结构问题。即"既组织特定社会群体的经验主义意识，又组织由作家创作的想象世界的范畴（categories）"。按照定义，这些结构的建构不是单个的，而是集体的。另外，用一个几乎无法翻译的术语说，这是一种发生学结构主义（genetic structuralism），其必然涉及结构分析，同时还有结构分析的历史形成和过程，即包括这些结构被建构的方式及其变化的方式。这种方法的基础，是坚信所有的人类活动都是一种尝试，尝试着对特定客观情况做出有意义的反应。那么，做出如此反应的到底是谁呢？按照戈德曼的观点，既不是个体，也不是任何抽象群体，而是存在于真实集体社会关系中的个体。此重要回应是一种独特的世界观：一种系统组织性观点。况且，在文学中，重要的社会事实就是这一组织元素。作家与其周围世界之间内容上的一致，是没有此种组织即结构上的一致性重要的。内容的关系可能仅仅是一种反射，但是一种结构的关系却常常出现在没有明显是内容关系的地方，而且能向我们显示出组织性原则，借助这一原则，特定的世界观以及社会群体的一致性，在意识中真实地运行着，而社会群体也通过此组织性原则维系着特定的世界观。

为了突出这一点，戈德曼追随卢卡奇，对现实意识（actual consciousness）与可能意识（possible consciousness）进行区分：现实意识，具有丰富却不连贯的多样性；可能意识，具有其最大程度的充分性与一致性。一个社会群体通常局限于其现实意识，而且这往往包含多种误解与错觉：错误的意识元素。当然，这些元素常常在一般的文学中得到运用和体现。但是，也存在一个最大限度的可能意识：此世界观被提高到其最高和最连贯的程度，仅仅受限于这样一个事实，即要走得越远，则意味着这一群体将必须超越其自身，从而要么变成一个新的社会群体，要么被一个新的社会群体取代。

戈德曼认为，大部分文学社会学所涉及的都是一般的文学与现实意识之间相对比较明显的关系：在内容的层面上，或者在对内容之普通错觉的常规性阐述中显示其自身的那些关系。而新的文学社会学——发生学结构主义的文学社会学——将涉及更多的可能意识的更为基本的关系，因为戈德曼研究的中心就是：最伟大的文学作品，恰恰正是那些在其最连贯、最适当、最有可能的层面上认识到某种世界观的作品。这样一来，我们就不应该主要研究外围关系，即内容与背景的对应，作者与读者之间明显的社会关系。我们应该在最伟大的文学中研究组织策略、基本结构，因为正是组织策略与基本结构赋予文学作品以整一性、特殊的审美特性、完全的文学品质；同时，还向我们揭示社会群体——实际上，就是社会阶级——的最大程度的可能意识，而这一切，最终又通过个体作家创作出文学作品来。

我认为，这是一场有影响力的争论，而且我还从上述意义的层面上提出了我自己的看法。对于一种世界观理念，即一种观察世界之独特而有序的方法，在我们自己的研究中，我们当然是熟悉的。甚至，在我发现其所存在的通常形式中，我自己又不得不花费好多年的功夫摆脱它。我意识到，伊丽莎白一世时代的世界图像（world-picture），就其本身而言是迷人的，但是，要想看到伊丽莎白一世时代戏剧的整个本质，这一图像常常与其说是一种帮助，不如说是一种障碍。另外，我还了解古希腊时期的世界图像，却对希腊戏剧深感困惑；了解了维多利亚女王时代的世界图像，我发现英国 19 世纪小说令人惊异。我认为，在此，戈德曼的区分可能会给予我们一些帮助。他也许会说，总而言之，我们所得到的就是现实意识，我们在文学中所发现的，常常是非常不同的可能意识。我不怀疑这一点有时候是真实的，但是情况常常就是如此，我们需要重新考虑意识这一想法本身。一般被提炼为一种世界观的意识，在实践中就是对教义的一种概括：比此段时期大部分人所能做的更加有条理、更加连贯。但是我没有把握，在实践中，我是否总能把这一点与当戈德曼做分析时他自己作为可能意识所提出的那种证据区别开来。而且我认为，这两个版本中的任何一种往往与文学的真实结构与处理方法都有一定的距离。为了回应距离的这层意义，我建构了我自己的情感结构观念。在当代的体系与信念中，存在着真实社会与自然之间的关系，而且也存在着这些关系比较有条理的、相对一致的赋形（formations），但是，对我来说，在某些最伟大的文学中，似乎要发生的就是实现这些潜在的赋形结构，并同时对其产生反应。的确，对我来说，这构成了特定的文学现象，即一段戏剧的进程编排、一部小说的具体创作，其中，真实社会生活与信念的构成元素，同时得以实现，而且以一种主要的方式得到不同的体验，其差异就存在于富有想象力的行为之中、富有想象力的方法之中，以及特殊而又真诚的、史无前例的、富有想象力的组织之中。

在所有这一切中，我均能感受到重要人物个人才能的作用，我甚至相信，在与作家最直接相关的历史中，存在着某些可以发现的特定社会因素之因，即这一富于想象力的选择何以被洞悉的特定社会原因。但是，我也确信，这些具有创造力的行为，在某一段历史时期内，构成一种特殊群体：一种在情感结构中可以看得见的群体，而且，最重要的是，它在形式的基本选择中显而易见。我已运用实际例证尽量展示了这一点，比如，在 19 世纪晚期和 20 世纪的欧洲戏剧中，在 19 世纪和 20 世纪英国小说的发展与危机中。而且，在这些变化着的情感结构中，我觉得尤其重要的是：情感结构往往领先于那些正式的观念与信仰中的更为可识的变化——此变化构成了意识的一般历史；而且，人生活在现实的、变化着的社会关系之中，当观念和信仰的变化与人的某一段实际社会历史完全一致时，观念与信仰的变化则往往再一次领先于正式制度与关系的更为可识的变化，这就是更加易于让人接受的，甚至是更加常规的历史。这就是我所说的艺术是作为最基本的人类活动之一所具有的意义，这不仅能够成功地清晰表达出强加的或者说不可或缺的社会或知识体系，而且同时，这一点以及对这一点的体验和体验结果，均可以在新型的社会活动中，在我们称之为个人的生活中，以非常接近于许多其他类型积极反应的方式，超越其原始情况与环境，进行传输与交流；当然这些常常更加容易接近，仅仅因为它的构成明确，而且当其生成时，它就以其自己的方式，具有完整的，甚至可以说是自主的，同时也是作为一种原有作品的形式。

如果情况就是这样，则不难看出我们为何必须拒绝意识的这诸种版本——这些直接地或者说借助纯粹的滞后与复杂化，把意识与一种决定性基础联系在一起的版本。卢卡奇与戈德曼对积极意识（active consciousness）的强调，除上述之外还为我们提供了一种实实在在的方法。而且可以说，我已尽力作出描述的此种关系（relation）——居于形式意识（formal consciousness）与新型创造性实践之间——如果用卢卡奇与戈德曼的术语"现实意识"（actual consciousness）与"可能意识"（possible consciousness）对其进行叙述，可能会更好、更加精准。的确，我希望情况有可能真是这样，但是我也看到了一种主要困境。这种关系虽然是微妙的，但在某种程度上仍然是静态的。可能意识，是在一个阶级转变成另一个阶级，或者被另一个阶级取代之前，可以企及的客观极限。但是，我认为这又非常明显地导致了一种宏观历史（macro-history）：在很多方面都是适当的，但是，涉及现实性文学，伴随着其变化的连续性，常常就显得太大，在其分类上无法进行，除非在某些意义重大的时间点上，即一个阶级被另一个阶级取代之激进而又十分重要的时间点上。当我阅读戈德曼的著作时，我发现他非常清楚地意识到了这一困境，但是另一方面，我不清楚这是否是一种偶然，因为戈德曼对处在封建社会与资产阶级社会之间明显危机时间点上的拉辛（Racine）和帕斯卡（Pascal）的论证，比他对 19 世纪以及 20 世纪小说的论证更具有说服力，在此，在资产阶级社会内部，显然小却仍然重要的变化，必须被赋予所谓的微观结构分析（micro-structural analysis）。跟随卢卡奇，鉴于小说就是一种形式，以这种形式描述一个堕落的社会里，一个人努力超越客观上受限的社会与命运，但是失败了——小说，就是要描述问题英雄的——这种说辞既具有启发性同时又具有片面性；的确，为此小说所提供的证据，经过如此地极度择优，以至于我们几乎立刻有了警觉。根本没有考虑英文小说：围墙的另一边，位于英吉利海峡之一方的我们对这堵墙通常是有意识的。但是，虽然一个人可以自愿地提供小说《远大前程》（*Great Expectation*）、《流亡中出生》（*Born in Exile*）以及《无名的裘德》（*Jude the Obscure*）等，而且还可以用更加复杂却仍然相关的方式提供《米德尔马契》（*Middlemarch*），但是他仍然要面对《小杜丽》（*Little Dorrit*）中出现的不同现象。而且，我认为这不仅仅是关于特定情况的争论。在阅读卢卡奇与戈德曼的作品时，对我来说，最令人激动的体验是对形式的强调。在我自己的研究中，我深信最具有穿透力的分析是对形式的分析，尤其是对文学形式的分析，其中观点的变化、已知关系与可知关系的变化、可能决断与实际决断的变化，作为文学的组织形式，都可以直接进行论证，而后正因为这些变化所包含的不仅仅是单个的解决方法，因此还可以合理地把这些变化与真实的社会历史联系起来，从基本关系以及关系的失败与局限的角度进行分析性的思考。这正是我，例如在《现代悲剧》（*Modern Tragedy*）一书中所要表达的，而且我还必须说，在这方面，我从卢卡奇、戈德曼以及其他学者们已经成熟的社会学那里，在理论上学到很多东西。但是，对形式所做的许多必要分析，对我来说，只是刚刚开始，而且我还认为，就发展而言，这不仅仅是时间问题。

　　或许，表达这一原因，我可以非常尖锐地说：形式，在卢卡奇和戈德曼的著作中，过于惯常地对译为体裁（genre）或种类（kind）；而且，我们也过于惯常地处于一种现已被认为标准的学术和极度理想化的传统之中。在这种传统中，"史诗""戏剧""小说"和"悲剧"等均具有内在的永久性属性，分析从这些属性开始，而且挑选出来的例子也与这些属性密切相关。我非常愿意承认，在形式与世界观之间，可以显示出此类的某些广义相关性。但是，我们必须面对这样一个事实，即最重要的是，在刚刚过去的100年中，例如悲剧与小说，密不可分地存在于相同的文化之中，而且被完全相同的或者说非常相似的社会群体使用。也可以说这样一个事实，即在现代悲剧中，甚至更多是在小说之中，存在着形式上极具意义的变化。以这种形式，文学与社会的许多变化——生活节奏的变化、体验节奏的变化，但不是整个历史新纪元之节奏的变化——都能够非常直接地得到理解。当然，这一点是在实践中得到认识的。戈德曼在传统的资产阶级小说与萨拉特（Sarraute）或罗伯-格里耶（Robbe-Grillet）的新型小说之间做了一个有趣的对比，他把新型小说与一个更加彻底具体化的世界联系起来。卢卡奇也做了一个类似的区分，从巴尔扎克（Balzac）到曼（Mann）和卡夫卡（Kafka），再到索尔仁尼琴（Solzhenitsyn）。但是，形式所蕴含的整个理论问题，在我看来仍然是混乱的。这或许是由于且尤其是在一种更加抽象、更加超历史（supra-historical）的意义之上，仍然存在着这种没有被丢弃之形式的缘故。由此，甚至任何一位戈德曼式的人物都可以说，他似乎是一位普通的理想主义者和学术评论员。"在现在世人所接受的意义上"，索福克勒斯（Sophocles）是希腊戏剧家中唯一一位可被称为悲剧家的人物。继承而来之范畴的优势（prepotence）是惊人的，但也是令人伤感的。

过去的胜利，现在的惩罚

但是，这种局限性与这种替代性传统的力量，具有有机的相关性。习惯——其似乎就是结构与学说不可避免的关系，即对形式分类的实际运用——是成熟哲学状态的一种特性，在大多数情况下，是真正力量的源泉。这就是超越 20 世纪 30 年代用英语发展起来的这场论争为何显得如此重要的原因，因为虽然对这样或那样的阅读、这样或那样的方法进行特殊驳斥具有一种直接的意义，但是在我们的整个处境中，这些驳斥却可以隐藏这样一个事实，即在地方性英语的实用性背后，是一套未经核实的总体思路，而这些思路，作为一种社会理论，在一个完全不同的层面上，突然变得具体化（materialize）：从关键性的少数人，到少数人文化和少数人教育，或者从过去文学的丰富性，到利用过去对抗现在，似乎是过去，绝非将来或将来意识，才是价值的唯一源泉。为了 30 年代的地方性胜利，我们均付出了代价：文学研究与社会研究之间最积极的关系，以及文学与真实社会（其中包括目前社会）之间最基础的、延续性的关系，实际上都被人们忽视，因为无论是从理论上还是在实践中，对这些关系的任何批评性考察，都将会而且常常是激进地妨碍我们现存的社会关系，并扰乱人们的利益分配与专长研究划分，这种分配与划分对其则是起表达和保护作用的。

现在，我要借助强调戈德曼使用的两个概念结束本篇文章，对于这两个概念，我们不仅应该从理论上努力进行澄清，还应该通过合作的方式努力在实践中进行检验。第一个是"集体性主体"（collective subject）概念：显然是一种不易理解的概念观念，但也是一种具有很大潜在价值的观念。实际上，文学研究重复地使用一个相关的观念。我们不仅自信地谈及"詹姆斯一世时期的戏剧家"（the Jacobean dramatists）、"浪漫诗人"和"早期维多利亚时代的小说家"（the early Victorian novelists），而且我们还在一个相当单一的意义上用这些描述表示一种看待世界的方法，一种文学方法，语言上的一种特定运用，如此等等。在实践中，我们常常关心的是分解这些归纳概括，而且我认为这样做是正确的：了解琼森（Jonson）与韦伯斯特（Webster）之间的差异、布莱克（Blake）与柯勒律治（Coleridge）之间的差异、狄更斯（Dickens）与艾米莉·勃朗特（Emily Brontë）之间的差异，在真实意义上是有必要的。然而，除此之外，当我们把所有这些个体差异都考虑在内时，我们确实看到了某些真实的群体。但是，如仅仅只看到布莱克与柯勒律治之间的差异，而看不出一首浪漫诗与一部詹姆斯一世戏剧，以及早期维多利亚时代的小说之间的差异，那将是很盲目的限于一隅，也是相当不切实际的。而且，为了能够对这种具体群体进行描述，就要以一种全新的方式处理社会群体问题，一种形式的群体往往代表着看待其他人和自然的具体综合方式，因为这种方式已不再是借助某种保持平均的过程，把个体归约到某一群体；而是一种通过其中个体差异看清一个群体的方式，即个体的特异性以及个体独特创作的特异性，这种特异性不但不否定，而且就是在语言、习俗、某些特有情况、体验、诠释、观念等方面，确认个体真实社会身份的必备方法。的确，社会学研究的重要性可能就在于此：我们能够找到描述重要群体的方式，从根本上包括那些个体真实，否则，这些真实将被归入一个相当独立的区域。如果社会学仅仅关心抽象的群体，文学批评只关心独立的个体与作品，那就不仅仅是对劳动的划分，更是一种方式，一种回避实际生活中大部分个体形式与大部分社会形式相互渗透之现实的一种方式，在最终的意义上，则成为回避这一切联合的一种方式。

问题所涉及的总是方法，这正是第二种概念，即意识的起源结构概念，而且这也是一个必须要认真对待的概念。在社会研究领域中，我们的薄弱环节也正是在这一区域：在所谓的认知社会学区域，但是往往又远远超出这个区域，因为我们所关心的不仅仅是认知，还有学习、想象、创造、表演等所有的积极过程。在我们现有的学科中，对于这些过程的具体描述，存有丰富的材料，在如此多的个体著作中也是一样。要想找到方法把此区域不只是简单地延伸至社会历史背景或思想史背景，而是延伸至社会群体形成并对其自身进行界定的其他积极过程，将是非常困难的，但又是非常必要的。原因是把文学过程与社会产品联系起来，或把社会过程与文学产品联系起来——这正是当前我们通常所做的——终究会失败，而且伴随着这种失败，借助迄今已经丢弃之智慧和美德的专业性表达，人们则会退回到先前的教义。但是，如果在每一种情况中，我们借助不同的分析形式，努力超越独特而孤立的产品——"文本"——走向其真实过程——其最积极的具体构形，我相信我们能够找到回答我们对自己生活过程之最亲密感觉的连接点，但是我们的孤立研究常常就做不到这一点。

在每一个连接点上——集体主体理念和意识的初始性结构概念，吕西安·戈德曼的贡献虽然尚未完成，却是有意义的。虽然他陷于许多直接的争议之中，似乎常常局限于对其最基本立场的重申，但是即便在此，他以我在概要中无法表达的形式，在这样复杂的领域，提出了改进和更深一层的界定。从他的提议中，我们都有所收获，尽管正如我常常所做的一样，对于具体的构想与应用，我们可以持有异议，但是，我们仍然能感受到，他从理论和实践对文学研究与社会研究的发展进程的强调，是极其有价值的强调。

而且，这不仅仅是一种专业的关注。除辩论之外，从去年春天在剑桥大学聆听的他的讲座中不难看出，有一种社会危机，也是人类危机，我们自己都以诸种方式陷于其中。在绝大部分的人文研究中，清晰和意义的获得，都直接与世界中为了人类工具的获取和目的的实现而进行的斗争相连接，在这个世界中，将不允许有剩余区域、安全主体、中立活动。此时此地，为了纪念他，我提出他给我留下的感觉，一个持续性探究的感觉、一个持续性论证与关注的感觉，一个在我们这个时代做出有意义反应的人的感觉。同他一起我们可以找到，正如我认为他一定会说的，一个有意义的群体，一种在这个世界上观看、存在和行动的方法。

（本文选译自雷蒙·威廉斯《文化与唯物主义》）

作为生产手段的传播手段

〔英国〕雷蒙·威廉斯　撰

张云鹏① 译

摘　要： 从最简单的身体语言形式到最先进的传播技术形式，传播手段自身的产生一直就是属于社会的和物质的；它对于所有特殊的人类劳动形式和社会组织形式来说，都是其所固有的，并构成生产力与社会生产关系不可或缺的元素；同时，传播手段，无论是作为生产形式还是作为生产手段，都直接服从于历史的发展。然而，从历史唯物主义的视角看，对传播方式的理论考察，已被媒介信息设备论、"大众传播"论，以及因传播手段与生产手段之抽象的和推理性的分离而产生的理论等三种意识形态观点所掩盖。因而，如果要从理论上把传播手段强调为生产手段，那么，在复杂的综合社会生产力体系内对传播手段本身发展史的研究，就应该采用新型的研究方法；其理论观点所产生的主要结果，也应该是对传播手段的整体发展进行持久性的历史考察，其中包括特别有效的、在我们这个社会当下仍然在发展的历史阶段。

关键词： 生产　传播手段　"直接"传播　"间接"传播

---

① 译者简介：张云鹏，河南大学文学院、河南大学文艺学研究中心教授、博士生导师，研究方向为中国文学理论与美学、中外比较诗学等。

作为一般性理论问题，能认识到传播手段本身就是生产手段，是有益的。事实确实如此，从最简单的身体语言形式到最先进的传播技术形式，传播手段自身的产生一直就是属于社会的和物质的，传播手段当然也是可再生的。不过，传播手段不仅仅是生产的形式，也是生产的手段，因为传播及其物质手段，对于所有特殊的人类劳动形式和社会组织形式来说，是其所固有的，因而构成生产力与社会生产关系不可或缺的元素。

此外，传播手段无论是作为生产形式还是作为生产手段，都直接服从于历史的发展。之所以如此，首先是因为传播手段具有特定的生产性历史，该历史总是或多或少地直接关系到生产与技术能力的综合历史发展阶段。其次，则是因为历史上变化中的传播手段，与生产力的一般复合体以及一般社会关系，从历史的角度说，都具有多变的关系，这种关系是由传播手段产生的，而一般生产力产生且复制传播手段。这些历史上的变异，包括传播方式与更加一般的社会生产力和生产关系之间的相对同源性，而且，最显著的是在某些时期，还包括一般与特殊之间的矛盾。

三种意识形态阻碍

从历史唯物主义的视角看，对传播方式的这一理论考察，在我们这个时代，被三种特有的意识形态观点（characteristic ideological positions）掩盖（overlaid），或者说，所阻碍。

首先，本已作为社会生产方式的传播方式，如今却仅仅被视为"媒介"（media），即成为运用于广义的人与人之间，或者在具体的某种生产行为所涉及的群体人之间来传递"信息"（information）和"讯息"（messages）的设备，并已经作为毫无疑问的信息"发送者"或信息"接收者"从传播过程中抽取出来。也就是说，人们被视为抽象的个体，于是这些个体，或者被这些抽象功能图解式地表征出来，或者充其量概括性地被表征为：（1）广义化（"人类"）社会交往（作为抽象的"社会化"或"社会过程"之传播）的承载者；（2）一种已经被具体化却仍然抽象的社会交往（社会群体"成员"之间的传播，通常是国民的或文化的，却不从本质上涉及任何一个如此群体之内特定的社会关系）的承载者；或者（3）在语言"表达派"

（expressivist）理论的极端形式中，作为未被具体说明的"个体"（individuals，作为传递的传播，但是也暗示接收，是通过抽象化的个体，每个个体都拥有其自身要说的话）。况且，信息与传播理论中许多其他方面的深奥研究，均停留在而且时常隐藏着最早的、深层的资产阶级意识形态立场。

其次，尝试认识一些传播方式就是生产方式，在这种貌似合理的尝试中，在传播的"自然的"（natural）与"技术的"（technological）方式之间，仍然存在着老生常谈的差异：前者，以"普通的日常语言"（ordinary everyday language）为特点，可是在"面对面"的情况中，又常常被忽视；后者，围绕着已开发成熟的机械和电子传播设备，于是被概括——伴随着一种特别明显的从技术手段向抽象社会关系的意识形态转变——为"大众传播"（mass communication）。况且，此定位已经大面积地控制了现代资产阶级的文化科学，但是，在"大众传播"的同一称谓之下，尤其是以其更加实用的形式，同样也已经被不加鉴别地输入到社会主义思想的重要领域。

从理论上说，由于两个原因，这让人难以接纳。首先，"大众传播"与"普通日常语言"实践的分离，隐藏了这样一个事实，即在大部分情况下，"大众传播"过程必然包含"普通日常语言"的使用，其一定处于变异的差异性模式（differential modes）之中，而且还包含对通常重要传播**情境**（*situations*）的仿真或常规性制作。其次，把所有或者说大部分机械和电子手段归入"大众传播"，就掩盖了（在资本主义实践的一种方案的遮蔽之下，处于该实践中的"观众"或"大众"，其本身在社会交往中总是既具体又有差别，被视为舆论与消费的"大众市场"）不同类型的机械和电子手段之间的彻底改变。实际上，在它们的差别之中，这些变化必然伴有与"面对面"情境对话中"普通日常语言"的可变关系（最明显的例子是语言惯例与传播情境的根本差异，正如在印刷出版与电视之间一样），同时还伴有特定传播关系与其他形式社会关系之间的可变关系（观众的变化与构成；社会接收条件的改变——集中起来的影院观众、以家庭为基础的电视观众、群体阅读、个体阅读等）。

如此第二种意识形态观点的一个变体，尤其与麦克卢汉有关，承认"媒介"之间的具体差异，但是屈从于一种局部的技术决定论，在此决定论中，用处与关系在技术上是由不同媒介的性能决定的，不考虑媒介发展与使用中的社会生产力与生产关系的整体复杂性。如此一来，传播手段也就抽象地被认可为生产手段，甚至在意识形态上也被规划为生产的仅有手段，在此过程中将要出现的是"再度部落化"（re-tribalization），即恢复"未堕落"（unfallen）自然人所设想的"地球村"。这种立场对人表面的吸引力，超越了媒介规格本质上抽象的唯物主义，依赖于"大众传播"与传播手段复杂的历史发展典型的修辞隔离，传播手段的发展是作为整个人类历史发展进程中社会和物质变化过程中所固有的、有关联的、被决定的部分。

此外，还有第三种意识形态观点，此观点已经融入马克思主义的一些变异之中，而且允许"大众传播"的一些资产阶级概念的融入。这取决于传播手段与生产手段之抽象的和**推理性**（a priori）的分离。况且这首先关系到"生产"这一措辞的专门使用，所有的生产形式好像要么是资本主义生产，即商品的生产，要么是更广义的"市场"生产，市场生产的所有东西均呈现出可隔离的和可任意处理的客体形式。在马克思主义中，这进一步关系到，甚至确实可以说是依赖于经济基础和上层建筑之呆板的公式化，但此种公式化忽视了传播手段在每一种生产形式（包括客体的生产）中的固有作用，而且传播成了第二序列，即第二阶段，仅仅只在决定性的生产关系与社会物质关系确立之后才得以进入。

不过，这种已经被接受的立场必须得到相当普遍的纠正，我们才能从历史的观点审视"经济基础"与"上层建筑"之多变的、动态的以及矛盾的形式，而不是用一种资产阶级习惯把其归入必然的普遍形式与关系。但是，在 20 世纪的社会中，这种立场也需要一种格外尖锐的当代修改，因为作为社会生产手段的传播手段，以及与之有关的传播手段的制作本身，在现代社会普遍得到扩展的传播特性中，及至现代社会之间，已经呈现出一种全新的意义。这一点在现代"经济"和现代"工业"生产的总体性中非常引人注目，在运输、印刷和电子工业中，"传播媒介的制作"从定性上说，与广义的生产相比，已经达到了——就其更加严格的生产比例而言——一个完全不同的阶段。而且，这种不同凡响的发展仍然处于一个相对的初期阶段，尤其是在电子方面，一定会走得更远。如果不能意识到这一性质上的变化，不仅会延迟对"经济基础"与"上层建筑"之呆板公式化的修改，而且会阻止或转移对传播手段和过程与先进资本主义社会的危机和问题之间重大关系的分析，似乎还会阻止或转移对传播手段和过程与先进工业社会主义社会的不同危机和问题之间重大关系的分析。

"传播生产"的历史

如果从理论上把传播手段强调为生产手段，那么在复杂的综合社会生产力体系内，对传播手段本身发展史的研究，就应该允许并鼓励采用新型的研究方法。但是，迄今为止，该历史没有得到大的发展，虽然在一些领域确实有一些值得注意的经验研究。而且，从上面概述的意识形态观点看，人们最熟悉的几种历史研究，就是对被视为新型"媒介"的专业化技术所进行的研究——从书写到字母，从印刷到电影、广播和电视。在这些专业化的历史中，积存了大量不可缺少的细节，但是这些细节，与综合社会生产力、社会秩序以及社会关系等的历史，通常是比较隔离的。另一种比较熟悉的历史是"观众"或者说"大众"的社会史：同样包含必不可少的细节，但是这些细节通常是从"消费"的视角采集的，不能彰显这诸种消费模式之间总是非常重要的甚至是决定性的关系，因为消费模式通常也是更加综合的社会组织形式和生产的具体模式，这些模式显然既是技术的也是社会的。

一种被反复陈述的理论观点所产生的主要结果，应该是对传播手段的整体发展进行持久性历史考察，其中包括特别有效的、在我们这个社会现阶段仍然在发展的历史阶段。当然，这些值得注意的发展进程早已引导人们注意现代传播体系的危机与问题。但是，一般而言，从最初的一种或其他几种意识形态观点看，这些危机与问题往往被处理为静态的，或者被探讨为仅仅是其他系统的作用，这似乎就是已经完成的（或者说是通常被完全理解为）历史发展阶段。在当代社会现实中，很少有领域会存在如此缺失，即对固定历史理解的缺失。对其他方面历史、分析方法以及术语之浮浅的意识形态使用的普遍欢迎，是这一缺失的一种直接的、破坏性的后果。所需要做的工作，其范围是如此之大而又多种多样，因此，需要协调合作，而且相对来讲需时也较长。另外，在理论干预的情况下，我们现在所能做到的就是指出一些合理的思路。

如此一来，把传播手段看作生产手段，就有可能从理论上指出不同技术手段之间的诸种界限，因为划出这些界限时，就表明了传播模式本身的基本差异。此外，也应该有可能指出其主要问题，即这些模式与更加普通的生产模式、不同类型的社会秩序，以及（在我们的这个时代这是决定性的）技能、资本化和控制等基本问题之间关系的主要问题。

首先，这对于辨别取决于直接的人类物质资源的传播模式与其他取决于借助劳动对非人类物资进行改变的转换模式是有用的。当然，前者不可能被抽象为"自然的"（natural）。口头语言与现在通常被概括为"非语言传播"（non-verbal communication）之身体传播行为的丰富区域，就其本身而言，皆必然属于社会生产形式：是进化中的人力资源之基本的、性质上和动态的发展形式，这些发展不仅仅是后进化的（post-evolutionary），而且是人类进化过程中非常重要的阶段。所有这些形式都处于人类历史的早期，但是，它们的中心性（centrality）在值得关注的随后阶段中并未减弱，在这些阶段中，通过有意识的社会劳动，人类开发了依赖于对非人类物质的使用或转化的传播手段。在所有的现代社会和所有可预测的未来社会中，身体言语和身体的非言语传播（"肢体语言"）仍然是重要的、决定性的传播手段。

于是，关于此种持久稳固的直接中心性，为了传播之目的，还有可能区别非人类物质的使用或转换类型。这促生了一种不同于按简单时间顺序显示的类型学（typology）。此类使用或转换共有三种主要类型：（Ⅰ）**放大**（*amplificatory*）；（Ⅱ）**持续**（*durative*）（存储）；（Ⅲ）**替代**（*alternative*）。举一些例子会使这一初步分类变得更加清晰。关于直接物理传播手段的持续向心性，放大的范围涉及从诸如扩音器之类简单的设备到进行直播的无线电广播和电视之类的先进技术。关于直接的物理资源，**持续**，总的来说，是一种发展比较晚的形式，某些类型的非语言传播形式变得具有持久性，诸如绘画与雕刻，然而言语，除了特殊情况的重复性（惯例性 conventional）口头传承，只有在录音发明之后才变得具有持续性。但是，**替代**这个类型，在人类历史中则是比较早的：例如物体作为符号的惯例性使用与转换；书写、制图及其复制手段的丰富而又具有历史意义的重要发展。

如此类型学，虽然仍然是抽象的，但是在传播过程中却集中瞄准了关系以及社会秩序问题。由此，在普遍性的第一个层面上，放大型和持续型在交际方面与替代型是有差别的。至少在放大型与大多数持续型过程的每一个末端所涉及的技术——由此还有交际路径的整体潜能——是属于在社会初级传播中已经存在的类型：说、听、打手势、观察与诠释。很多其他类型（Many blocks）随后出现，甚至是在初期的层面上，正如在不同社会的不同语言与手势系统中所出现的情况一样，但是，在传播过程自身之中，却不存在**先前的**（*a priori*）社交变异。在这些过程中，社会秩序与关系问题集中存在于对已经成熟的放大和持续手段的控制与使用上。典型的是，统治阶级对此具有直接的兴趣，他们一直实施着对上述使用的种种控制与限制。但是，对于任何被排除在外之阶级来说，这仍然是一种比较便捷的通道，从如此控制与限制到至少可以使如此手段得到部分使用的一种便捷通道，替代型手段除外，所涉及的不仅仅是使用，而且还有决定性的基本技术，例如书写或者阅读，也必将得到掌握。

不能随意地说社会秩序问题就是一种简单的阶级分化。在放大和持续的相对功率与其安装和使用所涉及的资金数量之间，存在着一种适当的直接且重要的关系。显然，在无线电广播方面，比在麦克风方面，更容易建立一种资本主义垄断或者说国家资本主义垄断。如此垄断对于社会和政治仍然是非常重要的。但是，在放大的和持续的手段中，存在着许多历史性矛盾。在该过程的每一个末端，使用的直接性均存在实质性的灵活性。短波无线电接收器，尤其是现在的晶体管收音机，使我们很多人都能听到我们自身社会系统之外的声音。垄断资本主义发展的决定性时期，包括对集中放大与录音之先进技术的资本主义控制，也逐渐包含对诸如晶体管收音机和磁带录音机之类机器的集中开发，目的在于为资本主义消费准备常规的渠道，但是，这些仅涉及初级交流技术的机器，也为替代型的言说、聆听和录音，以及一些直接的自主生产，提供了限定的设备。可是与放大和录音之巨大集中体系相比，这仍然只是一个边缘区域，是基于变化，基于维护中央社会秩序的利益，而控制与选择的实质性程度。无论怎样，在当代政治生活中，这虽然是边缘的，却并非无关紧要。

而且，在总是相互矛盾的社会生产过程中，有很多技术发展仍然在扩展着这一范围，诸如更加廉价的无线电广播发射器。从社会主义的视角看，这些自动化的传播手段，不仅可以被视为处于资本主义的控制之下，或者处于社会主义艰难的早期阶段，被视为对中央主导性放大与持续系统的替代，同时，还处于民主党的公共使用视角之中，从此视角看，在人类历史中，第一次在主要的物质传播资源与劳动创造的放大与持续形式之间，有可能存在一种充分发挥潜力的契合。此外，意义深远的社会解放活动本身就是现存直接物质资源的一种定性发展。正是从此视角，我们可以既合理而又现实地实现马克思的共产主义意义，使其成为"对如此传播形式的生产"，在此意义上，伴随着劳动分配的结束，在传播本身的生产模式之中，个体将是"作为个体"在说话，作为完整人类在说话。

在这些传播过程中，存在着更大却又无法逾越的困难，它们在技术上是直接物质传播资源之运用的**替代**（*alternative*）。电子传播技术最值得关注的实际情况是：虽然在人类历史中电子传播技术比书写和印刷技术的出现晚得非常多，但是电子传播技术，在其一些主要的使用方面（当然，有一些我们即将要进行论证的关键性例外），与直接物质传播模式，诸如说、听、打手势、观察等，具有非常接近的、模式上的对应。这就意味着实际上在这种通用的模式中，废除劳动的技术性分工并不存在太多的障碍。当然，劳动分工在一般社会和经济上的——革命性的——废除问题，对所有模式来说都是很常见的，但是在此处，正如在生产的其他领域一样，存在着意味深远的技术性差异，甚至在一个大变革的社会中，此差异至少还会影响到劳动分工实际终结的时间。

替代性传播模式的第一个事实是：由于其性能所定，它们要求技能，这些技能需超越那些在最基本的社会交际形式中所培育出的技巧。书写与阅读就是明显的例子，甚至在先进的工业社会中，更不必说前工业化社会或正在工业化的社会，文盲程度或半文盲程度，在传播这一重要区域，明显是废除劳动分工的一个主要障碍。因此，扫除文盲计划在任何社会主义视域中都是基础的。但是虽然是基础，其成功程度也仅仅就是在更加直接的物质传播过程中已经取得的程度，因为在每一个过程的末端均存在着潜在的进入。在直接模式中所遭遇到的问题，亟待解决，例如：有效进入问题、阶级和国家的控制与选择问题、普通分配的经济学问题等。从理论上说，这些均属于相同的秩序问题，正如那些在直接模式的民主化过程中所遭遇的问题，但是转化过程的代价可能至少要大大地影响到问题解决的时间，而且此转化过程是所有替换形式中所固有的。

无论如何，在此，技术的发展正在使一些类型的公共进入变得更加简单。可以用比较低的资金成本得到印刷与复制的机械和电子形式。除此之外，还有一种技术发展的动态区域，这一区域在社交方面和经济方面变得更加模棱两可。从电脑排版到以电子形式直接打字写文章——除此之外，声音与印刷之间的直接电子互换，或许仍然需要等到若干年之后——已经出现了传播制作手段的改变，这种改变立即影响到传播过程中的阶级关系，还导致了必要的资本化层面上的改变——的确，这是一次快速崛起，至少在第一阶段是这样。如此一来，书写与印刷之间在传统技术中已经得到发展的关系，曾经是劳动的技术与社会分工的一个突出实例，在此分工中，作者不进行打印，打印被视为一种专门的技术细节，关键是打印者不写作，他们仅仅被认为是在转换别人的作品中起到了工具的作用。例如：报纸中的阶级关系——在编辑与新闻记者之间，谁有话要说，谁把话写出来，还有一系列技工，于是谁从技术上进行制作，谁把其他人的文字复制出来——就是很明显的，而且现在可以说是尖锐的（acute）。在资本主义新闻中，一直存在着一种意识形态危机，在一些重大场合，印刷工要表达自己的存在，而不仅仅只是充当工具，拒绝印刷其他人写好的作品，或者更罕见的是，提出自己既要印刷，还要写作。不过，这种情况在资产阶级意识形态中受到了公开抨击，声称是对"新闻自由的"一种威胁，但是这也让我们从对劳动和人们身份的一种所谓永久性分工中（谁有话要说，谁没话可说），更深刻地看清了资产阶级对自由的定义是如何创立的。

不过现在，利用新的技术，新闻记者们既可以写作，也可以直接进行排版。传统工艺由此受到了威胁，就出现一种熟悉的劳资纠纷。这种纠纷是有期限的，但是在任何革命前的社会中，限制都是劳动的基本社会分工不可避免的产物。在理论上，答案则是明显的。无论怎样，所能进行的任何一种直接印刷对于社会都是一种利好，可以与声音的直接传递和接收相媲美。但是，资本成本是昂贵的，而且对实际情况的获取将直接关系到对资金的控制形式以及有关的综合社会秩序。另外，甚至在这一切已经变得大众化的地方，仍然存在着一系列关于传播普遍接入的真实成本问题，而且显然还存在着关于在不同媒介中如此使用的相对成本问题。许多先进技术在稳固的资本主义社会关系中都正在得到发展。而在投资方面，虽然是多变的，但在资本主义再生产的视域中，用直接的和更加一般性的术语说，也得到了指导。现在似乎更有可能的是：自我管理的传播系统，伴随着已经真正地超越了现已接受之劳动分工文化的普遍接入形式，在语音系统中将会比在印刷系统中更早出现，而且还将会继续具有重要的经济优势。

"直接"传播与"间接"传播

目前，我们仅仅在放大和持续系统与另一边的替代性系统之间，做了第一级比较。这一比较让我们花费了很长时间才开始真正探讨问题，但是现在我们还必须转向重要的第二级比较。

正如我们已经看到的，在任何阶级社会中，技术的主要放大和持续形式包括限定其通用化程度（general availability）之抽象概念的某些社会条件。放大可能就是且的确几乎在每一个方面都是高度的选择性，仅仅是一些声音得到了放大。这一点从根本上影响了持续性，而且持续性还受到深层次选择过程的影响。但是，必须从理论上进行区别的是在定性上的差异，即在作为生产手段的传播手段之中，在放大（以及在持续的更小程度上）与那些替代性系统之间的差异，替代系统如今既包括作为书写和印刷的诸类模式，同时也包括其在某些使用过程中，似乎只属于放大或者只属于持续的模式。

因此，在广播电视方面，从理论上讲（暂且不论社会控制与选择的强劲过程），可能存在已经普遍化的传播手段诸如言语与手势的直接传送与接收。但是，大部分广播电视——而且，当持续功能存在问题时，这一趋势必然会得到加强——涉及转换或部分转换之类更深层次的劳动。从最广泛的意义看，编辑过程——从压缩与重排，到一篇经仔细重新编排顺序的文章——在实际上与其他完全替代性的系统，至少在质量上是相似的。然而，这一点却很难让人意识到，只是因为当时所传递的一切均有一种表象，即拥有最普遍传播手段的直接播送和接收的表象。诸如：我们听到一个男人在用他自己的声音说话，或者他正在屏幕上"呈现他自己"。但是，经过通常的编辑过程之后，实际上所传播的则是一种模式。在这种模式中，最初的实体资源——通常以美其名曰的隐性方式，编辑过程中删除的文字是不可能听到的——被进一步起媒介作用的劳动改变。在这一过程中，最初的传播手段成为材料，随之另一位传播者则利用这一材料，对其进行加工处理。

这不仅仅是一个删除与选择的问题。整理与并置过程能够获取某种预示性新型积极关系，甚至在那些最初的主要单位仍然保持着其原来初始状态的不寻常案例中，情况也是如此。按照电影的定义，在电影中不存在初级物理传播资源的直接传递，因为一切都是经过中间渠道录制而成的，却存在着一种大体状态上的变异，中心传播行为则习惯性地被认为恰恰就是如此编排（composition），其中他者的初级传播过程，不管是否在任何人的具体指挥之下，实际上都是他者用来进行交流转换的原始材料。

正是在这层意义上，所有形式的广播电视，除直播、视频和电影之外，无疑最终皆被视为替代性模式，而并非简单的放大或持续。甚至在电视的直播中，一种重要的预示性元素，正如摄像机的定位一样，明显是一种技术问题。例如：在警察与示威者的对峙中，至关重要的是摄像机是放在警察的后面（通常是这样的），还是作为一种有可能出现的不同社会视角，被放在示威者的后面，另外，有时也许会以对二者公平的形式摆放。观众所"看到"的似乎处于一种自然形式之中的东西，显然其部分或者大部分都是"专门安排让看到的"。在传统的替代性系统中，言语得到处理或者录制从而印刷出版，或者还存在通过习惯性方法用于出版的直接传播编排，不过，传统的替代性系统常常比那些有效的替代性系统更加容易得到认可，因为传统的替代性系统，伴随着获得必要技能所需的所有初始性社会磨难，而在有效的替代性系统中，直接传播的出现，实际上是由技术性劳动的具体过程产生的。

因此，在马克思的革命性视角中，仅仅通过使现代全球性传播从属于所有的个体，此传播就有可能服从于个体。马克思的这一革命性视角，除了提出此类在如此社会转型中所固有的问题，还提出了一些新型问题。我们可以预见发展的一段时期，在这段时期，通过社会革命的综合性运转和新型技术性能的使用，社会可以相当实用地实现传播生产手段的普遍挪用。例如：公共广播的民主化、自主化以及自我管理化系统的创建已经指日可待，其中不仅包括传统形式的"广播"，同时还包括非常灵活而且复杂的多渠道交互模式，该模式能够使我们超越"典型的"（representative）、精挑细选的传递，进入直接个人对个人的以及多人对多人的交流模式。同样，虽然对于图文电视广播而言，或许可以设想更加昂贵的系统，在此系统中，对制作的交流手段，尤其是制作的持续性手段的普遍挪用，存在着一个宽阔的区域，然而与此同时，在其他现代选择性系统中，虽然它们包括许多最有价值的交流行为与过程，但是也存在各种形式的且更加难以对付的此类挪用问题。确实，社区自治与自我管理模式，在其内在的转换过程中，还将经历很漫长的路程，从而改变如此制作现已存在的这一普遍特性。然而，在更加简单而又更加直接的模式中，还存在非常容易的（世界性）普遍挪用的可存取形式——借助对技术的直接存取，技术仅仅利用主要的、现已经扩散的传播资源——在那些取决于变革的过程中，长期以来情况一定是这样，因此一个相对抽象的挪用，比那种对详细制作手段更加实质性的挪用——普遍而通用——更加实用，因此也更加具有可能性，因为此详细制作手段是系统必须要使用的。比如，对电视和电影所涉及的内在转化过程的持久性探讨与演示，在这方面，是非常重要的，而且对于任何有效的转变而言，都是作为必不可少的基础。这些交际制作手段的"移入"（naturalization）模式，需要得到反复的分析与强调，因为它们确实是如此强大，而且新生代的人们越来越习惯于它们，以至于在此，像在其他任何地方一样的强大，因此在现代社会经济过程中，人们的真实活动与关系都退隐到了具体形式、具体模式以及"现代媒介"的背后。

但是，批判性启蒙（critical demystification）只能赋予我们部分的帮助。物化必然终将有别于作品的开放性、有意识性的编排，否则唯一的结果将是否定的，正如在一些当代符号学趋势中一样，符号学趋势通过对所有此类实践进行质疑，从而阐明实践，于是我们可以预知，用悲观主义和普遍主义心理学的术语说，符号学趋势退回到普遍（固有的和难以超越的）异化的观念。因此，批判性启蒙确实需要继续进行，但是，总是要联系实践：作为正常教育一部分的定期实践，在这类转换型劳动过程本身中，还有

"同样事件"的选择性"图像"的制作实践，基本编辑和序列制作的过程性实践，此后，还有存在于直接自主编排过程中的实践。

当我们把最直接的传播手段与系统，置于我们自己直接的整体控制之下时，我们就将进入一个新型的社交世界。我们将把传播手段与传播系统作为商品或者作为一种权利结构元素的正常的当代功能进行改造。我们将从许多种制作手段的挪用者那里恢复这些社会生产的中心元素。但是，社会主义所涉及的不仅仅是生产手段在理论上和实践上的"恢复"，还包括已经被资本主义挪用的传播制作手段。就传播而言，它不仅仅是，还可能会包括对"原始的"直接性与社区的恢复。甚至，在直接模式中，它应该是制度，而不仅仅是恢复，因为它终将囊括对空前广阔的社会与跨文化范围的存取和延伸的转化性元素。

在这一点上，更多的是在先进的间接性传播模式中，社会主义不仅仅是对特别异化的人性能力的普通"恢复"，更加明确的是，社会主义还是一种新型的、非常复杂之传播能力与关系的必然制度。至此，社会主义首先是要生产新型的生产手段（新型力量与新型关系），在处理社会材料的中心位置，通过新型的生产手段，在传播与社区之间，更加先进、更加复杂地确立决定性的、富有成效的关系。

（本文选译自雷蒙·威廉斯《文化与唯物主义》）

美学和文论

现代性时代之美与全球化时代之美的不同类型

张　法①

摘　要： 在世界现代化的进程中，西方现代性之美以绘画上的焦点透视为基础建立起来，各艺术门类都有与之相通的特征。各非西方文化在进入现代化的进程中，一方面与之相同，另一方面又与之相异，显出了现代之美的多样性。世界进程在西方从现代进入后现代，体现为一种全球化时代的美，在西方体现为在现代美基础上的升级，这一全球化时代之美，在非西方世界，体现出与西方不同的特征。这样，现代性之美和全球化之美，都有了多样性的内容。

关键词： 现代性时代之美　全球化时代之美　西方和非西方的不同类型

　　自世界踏入现代性进程以来，世界之美大而言之，具有两种形态——现代性时代之美和全球化时代之美。这两种形态以西方为主要潮流而漫向全球，实际上产生了西方与非西方的类型差异，即现代性时代和全球化时代都有西方类型和非西方类型。从基本要点上呈现这四种类型，对于世界美学的理解是非常重要的。

　　① 作者简介：张法，四川大学文学与新闻学院教授、博士生导师，中华美学学会常务理事，审美文化研究会副会长，中国比较文学学会理事。

一、现代性时代之美的西方类型

　　西方文化在 14—18 世纪通过文艺复兴、科学革命、海外殖民、宗教改革、启蒙运动、工业革命等一系列复合运行，开启了世界的现代进程。现代进程在美学上的体现，首先是在绘画上的突破，依靠科学的透视法，确立一个最好的焦点，在二维平面上展现一个与现实一样的三维世界，并让这个三维世界在时间上停顿下来，把这一最佳的时点停顿中光的细腻效果呈现出来，把在现实中不可能停留的美呈现出来，并可以不断重复地看，这与科学实验室中看一个东西在现实中不可显示出来的秘密完全一样。通过这一新型绘画，西方的实体 - 区分思维（the thinking way of substance-definition）得到了美学上的最佳体现。在现代性的美的变革中，绘画正如达·芬奇讲的那样，成为艺术体系的最高门类和整个艺术的理论原点。以绘画为核心把雕塑和建筑放在一起，三门艺术一改在中世纪的低下地位，成为与心灵和创造紧密关联在一起的"心创艺术"（Arti del Disegno），再进一步，心创艺术扩大到音乐、戏剧、文学，形成了影响以后整个世界的"美的艺术"（法语 Beaux art，英语 Fine art，德语 Schöne Kunst）。艺术自此以后，是专门为美而产生出来的。与社会事物和自然事物中美只是其属性之一不同，艺术是完全的纯粹的艺术。美术馆、音乐厅、剧院、文学的阅读空间，共同构成了现代社会的美的专门标识。从柏拉图开始追求的与其他东西区别开来的专门的美，使人一看即知的美，文艺复兴后方得到纯粹的体现。由绘画开始的这一现代之美，在波特切利的《维拉斯的诞生》中维拉斯在海风中到来的那一时刻，在米开朗基罗的绘画《创世纪》中上帝的手指接触到亚当的手指的那一刹那，会产生强烈的震撼感受；在拉斐尔的《圣母像》彰显出来的温庄深厚的母爱中，在达·芬奇《蒙娜丽莎》那可感而又神秘的微笑中，会产生深邃的久远的感悟。这种新型的现代之美与以前之美的不同，只要把达·芬奇《最后的晚餐》（图 1A）与中国阎立本的《晋武帝》（图 1B）和印度细密画比贾普尔画派的《苏丹与侍臣》（图 1C）比较一下，可以看出是很明显的。在突出主要人物上，中国和印度都采取了直接把主要人物画得比其他人物大，而《最后的晚餐》则不是这样的，人物的比例必须按照现实人物群体真实尺度来画。在人物与背景的关系上，《晋武帝》中没有背景，《苏丹与侍臣》只有贴近之物，背景也是与无背景相同的褐色的高平地面，《最后的晚餐》则必须把整个室内按正确的焦点透视方式画出。在时间上，中国用的是让时间暂停的亮相方式，印度用的是显出停顿（人物）和显出不停顿（上中下的禽鸟）的统一，西方要凸显生活中本有的一瞬间的生动性。

A. 达芬奇《最后的晚餐》

B. 阎立本《晋武帝》　　C. 比贾普尔画派《苏丹与侍臣》

图1　中、西、印绘画比较

为了理解印度画作中的时间表现，可以参照康拉格画派的细密画《牧童歌》中那幅《克里希纳追求拉达》（图2）。画中把作为神的化身的克里希纳和人间美女拉达的神人之恋的四个关键时点——二人邂逅、最初婉拒、席地相拥、甜蜜交合，放进一幅画中，一个时点两人，四个时点八人，用大幅度的蛇形线布局展现时间过程。

图2 康拉格画派的《克里希纳追求拉达》

用这幅印度画中内蕴的时间观念去看《苏丹与侍臣》画中的时间表现，会有不同于中国和西方的另一种理解。总之，把文艺复兴的绘画以及这一画风在威尼斯和尼德兰展开，进而在全欧洲展开，形成了现代之美的主潮。焦点透视给西方绘画带来的新型的现代之美的基本原则，不仅在雕塑和建筑中，也在音乐、戏剧、文学中绽放盛开。且以音乐为例，在与产生焦点透视相同的现代思想的影响下，交响乐产生了。交响乐创造了最庞大的管弦乐队，包括木管组（长笛、短笛、双簧管、单簧管、大管、英国管、低音黑管、低音大管等）、铜管组（圆号、小号、长号、大号、短号、低音长号等）、打击乐组（定音鼓、排钟、铝板钟琴、钢片琴、木琴、小鼓、大鼓、三角铁、响板钹、铃鼓、锣、钢琴、竖琴等）、弦乐组（小提琴、中提琴、大提琴、低音提琴）。其人员配制一般都在一百人以上，多的达几百人。现代社会在西方的兴起，其标志是工业化，在交响乐的组织中，让人感到了一种工业化一般的专职分工、协同运作、科学管理、宏伟表现。交响曲作为大型的器乐套曲在形式上具有史诗般的宏伟、社会般的多样、心灵般的丰富、哲学般的深沉、现代性的昂扬与激情。近代哲学，特别是在德国，表现为一个个明晰辩证的思想体系，交响曲的四大乐章结构，快板、慢板、快板或稍快、终曲，同样明晰、辩证、丰富、昂扬、宏伟。作为近代思想代表的黑格尔哲学，其结构是正、反、合，其核心是矛盾对立统一。交响曲的第一乐章是三大部分——呈示部、展开部、再现部。呈示部一开始就是主部主题，然后是副部主题，这两个不在同一调性上的主题形成对比，构成以后音乐发展的基础。展开部通过转调、模进、分裂等多种手段展开呈示部的各主题。再现部是呈示部的重现。这不就是黑格尔哲学所想要反映和表现出的那种时代和文化精神吗？交响乐的配器、对位、和声完全可以使人感到油画的效果。这里特别需要从和声来讲。和声使人把乐音看作人声特点的独立单元，而且是相互依存并按照一定空间关系排列的多音组合，和声要求音符的编排既顾及时间顺序，又要考虑空间的相对距离。在这一意义上，可以说，和声本就是一个空间概念，它根据空间活动采取相应的空间形式。在交响乐中，以和声为主的整体音响给人带来的就是一种类似于大型油画的三维立体感和由这种立体感带来的细致的明暗变化，我们可以感受到绘画上的美的比例，多种乐器的配合，其旋律、节奏、节拍、速度、力度、音区、音色等的交织、变化、组合，我们可以感受到绘画中丰富细腻的色彩景象。这同样使我们想起前面画的西方模式图。音乐、绘画如此，其他艺术亦然。随着现代性进程扩展到全球，这样一种现代之美成为世界的普遍美学原则。

二、现代性时代之美的非西方类型

当完全体现实体－区分型思想的美成为世界美学的主流并影响全世界的时候，前前后后进入世界现代性的各个文化，其美学演进有所差异。在考察中国的现代性关联中，要把俄罗斯和日本放进视线内，俄罗斯尤为重要。在世界现代性进程中，最先与西方互动的是俄罗斯，从俄罗斯到苏联，苏俄学习西方，赶超西方，斗争西方，在 20 世纪的近一个世纪中，曾为一世之雄。但正因为很早就学步西方，在西方进行科学和哲学升级时又与西方争霸，从而苏俄之美是在西方近代之美的基础与本土需要的结合上发展，这使得苏俄之美成为实体－关联型（the pattern of substance-relation）之美。由于苏俄在世界上建立了与西方不同的霸权地位，又深深地影响了中国的现代美学进程。中国在 20 世纪的大半时间里，一方面由于自身的传统美学内容，另一方面主要受西方近代和苏联的影响，形成的是与苏联在本质上相同、在现象上有异的实体－关联型美学。与中国相比，印度的现代进程主要是在英国殖民的影响下形成。印度一方面受自身传统的影响，另一方面在西方进行科学和哲学升级时就紧跟西方美学，因此，形成了实体－是变型美学（the aesthetics of substance and bhū）。简而言之，中国和印度的现代美学转变成了实体美学，这是世界一体的大趋势，中国是实体上加上关联，印度是实体上加上是变，这与各自的传统有关。下面分别论之。

　　中国在 19 世纪后半时期进入世界现代进程，20 世纪上半期在美学上与西方、苏联、日本进行多方互动，产生了多种多样的美，以绘画为例，有以吴昌硕、黄宾虹、齐白石、潘天寿、傅抱石为代表的坚持传统中国画的画风，有以李铁夫、颜文樑、董希文、靳尚谊、杨飞云为代表的西方油画的画风，有以高剑父、林风眠、徐悲鸿、刘海粟、吴冠中为代表的融合中西而产生的多种多样的新画风，以及其他多种绘画新变。但不从现象上美的多样，而从最高的共同性上看，现代的中国之美是实体－关联型美学。一方面，尽管按传统中国画去画，必然要产生空间之虚，但现代中国人不把这虚看成是古代的宇宙气之流动之虚，而将之看成现代的科学性的实体中的空白。另一方面，尽管按西方油画去画，必然由焦点透视而产生区分的效果，但现代中国人把这一区分仅看成作画技术，而非绘画本质，油画本身是按画与社会、与历史、与政治有着内在本质关联去看的。绘画上是这样，其他艺术门类也是这样。因此，现代中国一旦完成了从古代世界观到现代世界观的转变，现代中国之美就在中国与世界的互动中，成为实体－关联之美。现代中国绘画是要表现一个相互关联着的实体世界。

　　印度在殖民时代于 19 世纪中叶的马德拉斯、加尔各答、孟买等地开办了西化型的艺术学校，学习和移植西方写实绘画，形成了以瓦尔马（Raja Ravi Varma，1848—1906）为代表的西画潮流①，影响深远，但 20 世纪初西方现代绘画兴起，这一新画风与印度传统美学有内在的契合，转成了对印度阿旃陀画风和细密画风的复兴，三者结合产生了以泰戈尔（Rabindranath Tagore，1861—1941）和罗伊（Jamini Roy，1887—1972）为代表的印度现代画风。最能代表印度把传统画风、西方古典画风、西方现代画风融为一

---

　　① 华佳编译：《印度画家维佳马瓦尔》，载《世界文化》，1994 年第 1 期。

体，并在这三个方面都有很好的表现和展开的是谢尔吉尔（Amrita Sher-Gil，1913—1941）[①]。随着西方现代画风在西方的风起云涌，印度民众的回应更是热烈。然而，如果说，在瓦尔马型画风的持久不衰中，呈现的是西方实体世界在印度的胜利，那么，在泰戈尔、罗伊、谢尔吉尔的画风中，有着印度的是变一体的传统内容，但幻与空的本质，已经有了现代性的转换，进入实体－是变的新的组合之中。进一步讲，瓦尔马型的画风也内蕴着是变之味，泰戈尔型的画风内嵌着实体的意涵。整个印度画作的风格在印度与西方的互动中，形成了一种具有现代性的实体－是变之美。画如此，其他艺术门类亦然，这不但从与时俱进的印度现代文学中表现出来，也从一直风靡不衰的宝莱坞电影中彰显出来。

A. 瓦尔马的画两幅　　　　　　　B. 泰戈尔的画

C. 罗伊的画　　　　　　D. 谢尔吉尔的画两幅

图 3　印度现代型绘画

---

① 王镛：《诗人泰戈尔：印度现代画的先驱》，载《名作欣赏》，1992 年第 5 期；郭牧：《耀眼的明星，永恒的艺术：印度女画家阿姆里塔·谢吉尔作品赏析》，载《名作欣赏》。

简而言之，自文艺复兴产生的世界的现代之美，就西方来讲，是古希腊以来的实体－区分型之美的完全落实和最高风光，在中国扩展和转变成实体－关联型的现代之美，在印度扩展和转变成实体－是变型的现代之美。

三、全球化时代的美

如果说，现代性时代是世界一体化的开始，从物质上讲，机器把分散的世界史变成了统一的世界史，那么，全球化时代则是世界一体化的完成，从物质上讲，电器把统一的世界提升到一个新的高度。电器的演进从美学上看是一个不断离开古典美学标准又不断扩大古典美学标准，而且不断变化和升级古典美学标准的进程。西方自现代性以来的演进可以分为三个阶段，从文艺复兴到 19 世纪末 20 世纪初，世界被西方列强瓜分完毕，是现代性中的近代（the early modern）。19 世纪末到 20 世纪初，电器的出现和科学、哲学的升级，印象派的产生和后印象派的转变，开启了形形色色的现代艺术，到 20 世纪 50—60 年代，电视及其在全球的普及，是现代性中的现代（the modern）。从电视的产生到 20 世纪 90 年代电脑的普及和 21 世纪初手机的普及，是现代性中的后现代（the post modern），后现代时代就是以电视、电脑、手机为标志，以信息流动加速为代表的资本流动、科技思想游动、人员流动和旅游流动的全球化时代。后现代与全球化的一体，既表明了全球化与现代性之间的连续，又彰显了全球化乃一世界历史的新特质。从现代性向全球化的升级，由电器发展到一定阶段而完成，而且由新型的电器即电视、电脑、手机来表征，因此，全球化时代的美，是一种由电器引领的美，是一种电型之美。从美学上看电型之美的演进，摄影和电话是新型之美的第一次启动，电影和广播是电型之美达到一个质点而形成的雏形，到电视以及相关联的录像的出现，是电型之美的本质性的提升，宣告了全球化之美的到来，由电视演进到电脑和手机，是全球化之美的完成。电型之美既是新型之美的产生，又对以往的全部之美进行了新型的统合，各种各样的美，都可以而且渴望在电型之美中出现，从而使电型之美成为艺术门类之美的核心。

电型之美在摄影和电话中产生，电话把通话的两人从有距离的空间变为无距离的共在，同时以一种工艺器物作为室内的时尚装饰，预示了工业设计向美学的演进。以前要用较长时间方能完成一幅油画，自摄影技术出现，一按快门再加上冲洗就完成了。在一定的意义上，摄影的产生促使了西方绘画从写实油画向印象派转变。绘画地点相对固定，摄影却可以灵活地到处移动。电影的产生让油画般的静态摄影活动起来，把绘画的可视、文学的叙事与人声和音乐的音响合为一种新型的综合艺术。电影不但是艺术，还是一种文化工业，首先要求赢利。电影之前的美的艺术的超功利原则遭到电影的挑战，全面些说，电影挑战、扩展、改变着以前的美学原则。电影还改变了人们关于真实的原则，于不同时空拍摄的东西，在电影制作中被剪辑成一个同时性的场景。电影把绘画和摄影空间静态扩展为连续性时间动态，但又让观众在电影院的固定空间里静静地观看，保持住了西方思想中的实体区分型观念。与电影的固定性不同，广播却具有顷刻传遍全球的功能，广播不仅是播放作为艺术的音乐、文学、广播剧，而且可播放社会的一切方面，新闻、政治、科技、文化、体育、生活，都被汇集成一体，人们由此自然从广播的这一综合性，想到艺术与社会各方面的统一性。以前的美学原则被重新思考。电视在综合性和时空性上与广播相同，但电视以视觉为主，给观众带来如身临其境的感受，远距离的同在性通过电视得到了质的提升。特别是重大事件的现场直播，使人具有全球一体的崭新感受。在艺术上，电视剧作为电影的扩展，有两个方面的特点，一是电影院的观看是空间固定和观态规定的，电视剧观看则相对自由，可边做事边看，可离开一小会再看，还可以回放。二是影院观看电影是被动的，进入影院选定影片后除非中断，否则不能更改。看电视却可以自主换台，观众是遥控器的掌握者。观者的主动性的提升使观者与作品的关系发生了本质性的变动，而这一变化是电视的特质带来的。电脑、互联网和手机的出现，使电视的新功能有了更高层级的提升，体现在四个方面：一是全球一体化的全面性和即时性；二是全球一体化的即时共在性；三是电视观众的互动性和参与性；四是新的综合性。从广度上讲，世界的一切都可以进入电脑和手机之中；从艺术上讲，一切艺术门类，包括文字性的文学和表演性的综艺，都可以进入电脑和手机之中，并由之呈现出来。这样以电视、电脑、手机为代表的电型文化，由于综合了各类艺术，而且包括各种现实中的审美活动——艺术型会展：艺术展、电影节、戏剧节、音乐节，生活型会展：服装、香水、书展、饮食等主题博览会；大商场分区分片的柜台展和橱窗展；步行街的建筑展……从而让人们从电型艺术的角度去思考艺术之美的统一性；由于艺术与世界的一切都可以在电脑和手机中呈现，从而让人们从电型艺术的角度去思考艺术之美与世界各领域之间的关系；由于电脑和手机的联通是全球无距离的，人们由此便于从全球一体的角度去思考艺术和美学的性质。从电脑和手机去看艺术之美，电器本身的性质虽然来自西方古典的实体区分型思维，却远离了实体区分型思维，而是与西方科学和哲学升级后的新思想相一致。电型艺术本就是在与科学和哲学的关联和互动中产生和发展的。因此，从西方科学和哲学的升级，可以更深刻地体会由电型艺术所带来和带动的全球化时代之美。

从科学和哲学的升级来讲，以牛顿为代表的近代物理学建立在四大要项之上：时间、空间、物质、能量。近代科学把这四项用机器的方式组合起来，由机器引发社会的全面变动，开始了现代性的扩张和世界一体化的运行。以爱因斯坦为代表的现代物理学，用光把牛顿的四项统一了起来，把时间和空间统一为时空合一体，把物质和能量统一成质能等效体。这一物理学的升级，改变了西方的实体区分型世界。从古希腊到近代科学，都认为原子是不可再分的实体。现代科学发现，原子之下还有粒子。重要的是，这从根本上改变了原子的性质，以及以原子为基础的整个科学和世界的性质。从中、西、印思想的比较上看，主要体现为两点。第一，粒子是质能一体的存在。质量和能量的等价和互转，粒子可以不以实体的物质形态存在，而以虚体的能量形式存在。在粒子那里，实体即虚体，粒子是虚实合一之体，而且主要以能量的虚体形态存在，这与中国文化之物由虚实两部分组成而虚更为根本的观念相契合。第二，粒子是静态的空间性和动态的时间的合一。粒子作为实的物质形态有空间性，作为虚的能量形态是时间性的，在两种形态中，能量更为根本，正是虚体的能量之动，也即时间之流动决定了粒子的存在，这与印度思想的动的时间决定实的物体的性质的观念相一致。按照相对论，物质就是能量，等于空间就是时间，物质（空间）即能量（时间）。因此，时空非分离之体，乃合一之体。物质、能量、时间、空间的合一，用现代物理学的术语来讲，就是 field（场），西方古典哲学作为统一性的实体之有（being）在现代物理学变为了虚的功能性的场（field），物质－能量－时间－空间合一的量子场论，不仅是西方思想新形态的基础，而且既通于中国的虚实关联思想，又契于印度的是－变－幻－空思想。

粒子的质能时空一体是从微观上讲，从宏观上看，宇宙从 150 亿年前爆炸开始膨胀，按时间演进，从结构上讲是一种虚实结构，各星球为实，黑洞为已知之虚，暗物质和暗能量为未知之虚。先讲黑洞。当一颗恒星走向衰老，其热核反应已经耗尽了中心的燃料（氢），由中心产生的能量已经不多，再没有足够的力量来承担起外壳巨大的重量。在外壳的重压之下，核心开始坍缩，直至形成体积无限小、密度无限大的星体，其质量极大而体积极小，使得光都无法从中逃逸，从而对于外界的观察者来说，是完全看不见的，只有从其引力中才能辨出它们的存在。对于观察者来说，这些天体黑洞确实存在而又完全看不见，虽实而虚，正如微观世界里测不准的量子区。再讲暗物质和暗能量。瑞士科学家扎维奇（Fritz Zwicky）20 世纪 30 年代初发现了星系团中星系的随机运动速度相当快。根据位力定理，随机运动的动能应等于势能的一半，这说明星系团的引力势能相当强，但是根据观测到的其中星系的亮度推测星系团的质量，引力势能似乎不应该这么高，这说明星系团中存在着大量未被观测到的物质。60 多年之后，科学家把这种看不见、难解释且不同于人们所熟知的普通物质形态的物质，称为"暗物质"。20 世纪 90 年代末，科学家发现，超新星的变化显示，宇宙膨胀速度非但没有在自身重力下变慢反而变得更快，明显，这里存在一种人类还不了解、还未认识到的继目前物质的固态、液态、气态、场态之后另一种物质状态的物质控制，这就是上面讲的暗物质。正是在这种暗物质的推动下，宇宙的膨胀变快了。这种暗物质发出的能量，由于不可见而被称为暗能量。现代天文学通过引力透镜、宇宙中大尺度结构形成、微波背景辐射等研究表明：我们目前所认知的部分大概只占宇宙的 4%，暗物质占了宇宙的23%，还有 73% 是一种导致宇宙加速膨胀的暗能量。这样在物理世界中，一是可以定位的由原子、脱氧核糖核酸、细菌、昆虫、植物、人类、树、流星、小行星、恒星、星系等构成的物体区，二是宏观世界的黑洞区和微观世界的量子区以及由暗物质和暗能量形成的广大区域，但这实与虚两个部分又是一个整体，按照质能时空一体的原则，以空间方式去看中国思想特别强调的虚实相生，和以时间方式去看印度思想特别强调的色空不二，都与之有所契合。

四、全球化时代之美的非西方类型

把现代科学思想与中国、印度思想的契合转到美学上来，当西方的科学和哲学思想开始升级之时，西方艺术开始了从古典向现代的转型，这一艺术的转型是与科学和哲学的转型既暗相关联又明显互动。这一艺术转型影响到世界各类文化的艺术转型。在印度，前面讲了，这种转型从泰戈尔和罗伊始就开始出现，随着西方艺术从现代到后现代的升级，印度艺术更是惟恐落后。以绘画为例，在西方出现的各类现代和后现代艺术，在印度都可以发现似曾相识的对应作品，纳亚南（Akkitham Narayanan，1939—　）的《A Print from Saundarya Lahiri》（1974，图4A），虽然图形上有印度特色，但与西方的抽象画异曲同工。辛格（Arpita Singh，1937—　）的《儿童、新娘与天鹅》（1985，图4B）有些像米罗的作品，巴哈特莎雅（Chandrima Bhattacharyya，1963—　）《三层》（1990，图4C）有埃舍尔画的影子，卡欧（Arpana Caur，1954—　）的《两者之间》（1997，图4D）虽在形象上有印度特色，但在画法上是西方现代派的。达什古普塔（Jahar Dasgupta，1942—　）的《鸭鸭夫人》（2002，图4E）与卢梭的原始画相暗通。

A   B

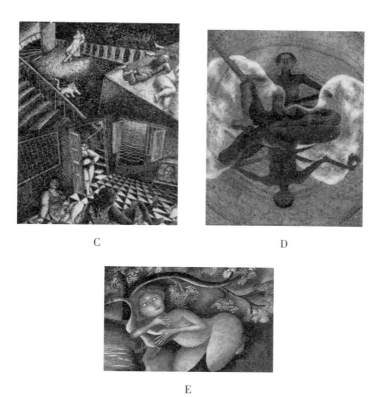

C   D

E

图4　印度的现代画

　　中国的现代画虽然出现于民国时期，如从吴大羽、庞熏琹、方干民等的画中彰显出来的，以及林风眠、常玉、潘玉良的画所表现的，但主要是在 20 世纪 80 年代以后才开始形成大潮，从王克平、黄锐、马德生等开始，到张晓刚、王广义，毛旭辉、谷文达、叶永青、张培力、耿建翌等，构成大潮，自此以后，从 20 世纪 90 年代到 21 世纪，皆为中国画坛的大潮之一。中国的现代派绘画与印度的现代派绘画一样，与西方的同类画都基本相似。这一面貌上的基本相似，与西方的科学、哲学升级之后，与中国的虚实－关联型思想和印度的是－变－幻－空型思想的相似，在深层结构上，是一种异质同构。在表层现象上，中国现代派画和印度现代派画与西方现代派以来的绘画一样，都含有对现存社会和大众文化的批判内容，同时又内蕴着对艺术真理本身的先锋追求。而这三方面的内容，本身又镶嵌在全球化时代的多元多面互动以及现在、过去、未来的往来穿越的整体之中，特别复杂、极为丰富，却又以浅浅深深、平平奥奥的多样面相呈现出来。

环望而今的全球的美和艺术，如此丰富又如此迷芒，一方面人类取得了巨大的成就，另一方面，人类目前所认知的宇宙，大概只占宇宙的4%，未知的暗物质占宇宙的23%，暗能量占73%，人类的所知如此之少。人处在一种巨大的已知和巨大的未知所形成的巨大的张力之中，与宇宙整体相连的人类之美会怎样演进？

面对如此的难题，不知人们是否会想到，当西方哲学诞生之际，苏格拉底在一片迷茫中说了一句最有信心的话：我唯一所知的，是我一无所知。不知人们是否会想到，当中国古代社会在唐宋面临巨大转型之时，两位诗人在巨大的困惑中发出了欲知天道的感叹。宋人张元幹说"天意从来高难问"（《贺新郎·送胡邦衡待制赴新州》），唐人李贺说"天若有情天亦老"（《金铜仙人辞汉歌》）。不知人们是否会想到，当泰戈尔面对印度思想在西方思想的冲击下进行现代转型之时吟唱的诗句：

> 我的语言无关紧要，然而，
> 当我的作品因深刻意蕴而沉淀下来时，
> 它们却能够踏着岁月的浮波
> 舞蹈翱翔。（《流萤集》6）

> 长着轻薄纱翼的心之虫蛾，
> 在落日流金的翠碧中
> 曼舞着惆怅。（《流萤集》7）

冷、热亚媒介空间与平等审美权利的文化逻辑
——鲍伊斯·格罗伊斯的文艺理论研究

何燕李①

摘　要：格罗伊斯通过三个关键词——冷媒介、热媒介和亚媒介空间，从三个层面开启了媒介文化研究的新视角。其一，通过揣测和揭示冷媒介的亚媒介空间，可以敞露那些长期被遮蔽的文学、艺术符号和文本。其二，热媒介如互联网使得人人都是艺术家和作家的大众文化实践成为可能。这种大众实践具有两大特点：一方面它并未真正解放文化书写，因为互联网的亚媒介空间受制于大型信息交流技术的硬件和相应的共产化软件，另一方面它通过艺术减法隐秘地保存了文学、艺术之所以成为文学、艺术的文学性和艺术性。其三，冷、热媒介表层空间和亚媒介空间的文化符号、形象和文本都应该拥有平等的审美权利。

关键词：鲍伊斯·格罗伊斯　冷媒介　热媒介　亚媒介空间　平等审美权利

作为当代西方文艺理论家和社会理论家的新生代领军人物之一，鲍里斯·格罗伊斯（Boris Groys）曾先后受聘于众多世界知名学府和机构，如国

---

① 作者简介：何燕李，四川大学文学与新闻学院讲师，研究方向为文艺学、世界文学、电影理论。

际艺术批评家协会（AICAO）、哈佛大学、加州大学、纽约大学、维也纳国际文化研究中心等，其学术贡献尤其是俄国和斯拉夫研究的成果饮誉全球，2012年被纽约大学聘为"全球俄国和斯拉夫研究杰出教授"。1992以来众多涉及俄国或苏联文学与艺术领域的研究都会提及格罗伊斯，截至2015年，仅在JSTOR（Journal STORage）数据库上有关格罗伊斯的期刊论文就约700条。与此同时，格罗伊斯还是策展人和文化批评家，尤其是在博物馆理论和媒介理论方面具有独树一帜的观点，国内学界先后翻译了其三本相关著作：《走向公众》（苏伟、李同良等译，2012）、《揣测与媒介：媒介现象学》（张芸、刘振英译，2014）、《论新：文化档案库与世俗世界之间的价值交换》（潘律译，2018）。然而，就格氏媒介理论研究而言，国内外学界的相关研究都还局限于零星的译介层面，未对其进行深入系统的分析，从而也就未能挖掘出相关丰富的文化理论阐释力。为此，此文旨在把格罗伊斯的媒介理论放置在整个格氏文艺理论语境中，进而探讨格罗伊斯的媒介理论和文艺理论之间的内在关联与特征。

一、媒介现象学的三个关键词：冷媒介、热媒介和亚媒介空间

格罗伊斯的媒介理论涉及三个关键词。前两个是冷媒介和热媒介。格罗伊斯在继承和发展麦克卢汉的冷、热媒介观的基础上指出冷媒介和热媒介的区别。就冷媒介而言，格罗伊斯指出两个层面的含义。其一，"以时间为基础的艺术如其在展会空间里被展示的那样是一个冷媒介"；其二，"以时间为基础的艺术的展览空间是冷媒介，因为它使得针对个体展品的关注变得不再必要，甚至不再可能"[①]。就热媒介而言，格罗伊斯扩展了麦克卢汉的观点："麦克卢汉指出，热媒介导致社会的分裂：当你阅读一本书的时候是独身一人而且聚精会神"，同时"麦克卢汉认为只有电子媒介，如电视能够克服个体观者的隔离"。然而，"麦克卢汉的这种分析不适用于当下最为重要的电子媒介——互联网，乍看起来，互联网是冷媒介"，但是"坐在电脑前和使用互联网的时候，你也是孤身一人，并且是超高度的聚精会

---

① Boris Groys. *Going Public*. New York：Sternberg Press，2010，p. 100.

神"。因此，即使"互联网是参与性的媒介，这种参与性与文学空间所需要的参与性是一样的"。换言之，互联网是热媒介，其他的热媒介还有"文本、音乐、单体影像"①。

第三个是亚媒介空间。何谓"亚媒介空间"（submedial space）？格罗伊斯并未给予明确的定义，但是阐述了三个相关特征：第一，亚媒介空间区别于表层档案空间②；第二，亚媒介空间区别于世俗空间；第三，亚媒介空间是一个让观察者既猜疑、向往又害怕，同时又获得启发的空间。格罗伊斯指出，档案空间具有"两个不同的外表范围"，其一是"所有世俗之物的符号，即未进入档案保存的符号"③，其二是"档案的承载体——具有复杂的等级结构的符号承载体在不同层面承载着档案的符号"④。为此，表层档案空间的背后可以"揣测到一种暗中的、亚媒介空间，在这个空间中，符号承载体以降级序列引向一个幽暗不透明的深处"。这个幽暗的空间就是亚媒介空间，这个空间是"构成档案的另外一部分"，不同于"档案之外的世俗空间"，因为正是亚媒介空间孕育了"新事物经济的语境所讨论的话题"⑤。与此同时，档案空间与观察者之间的关系也不同于世俗空间。因为"世俗的空间直接敞露在观察者的眼前"，然而"观察者与亚媒介的承载空间的关系从本质上来看，只能是一种揣测的关系，即一种注定的较为偏执的关系"。因为档案空间中的符号承载体是"一直隐匿在被其承载的符号后

---

① Boris Groys. *Going Public*. New York：Sternberg Press，2010，p. 100.

② 这里所言的"档案"是一个宽泛的概念，张芸和刘振英在其翻译的《揣测与媒介》前言部分的注释中指出格罗伊斯所言的"档案"（archiv）是"泛指一切保留文化记忆的机构和设施，如文献馆、各类博物馆、图书馆、纪念馆、美术馆、艺术馆、资料馆、影音库等"。此文部分赞同这种观点，因为格罗伊斯有时候所言的"档案"又是指文化存储机构的作品，而不是储藏作品的机构和设施。因此，为了避免争议，此文选择用"档案空间"指涉"保留文化记忆的机构和设施"，用"档案"指涉档案空间存储的文化作品。

③ 格罗伊斯：《揣测与媒介：媒介现象学》，张芸、刘振英译，南京：南京大学出版社，2014 年版，第 9 页。

④ 格罗伊斯：《揣测与媒介：媒介现象学》，张芸、刘振英译，南京：南京大学出版社，2014 年版，第 9－10 页。

⑤ 格罗伊斯：《揣测与媒介：媒介现象学》，张芸、刘振英译，南京：南京大学出版社，2014 年版，第 10 页。

面，在本质上不为观察者的目光所及"，所以"观察者仅仅看到档案媒介的符号表面，因而只能猜测隐藏在其后面的媒介载体"①。在此基础上，格罗伊斯总结了媒介的本质，即正是亚媒介空间的存在，促使"观测者会产生一种愿望，去了解在媒介符号表面背后的'真相'里到底藏匿了些什么——这实际上就是媒介理论的、本体论的、形而上的愿望"②。

由此可见，"媒介本体论探讨的是一个空隙、一处留白的、覆盖着整个媒介表面符号层上的间歇，探究的是揭开面具，揭露、挖掘媒介表面"③。那么如何才能借揭露媒介表面的面具，从而挖掘亚媒介空间隐藏的真诚信息？格罗伊斯的答案是：揣测，因为媒介的真相是"每个符号都标记着某事物并指向某事物"，但"每个符号同时又隐藏了一些东西，而且并非如人们通常宣称的缺失的是符号所标记的事物，而缺失的是占据着符号媒介表面的简简单单的一部分"④。换言之，"在公众档案和媒体的符号表面的背后有所操纵、密谋和阴谋"，所以观察者总是希望"那个幽暗的、隐藏的亚媒介空间什么时候会暴露、泄密、公开出来"⑤。在此基础上，格罗伊斯重新阐释了西方现代派的贡献：

> 在传统上西方现代派被描述为一个揣测怀疑的时代的代表，它颠覆了所有旧的价值、传统和其他的特性——正因此人们一再试图使旧的价值免遭揣测，并且赋予这些价值以"坚实的基础"。但现代派的时代并非偶然地成为了一个典型的存储档案的时代。如果说现代派一方面将所有旧基础摧毁了，因为它们一概被证明为是过于有限的、不稳定的、极脆弱的，因而现代派在另一方面给予了文化价值一个安稳得

---

① 格罗伊斯：《揣测与媒介：媒介现象学》，张芸、刘振英译，南京：南京大学出版社，2014年版，第10页。

② 格罗伊斯：《揣测与媒介：媒介现象学》，张芸、刘振英译，南京：南京大学出版社，2014年版，第10页。

③ 格罗伊斯：《揣测与媒介：媒介现象学》，张芸、刘振英译，南京：南京大学出版社，2014年版，第12页。

④ 格罗伊斯：《揣测与媒介：媒介现象学》，张芸、刘振英译，南京：南京大学出版社，2014年版，第12页。

⑤ 格罗伊斯：《揣测与媒介：媒介现象学》，张芸、刘振英译，南京：南京大学出版社，2014年版，第11页。

多的基础——揣测本身。揣测是永远无法被摧毁、消除或者颠覆的，因为揣测对观察媒介表面是构建性的：所有展示的物件自然而然显得可疑、值得揣测，而揣测在使人猜测，在所有可见之物背后隐匿着不可见之物，且不可见之物作为可见之物的媒介的时候，揣测自身就具备了承载的能力。揣测不断地将旧符号改写到新媒介上——正因如此，它成为所有媒介中的媒介。①

为此，需要追问：谁在主宰表面的档案空间？因为"观察者总是受制于摆在他眼前让他看到的东西"，即"看"本身是"受制于展示的"②，所以观察者看不到未展示在档案空间的事物。那么面临的问题就是：档案空间由谁在展示，展示的是什么？要回答这个问题就既需要分析表层档案空间的操作者，也需要通过揣测去探究相应亚媒介空间隐藏的媒介真相。就此而言，档案空间是一个主体性空间。这种主体性覆盖了所有类型的媒介载体，因为初级媒介载体如书本、亚麻画布、电视机或者计算机等需要被归到其他更加复杂的媒介载体诸如画廊、图书馆、电视台或者是计算机网络中去，而"博物馆、图书馆或者计算机网络又被纳入不同机构的、经济的和政治的相互关系之中，这些相互关系共同决定着它们的运转"，即"决定着符号的选择、存储、运行、传输或者交换"③。与此同时，作为"符号载体的个人以及更大人群，例如民族、阶级、群体、文化等属于媒介载体的级次，他们自身也与复杂的经济、政治等包括生物、化学和物理过程在内的社会运转过程融为一体"。因为"人、社会、国家与其他符号载体一样也是由质子、电子和基础粒子组成的"，所以"媒介载体构成了复杂的级次和相互连接的结构"，即构成了"一个巨大的、塞得满满的亚媒介空间"。④

---

① 格罗伊斯：《揣测与媒介：媒介现象学》，张芸、刘振英译，南京：南京大学出版社，2014 年版，第 13 页。
② 格罗伊斯：《揣测与媒介：媒介现象学》，张芸、刘振英译，南京：南京大学出版社，2014 年版，第 16 页。
③ 格罗伊斯：《揣测与媒介：媒介现象学》，张芸、刘振英译，南京：南京大学出版社，2014 年版，第 28 页。
④ 格罗伊斯：《揣测与媒介：媒介现象学》，张芸、刘振英译，南京：南京大学出版社，2014 年版，第 28 页。

二、冷媒介的亚媒介空间与相应的解构和重构策略

亚媒介空间及其结构都是很隐蔽的，因为"只要人们集中于对媒介表面的观察，就无法看明白这个空间的结构"。然而，也正是这种隐蔽性，促使观察者揣测"在亚媒介空间的隐藏下躲着一个暗中的操纵者"，这个操纵者"借助于不同媒介载体的和媒介渠道的机制在媒介表面制造出一个符号层来，其作用只有一个，就是继续掩护这位操纵者"①。由此可见，实际上"亚媒介空间是一个最典型的主体性空间"②。当然，格罗伊斯并未明确指出这种主体性所涵盖的两个向度，即操纵者的主体性和观察者的主体性，因为两种主体性均具有隐蔽性，而且这种隐蔽性是无法调和的，因为亚媒介空间本身具有不可见性。为此，想要了解格罗伊斯所言的亚媒介空间的主体性，较为有效的方法是选择相对可见的媒介，如博物馆、图书馆等视觉性比较强的冷媒介，从而不仅能在一定程度上将冷媒介的亚媒介空间视觉化，还能从整体上把握格罗伊斯的文艺理论。就博物馆而言，格罗伊斯指出博物馆学面临的无法解决的问题就是主体性问题，并以苏联解体和原苏联新生国的博物馆的发展指出现代主体性已经发生了翻天覆地的变化，而这种变化对博物馆学提出了新的挑战：

> 在新的情况下，博物馆学面临新的问题，即一个现代主体如何能够在主体已经不再有固定的身份，并向异域、差异和创新开放的新博物馆语境中声明自我？因为正如我先前提到的（现代博物馆深陷的）悖论就在于收藏主体被期望保持不可见性。③

要解决这个难题，就需要追问前现代的博物馆与国家、个人和藏品的

---

① 格罗伊斯：《揣测与媒介：媒介现象学》，张芸、刘振英译，南京：南京大学出版社，2014 年版，第 30 页。

② 格罗伊斯：《揣测与媒介：媒介现象学》，张芸、刘振英译，南京：南京大学出版社，2014 年版，第 15 页。

③ Boris Groys. "The Role of the Museum when the National State Breaks Up", *ICOM News*, 1995, Vol. 48（4）, p. 104.

文化身份有什么差异，也就是格罗伊斯提出的一系列问题：

> 当我们在谈论文化身份，包括国家身份时，我们所指的是收藏者的身份，还是被收藏的文化形式的身份？
>
> 两者的区别是至关重要的。卢浮宫的文化身份是什么？英国博物馆，以及随后所有其他现代博物馆的文化身份是什么？这些博物馆展示的是收藏者的主体性和文化身份吗，也就是说如法国和英国在特定历史时期的国家身份，还是说这些博物馆提供的是一种客观的、中立的、历史全景的文化身份？在后一种情况下，面临的悖论是那个真正的收藏者没有了自己的身份。这也就是为何作为现代历史主义之父的黑格尔，把博物馆的角色视为一种历史意识，但是这种意识折射的历史并非历史的一部分，同时历史在历史中也没有特定的身份。这种黑格尔式的一个策展人的藏品的绝对精神观，至今依旧存在于现代大众媒体的普世的视角博物馆观念之中。因此，面对作为一种机制的博物馆，我们不得不叩问自己真正想要的是什么，是成为一个收藏者还是一个被收藏者？是成为一个策展人还是一种展览？换言之，我们是想建构身份，还是仅仅只是接受别人已经为我们建构好的现成品身份。①

关于博物馆与国家身份之间的关系，格罗伊斯在《艺术、技术和人文主义》一文中指出法国大革命对博物馆发展的影响："实际上，是法国大革命把教会和早期使用的东西变成了艺术品，即变成了博物馆展出的物品，也就是只限于被看的对象。"② 究其根源，主要在于法国大革命孕育了第一个现代意义上的公共博物馆。大革命摧毁了一些象征着权贵阶层政权的艺术品，因为"推翻旧政权的大革命领导意识到国家艺术品是属于新社会的所有人的"③。因此，1792 年 5 月 27 日，法国国民议会宣布"国王的艺术

---

① Boris Groys. "The Role of the Museum when the National State Breaks Up", *ICOM News*, 1995, Vol. 48（4），p. 99.

② 格罗伊斯《艺术、技术和人文主义》，陈荣钢译，载《上海艺术评论》，2018年第 2 期，第 76 页。

③ Edward P. Alexander and Mary Alexander. *Museums in Motion: An Introduction to the History and Functions of Museums*. Plymouth: Altamira Press, 2007, p. 33.

藏品国有化，并声明卢浮宫公有化"①。1793 年 8 月 10 日，卢浮宫作为一座
"致力于爱和艺术研究的殿堂"，正式向公众开放，成为第一个现代公共博
物馆（国家艺术博物馆）。开放周期"为 10 天，其中 5 天是专门针对艺术
家和临摹者开放，2 天用来清洁藏品，剩余 3 天时间则向公众开放"②。1796
年 5 月，卢浮宫停止对外开放，进入整修、维护期。1800 年，拿破仑首次
参观卢浮宫。1801 年 7 月 14 日，卢浮宫再次向公众全面开放。1803 年，卢
浮宫更名为"拿破仑博物馆"，并一直延至拿破仑政权垮台。然而，客观而
言，法国大革命是一把双刃剑，一方面极大地促成了欧洲博物馆的发展，
另一方面又孕育了博物馆怀疑论，尤其是大革命所到之处对各国艺术品的
毁坏。首先，革命者首先以捣毁权贵阶层的权力、专政象征为由，不同程
度地损毁一些古老的艺术品和建筑物，在他们的所到之处，很多被定义为
封建专制的艺术品和建筑物均无一幸免。其次，革命者以保护藏品为由，
掠走大批珍贵、稀有的艺术品。为了顺利完成这些任务，拿破仑还专门成
立了一个强行征集委员会，委员会的成员非常庞大，包括画家、雕塑家、
考古学家、数学家、化学家、植物学家、法兰西学院的成员、博物馆管理
员、艺术学教授和排字工人等。强行征集委员会的成员一般都随军出征，
为军队掠夺艺术品的行为做分析、建议、记录、研究和解释。例如，1794
年大革命者占领比利时时，军队"从安特卫普、布鲁塞尔等城市强行征集
了数以千计的艺术杰作"。作为强行征集委员会之一的激进艺术家吕克·巴
尔耶比就为这一掠夺行为进行了美化辩护："之所以要挪走布鲁塞尔、凡·
戴克和其他佛兰德斯艺术流派大师的不朽杰作，是因为只有自由的人民才
有资格保管这些大师的作品，而那些被奴役的人民不配享有这些大师的荣
耀"。1796—1797 年，拿破仑攻打意大利时就带领了很多强行征集委员会的
成员，他对这些成员及其军队的指示是："意大利全境凡是具有艺术价值和
科学价值的物品，都可以自由挪走，为法国所有"，这些物品包括"书籍、

---

① Carol Duncan. *Civilizing Rituals：Inside Public Art Museums*. New York：Routledge，
1995，p. 22.

② Edward P. Alexander and Mary Alexander. *Museums in Motion：An Introduction to
the History and Functions of Museums*. Plymouth：Altamira Press，2007，p. 33.

绘画、科学仪器、铅字模具、野生动物、自然界的珍奇异物"①，以及雕塑、石碑、青铜器、黄金和白银器具、饰品等。再者，拿破仑针对那些无法挪移的艺术品构想了在战争所到之处就地设立博物馆。为此，拿破仑聘用当时已经年过半百的多米尼克·维旺·德农（Dominique Vivant-Denon）作为他最资深的艺术顾问，他们一起为"法国及其征服的卫星国共同设计了一套全面的博物馆蓝图"，即"建立一个统一的法国博物馆系统，并且在其他地方建立分管"。②

当大革命者追溯拿破仑沉浸在浩浩荡荡的艺术品掠夺和博物馆蓝图梦想中时，法国内部却出现了第一个公开指责拿破仑行为的学者——德·昆西（Antoine-Chrysostome Quatremère de Quincy）。1796 年，昆西出版了一本书信体小册子，全书包括《给米兰达的信，关于挪移意大利艺术纪念碑》（*Letters to Miranda on the Displacement of Italian Artistic Monuments*）、《给米兰达和卡诺瓦的信，关于从罗马和雅典诱拐古物》（*Letters to Miranda and Canova on the Abduction of Antiquities from Rome and Athens*）等 7 封信件。这些信件从不同视角谈及艺术掠夺行为的不合理性，尤其是从意大利转移艺术杰作对艺术和科学造成的损害，而 1803 年和 1815 年作品在罗马再版时，昆西明确表示反对掠夺意大利艺术品。由于先后目睹或耳闻了大革命军队在所到之处挪走其他国家的艺术品和手工艺品，如 1795 年拿破仑在吞并比利时之后，征用了佛兰德的绘画，1796 年在战胜意大利后运回了意大利的艺术，而 1789 年在打败埃及之后也掠走很多埃及的古老艺术藏品。昆西试图以其书信小册子引起人们对艺术掠夺行为的后果的关注，即"把艺术品挪移原地，并运往其他陌生地方，将造成文化损毁的警醒式关注"，因为博物馆蓝图"不是在保护艺术或文化，而是在把文化从其真实的语境和活生生的历史中抽离出来"。③ 为此，尽管法国革命者在 1798 年已谱就了这样的

---

① Edward P. Alexander and Mary Alexander. *Museums in Motion：An Introduction to the History and Functions of Museums*. Plymouth：Altamira Press，2007，p. 33.

② Edward P. Alexander and Mary Alexander. *Museums in Motion：An Introduction to the History and Functions of Museums*. Plymouth：Altamira Press，2007，pp. 35 – 36.

③ Didier Maleuvre. *Museum Memories：History，Technology，Art*. California：Stanford University Press，1999，pp. 15 – 16.

一首歌，以"赞美意大利艺术杰作抵达巴黎的情形"——"罗马不再在罗马，它已完全在巴黎"①。然而，"即使拿破仑及其革命者和强行征集委员会成员搬走了所有文艺复兴、巴洛克风格的艺术品，却也无法把巴黎变成第二个罗马或意大利"②。昆西的理论捍卫了博物馆存在的意义，以及博物馆与藏品之间的国家和文化身份关系。格罗伊斯在《论新》一文中也指出了类似的观点以捍卫博物馆存在的必要性：

> 在现代主义时期有一个根深蒂固的传统，即以捍卫真实生活的名义抨击历史、博物馆、图书馆，以至任何一般意义上的归档行为。大部分现代主义作家和艺术家都对博物馆和图书馆进行过猛烈的批判：卢梭赞赏亚历山大图书馆（Library of Alexandria）的毁灭；歌德笔下的浮士德和魔鬼签订契约，就为了逃离图书馆（以及摆脱在图书馆中读书的任务）。在现代主义艺术家和理论家的文本中，博物馆被描述为艺术的坟墓，博物馆馆长则被视为艺术的掘墓人③。

然而，这种"坟墓"论断忽视了博物馆作为可视的国家文化身份载体的事实。为了回答作为可视的国家文化身份载体的博物馆如何承载了建构与被建构的身份之间的差异，格罗伊斯以苏联解体对原成员国博物馆发展的影响为例进行了分析。作为传统的冷媒介，博物馆所代表的文化空间具有两大特点：第一个特点是博物馆彰显着一个国家自我的文化资本，同时也是一个收藏、展览、视觉化和刻板化他者的文化空间。对此，格罗伊斯以苏联原成员国为例，指出西方博物馆在苏联解体之后放弃继续他者化苏联作品的原因：

> 现代博物馆面临的基本困境，在当下博物馆学面临的问题中得到较好的呈现。因为苏联的官方艺术察觉到自身承载着这样的一种非难，

---

① David Carrier. *Museum Skepticism：A History of the Display of Art in Public Galleries*. Durham：Duke University Press，2006，pp. 53 - 56.

② 何燕李：《艺术空间与政治权力的绑定关系——德·昆西德博物馆论研究》，载《中外文化与文论》，2016 年第 3 期，第 322 页。

③ Boris Groys. "On the New"，*RES：Anthropology and Aesthetics*，1 October 2000，Vol. 38（1），pp. 5 - 6.

即它们并非真正的原创艺术，同时也不够异域风情，因此它们是不重要的，这也就遮蔽了它们被转换进博物馆的路径。对此，我印象极为深刻，因为在苏联解体之后，国际艺术界的期望是如此之高。西方世界期望发现一种具有原生态外观的艺术，尤其是俄国原创艺术，因为他们认为在文化隔离如此之久之后，苏联艺术应该拥有完全不同的面貌。然而，不幸的是，他们承受的失望与他们曾抱有的期望一样高，因为就纯美学层面而言，苏联艺术与这个世纪的西方艺术并非完全相异，主要是 20 世纪 30 年代和 20 世纪 40 年代的新－经典主义。现代博物馆早期，在第一感官与纯形式和风格层面的驱使下，任何不同的、奇怪的和异域的前现代文明，都轻而易举就可以被纳入现代博物馆。然而，这种模式已经不再适合苏联，因为苏联艺术并未提供任何异域的，或美学上完全不同的（如与埃及金字塔相比）可以固化自我身份的作品。苏联艺术与西方艺术的差异在于收藏、陈列秩序和艺术应用的深层层面，而不只是简单的外在可见形式。①

是什么原因导致了西方文化期待所遭遇的巨大落差？对此，格罗伊斯指出由于在苏联解体之后，西方发现苏联的官方艺术"既并非真正的原创艺术，又不够异域风情，因此它们是不重要的"，从而"也就遮蔽了它们被转换进博物馆的路径"。② 那么这种遮蔽在苏联解体之前有什么差异，也就是说苏联的官方艺术是否进入了西方的博物馆之中？针对这个问题，格罗伊斯并未做出任何正面回答或追问。然而，从两个具体的例子可以得出相应的答案。格罗伊斯于 1981 年从苏联移民西德，当他在明斯特大学（Munster University）讲授苏联非官方艺术（Sots-Art）时被学生质问"苏联有艺术吗"？与此同时，他针对莫斯科概念主义（Moscow Romantic Conceptualism）的研究也受到了质疑。由此可见，一方面当时西方博物馆中有关苏联艺术的藏品数量少且类型刻板，集中于斯大林时期僵化的艺术风

① Boris Groys. "The Role of the Museum when the National State Breaks Up", *ICOM News*, 1995, Vol. 48（4）, pp. 104 – 105.

② Boris Groys. "The Role of the Museum when the National State Breaks Up", *ICOM News*, 1995, Vol. 48（4）, p. 106.

格；另一方面苏联的非官方艺术很少能进入西方博物馆。究其根源，主要
在于西方博物馆空间主动遮蔽了苏联的官方和非官方艺术。操纵这种遮蔽
性的主体和过程均是不可见的，然而结果是显著的，即当时尤其是在冷战
对峙期间，苏联官方和非官方艺术成为西方博物馆体系中的亚媒介空间，
要么被完全掩盖，要么被歪曲表征。这也就是格罗伊斯指出苏联解体之后，
原成员国的博物馆发展面临新情况的原因，即终于可以把苏联艺术（包括
官方和非官方艺术）从原本的亚媒介空间移位到档案表层空间，并自主地、
较为合理地表征自我。

博物馆的第二个特点是当下较为罕见的可以提供创新可能性，以及孕
育、展现新事物的文化空间。博物馆原初的建构理念是"作为时光飞逝的
大城市中的固定场所"①，然而，随着现代社会互联网的普及，甚至可以说
"大众媒介的普及性取代了曾经的普世意识形态"②，博物馆作品已经无限制
地处于流动之中。而在后现代社会，人口的无限流动，以及当他们到达一
所大城市时，他们常常以"旅行者的身份询问这个城市是否有任何新事物
正在发生"，随后他们做的第一件事就是"了解是否有新的展览"。于是，
可以说，"现在，时间在博物馆内远远比在博物馆外流逝得迅速"，从而也
就使得博物馆"成为一个体验改变与更新的优先场所"。在这种场所中，由
于博物馆自身处于流动变迁之中，因此博物馆表征的文化身份也就"不再
是一种固定的形式"。例如，大型的展览、艺术装置和其他跨越民族边界的
世界性博物馆活动，就是"反对狭隘的、本土的、守护固定的国家身份"③
的最佳佐证。

简而言之，苏联解体之后，原成员国便自主地建构相应的博物馆及档
案空间，进而可以揭露并解构冷战时期西方博物馆体系中针对苏联艺术的
亚文化空间。就此而言，格罗伊斯从两个向度践行了如何重新建构并敞露

---

① Boris Groys. "The Role of the Museum when the National State Breaks Up", *ICOM News*, 1995, Vol. 48（4）, p. 105.

② Boris Groys. "The Role of the Museum when the National State Breaks Up", *ICOM News*, 1995, Vol. 48（4）, p. 103.

③ Boris Groys. "The Role of the Museum when the National State Breaks Up", *ICOM News*, 1995, Vol. 48（4）, p. 106.

苏联艺术的表层档案空间。首先，就自身而言，进入新千年之后，格罗伊斯积极在全球举行各种策展活动和编辑出版的策展主题文集。在这些活动中，最具代表性的是四场大型策展："共产主义梦工厂"（2003）、"后共产主义状况"（2004）、"私有化"（2004）、"总体启蒙：1960—1990年的莫斯科概念艺术"（2008），而代表性活动文集有4本：《共产主义梦工厂：斯大林时期的视觉艺术》（2003）、《零点：测绘俄国先锋派》（2005）、《新人类：俄国20世纪早期的生命政治乌托邦思想》（2005）、《伊利亚·卡博科夫》（2006）。由于参展的作品大都从未在西方面市，因此格罗伊斯还编辑出版了卷帙浩繁的策展文集，重点是斯大林和后斯大林时期的作品，如《共产主义梦工厂：斯大林时期的视觉艺术》《总体启蒙：1960—1990年的莫斯科概念艺术》和《变为历史的形式：莫斯科概念主义》。

其次，针对苏联原成员国如何重构博物馆空间，格罗伊斯给出了两点建议。就个体文化工作者而言，格罗伊斯指出苏联解体之后，

> 博物馆体系不仅仅是把艺术品转换成博物馆藏品，而且还为个体提供了一种机遇，即不再只是被动地被收藏，还开始主动地进行收藏。这也就意味着，个体也可以使用国家博物馆。国家博物馆在早期的功能只限于按照国家的视角呈现持久的历史，现在则可以作为一个平台让个体可以依照自我的、短暂的藏品，去展现他们的历史观念。①

就现代和后现代博物馆体制下各种各样藏品的文化身份而言，不仅博物馆的藏品本身是流动的，博物馆所表征的文化身份也是流动的。为此，在这种流动性中，格罗伊斯给出了他的期望：

> 我们只能希望所有民族的和宗教的权威，都能向国际展览实践敞开他们的博物馆大门，放弃他们声称的文化身份的丢失和外来者的影响，并允许个体进行收藏和展览，而不仅仅是被收藏和展览。②

---

① BorisGroys. "The Role of the Museum when the National State Breaks Up", *ICOM News*, 1995, Vol. 48 (4), p. 106.

② BorisGroys. "The Role of the Museum when the National State Breaks Up", *ICOM News*, 1995, Vol. 48 (4), p. 106.

那么苏联原成员国的新博物馆空间所视觉化的新文化身份，是否就不存在相应的亚媒介空间？对此，格罗伊斯未进行追问也未正面解答。然而，可以从格氏关于现代博物馆与文化身份之间的关系的观点找到相应的答案。格罗伊斯指出，由于"现代艺术恰恰揭示的就是身份本身的脆弱性，以及反映心理创伤最终的自愈"，因此尽管重新发现国家身份和个体身份是一件好事情，但是不容忽视的事实却正是因为"倾向于不喜欢每一个'他者'的旨趣，以及出于对自我文化身份可能被背叛的恐惧，构成了现代博物馆"。换言之，如果"你不收藏他者，他者就将收藏你"①。简言之，这些原成员国的新博物馆也隐藏了相应的亚媒介空间，而想要透析这种亚媒介空间，就要继续进行类似于解构西方博物馆体系中针对苏联艺术的亚媒介空间的揣测，以及践行相应的策展、文献编辑等。

三、热媒介的亚媒介空间与平等审美权利的文化逻辑

格罗伊斯指出自21世纪初，艺术（广义的艺术，即包括文学、绘画、电影等）进入了一个全新的时代，即"不仅仅是大批量消费艺术，还是大批量生产艺术的时代"。比如，"录制视频并放置在互联网上变成了一种简单的操作，几乎人人都可以做。而今天自我记录已经成为一种大众实践，甚至成为一种大众迷恋。当代交流和网络媒介，如 Facebook、MySpace、YouTube、Second Life、Twitter，给全球大众提供了展示他们的照片、视频和文本的可行方式"。这种方式抹杀了普通大众的照片、视频、文本与任何后概念艺术之间的差异，也就意味着"当代艺术变成了一种大众文化实践"。为此，当代艺术界面临的问题就是："当代艺术家如何在这种大众流行艺术中生存，或者说当代艺术家如何才能在人人都可以成为艺术家的世界中存活？"②

在回答这个问题之前，格罗伊斯先探究了互联网时代"人人都是艺术

---

① Boris Groys. "The Role of the Museum when the National State Breaks Up", *ICOM News*, 1995, Vol. 48（4）, p. 102.

② Boris Groys. *Going Public*. New York: Sternberg Press, 2010, p. 98.

家"为何可能以及如何演绎？格罗伊斯指出大众文化实践之所以可能，是因为前卫艺术家的先锋派努力对艺术进行了去专业化的处理。因为前卫艺术家最早深谙现代性的文化逻辑，即任何时尚、潮流都是转瞬即逝的，人们面对的现实是永恒的变化，而不是永恒。这也就是为什么在整个现代时期，人们发现诸多传统和承袭的生活方式都在衰落和消失，同时还会"自主地从即将衰落和消失的视角去看待身边已经存在的一切和即将出现的事物"①。由于"先锋通常与进步的观念紧密相连，尤其是技术的进步"，为此，前卫艺术家追问的就是艺术家是否还能继续在一个"时间不停收缩，文化传统面临持久破坏更替，以及周遭熟悉的世界永恒交替变化"的语境中"继续创作"。换言之，"艺术家如何抵抗进步的破坏力，如何能创作出一种可以逃过永恒变化的艺术——无时间性的、超越历史的艺术"。这也就是为何前卫艺术家"想要创作一种超越现世的、适合任何时代的，而非关于未来的艺术"。毕竟，"我们所处的现状就是变化本身，所在的现实就是永恒的变化"。②

正是现代性的瞬息万变促使前卫艺术家开始"拯救艺术，而不是灵魂"，而拯救方法就是做减法，即"通过把文化符号减少到绝对的最少，从而使艺术能够在潮流的碎片、流变与永无休止的更替之中幸存"。通过做减法，前卫艺术家创作出一种"异常贫瘠的、弱的形象"，这些形象"能够在每种可能的历史灾难中幸存"③。例如，康定斯基的《论艺术的精神》（1911）中"谈及减少所有绘画的模仿性，以及所有对世界的再现"，这种减少实际上就在言说"绘画不过是色彩与形状"。而马列维奇的《黑色方块》（1915）则"用图像做了一种更激进的减法"，即"把图像简化为一种纯粹的关系——图像与画框、沉思之物与沉思场域、零与一之间的关系"。④格罗伊斯进一步指出，这种关系也适合于阐释杜尚开启的现成品艺术革命，因为俄国先锋派和现成品革命的共同性是：艺术减法的目的是创造弱的艺术符号。只有这种弱符号才能抵御时间的压缩、潮流的更替，进而守护艺

① Boris Groys. *Going Public*. New York：Sternberg Press，2010，p. 109.

② Boris Groys. *Going Public*. New York：Sternberg Press，2010，p. 109.

③ Boris Groys. *Going Public*. New York：Sternberg Press，2010，p. 110.

④ Boris Groys. *Going Public*. New York：Sternberg Press，2010，pp. 110－111.

术之所以成为艺术的普遍性，也就是所谓的"弱普遍主义"，也可以称为"弱弥赛亚主义"。弱普遍主义艺术的最大特点为它"不仅是使用被弥赛亚事件所倒空的零符号的艺术，也是通过弱图像来敞明自身的艺术"，这些弱图像"只有微弱的可见性"，即使它们有幸"作为具有高可见性的强图像的组成部分"，也"必定会从结构上被忽略"。①

然而，制造出弱普遍主义艺术符号是否就意味着可以使艺术一劳永逸地在风云变幻的艺术潮流中幸存？对此，格罗伊斯的答案是否定的。他指出，"即使早期的先锋派并不相信在他们的普遍主义艺术的弱基础上，具有建立起一个新世界的可能，却相信他们实现了最激进的减法，并生产了最彻底的弱的作品"。然而，这些先锋派看法只是"一种错觉"，之所以是错觉，"并不是因为先锋派创造的弱图像还可以更弱，而是因为这些图像的'弱'很快会被文化遗忘"。更确切地说，当"从一定的历史距离感上观看时"，这些图像"要么是强图像（对艺术界而言），要么是不相关的（对当下的人而言）"。这也就意味着"弱的、形而上的艺术姿态并不是生产一次，就可以世代相续的，而是必须被不断重复的"，从而才能"抵制变化的强图像、进步的意识形态，以及经济增长的承诺"。更重要的是，"只揭示超越历史的重复模式仍然不够，还必须不断地重复这些模式所带来的启示，而这些重复本身又必须是可以再被不断重复的"。因为"每一次针对这些弱的、形而上（图像）的重复都会同时生产出明晰与困惑"，所以"我们就需要进一步清晰化，而这种清晰化又会产生新的困惑，如此反复"。这也就是为什么前卫艺术必须"处于永恒的重复之中，以便能抵制永不止息的历史变迁，以及惯常缺乏的时间"②。

在此基础上，格罗伊斯从两个层面指出前卫艺术所做的去专业化的艺术减法为互联网时代大众艺术的文化实践之间的关联。首先，艺术减法使得大众文化消费成为可能，或者说孕育了大众生产时代的审美哲学：

> Facebook、MySpace、YouTube、Second Life、Twitter 等为全球媒体提供了发布照片、视频和文本的途径，这种方式已经无法区别于任何

---

① Boris Groys. *Going Public*. New York：Sternberg Press, 2010, p. 111.

② Boris Groys. *Going Public*. New York：Sternberg Press, 2010, p. 115 – 116.

概念主义者或者后概念主义者的作品。从某种程度上来讲，这个（互联网）空间最初是由 20 世纪60—70 年代激进的、新－先锋派的和概念艺术开启的。如果没有这些艺术家完成的艺术减法，那么这些社交网络的审美哲学就无法兴起，同时它们也不会以相同的程度向大众开放。①

其次，艺术减法从两个层面使得大众文化生产成为可能，也就是为"人人都是艺术家和作家"提供了可行性。其一，就艺术家而言，后杜尚时代的特点是艺术家及其身体变成了"间离的劳动"，类似于工业化生产的劳动：

> （杜尚现成品革命开启的）主要改变并不是将工业生产品作为艺术品呈现，而是向艺术家敞开了一种全新的可能性，即他们不仅可以用间离的、类工业化的方法生产艺术品，而且还可以使得这些艺术品保持工业生产面貌。②

其二，就普通大众而言，互联网时代颠覆了传统的文艺生产与消费的关系。

> 今天，每个人都可以书写文本和发布图像，但是谁有足够的时间去阅读这些文本和图像呢？很显然，没有人，充其量只是一小部分志同道合者、熟人或者亲戚。于是，20 世纪由大众文化建立起来的传统的生产者与观看者之间的关系被颠倒了。此前是少数生产者为数百万的读者和观者生产图像和文本，现在却是数百万的生产者为那些只有很少时间，甚至是完全没有时间阅读的读者生产图像和文本。③

按照互联网时代的大众文化实践模式，以文学为例，是否就意味着人人都是作家、读者？互联网这种热媒介给传统文学体系带来了哪些冲击？互联网的亚媒介空间隐藏了哪些文学要素？这些要素如何通过？对此，尽管格罗伊斯均没有进行探讨，然而还是可以在他那里找到相应的答案。格

① Boris Groys. *Going Public*. New York：Sternberg Press，2010，pp. 116－117.
② Boris Groys. *Going Public*. New York：Sternberg Press，2010，p. 122.
③ Boris Groys. *Going Public*. New York：Sternberg Press，2010，p. 117.

罗伊斯简要概括了后杜尚时代媒介经济学的特点，由于"互联网上最常规、最通用的实践就是'复制与粘贴'，那些成千上万的人每天发表的数字化的'内容'或'产品'与他们的身体不再直接关联"。这些"内容"与"产品"与其发布者之间的间离关系就如当代艺术品一样，也就是说"人们可以轻易地将之碎片化，并投入到不同的语境之中重新使用"①。为此，互联网实践与杜尚的现成品艺术革命具有某种相似性，即当代的互联网文艺实践扮演着某种集体化的角色②，这也就是所谓的后杜尚主义式经济，具体表现如下：

> 互联网实际上不过是改装过的电话网络，是一种传播电子信号的方式。因此，互联网实际上并不是"非物质性的"，相反彻底是物质性的。因为如果没有铺放相关的线路，没有生产相关的配件，或者没有创建和铺设电话接口，也就不会有互联网和相关的虚拟空间。故而依照传统的马克思主义观，大型的信息交流技术公司控制着互联网的物质基础和虚拟现实的生产手段——互联网的硬件。……千百万所谓的"内容生产者"把他们生产的内容发布在互联网上而得不到任何回报，他们的内容生产并不是激发理念的知识性的作品，而是操作键盘的手工劳动，而利润则归于那些操控虚拟生产的物质手段的大公司所有。③

基于上述看法，格罗伊斯探讨了谷歌的搜索引擎如何"打碎单个文本，并将之转换为无限的、无差异的词语数据"，即"传统意义上由作者的意图所凝聚一体的每一个单体文本都被消解了，每个句子都可以被搜索出来，并与其他游动在网络中的相同'主题'重组"。谷歌的这种重组并没有解放书写本身，相反对其进行了束缚，因为谷歌搜索的运算法则是"有限的且兼具物质性，从属于企业的拨款、控制和操作"，从而使得书写受控于"（互联网）硬件和企业软件"，以及"生产的物质条件和书写的分配法则"④。由此可见，互联网表面空间能够展示哪些文化符号，实际上受控于

---

① Boris Groys. *Going Public*. New York：Sternberg Press，2010，p. 123.
② Boris Groys. *Going Public*. New York：Sternberg Press，2010，p. 124.
③ Boris Groys. *Going Public*. New York：Sternberg Press，2010，pp. 127－128.
④ Boris Groys. *Going Public*. New York：Sternberg Press，2010，p. 129.

类似于谷歌这样的大公司，而其他无法被展示的文化符号则被隐藏在了互联网的亚媒介空间。值得一提的是，按照格罗伊斯所说的艺术的减法孕育了互联网大众文化实践的审美哲学，可以发现除了那些被要求隐藏的文化符号、文本，互联网的亚媒介空间实际上还藏匿了相应时期文化符号和文本的弱普遍主义。换言之，互联网的亚媒介空间还隐藏了文学、艺术之所以成为文学、艺术的弱符号，这些符号饱含的文学性和艺术性可以相对地穿越瞬息万变的文化潮流，进而较长地保存文学和艺术的本质。

综上可知，冷媒介、热媒介都有相应的亚媒介空间，这种空间隐藏了大量的文化符号和文本，人们只能通过揣测去敞露这些符号和文本。当然，不同的媒介需要不同的揣测和敞露方式。其中，冷媒介的方式相对可行并可见，如博物馆中的策展、装置艺术等，而热媒介的方式则较为隐秘和艰难，需要通过掌握相应的硬件和软件资源。面对冷媒介、热媒介及其亚媒介空间，如何去合理阐释媒介表层与亚媒介空间的文学、艺术，或者说如何在琳琅满目的符号、文本中区别文学、艺术的好与坏？对此，格罗伊斯的答案是依照平等审美权利的文化逻辑。格罗伊斯认为，在"上帝已死"之后，某些符号、形象的绝对权威也随着消失，因此所有符号、形象都是相等的。为此，我们在阐释任何文学、艺术的时候就需要先消除掉任何前置的美学偏见，即在进行阐释之前就需要把所有的文学、艺术及相关的符号、文本都看成是具有平等的审美权利的。只有在这种情况之下，我们才能合理、有效地阐释任何媒介表层空间与亚媒介空间的文化符号、文本。然而，遵照平等的审美权利的文化逻辑，并不意味着不需要区分文学、艺术的好与坏。

> 现代艺术场域并不是一个单一的场域，而是一个严格按照矛盾逻辑的结构而构造的场域。在这个场域，任何一个观点都应该面对其相对立的观点，而且理想的状态是一个观点与其相对立的观点的表述达到完美的平衡，从而使得两种观点的综合为零。现代艺术是启蒙和进步的无神论与人道主义的产物，而上帝之死意味着在这个世界上已经没有任何权力，可以被认为有权利凌驾于其他权力之上。因此，无神论的、人道主义的、开明的、现代的世界，相信权力的平衡，而现代艺术就是对这个信念的表达。由于权力平衡的理念有一个可调整的特

征，因此现代艺术有它的权力，也有它的立场，及现代艺术赞同一切建立和维护权力平衡的行为，同时也排斥或战胜任何歪曲权力平衡的行为。①

基于这种平衡关系，格罗伊斯指出"好的艺术"就是"确切地遵从了艺术平等审美权利的目标"②，以及保持了艺术之力，即艺术的政治性之力和美学性之力的平衡，因为只有这样的艺术才能确保艺术的自主性。同理，可以推演：在互联网大众实践中，好的文学也是遵从了文学平等审美权利，并保持了文学之力的平衡关系，从而也就确保了文学的自主性，或者说文学之所以成为文学的文学性。

---

① Boris Groys. *Art Power*. Cambridge：MIT Press，2008，p. 2.
② Boris Groys. *Art Power*. Cambridge：MIT Press，2008，p. 16.

俄国形式主义的文学史观

杨　燕①

摘　要： 国内学者在 20 世纪 80 年代喊出了"重写文学史"的口号，意识到文学史自身的问题：其实在此之前，俄国形式主义就已开始关注文学史的问题，并有独特的见识。由于形式学派的理论体系建构在反叛强大的传统理论体系的背景之下，所以其对文学史理论的建构就包括了两个方面，即不仅发现了传统文学史建构中的"迷失"之处，在"纠偏"的同时也为文学史"正名"，认为文学的发展演变本质上不仅是形式的变化，更是功能的演变。

关键词： 俄国形式主义　文学史　形式与功能

现代学者越来越意识到文学观与文学史之间的重要关系，在我国 20 世纪 80 年代就有人喊出"重写文学史"的问题，这给学术界敲响了警钟，也引起了审视文学史的浪潮。其实，俄国形式主义作为 20 世纪西方文论发展的"领头羊"，其诸多理论研究和观点都走在了前沿，在文学史问题的研究方面也给后来的研究者不少启发与影响。

俄国形式主义将建构独立的文学学科的使命贯穿于其理论的始终，不仅涉及微观考察，如对文学创作中的人物、技巧、时间、空间等叙事要素

---

①　作者简介：杨燕，文学博士，哈尔滨师范大学文学院副教授、硕士生导师，主要研究方向为斯拉夫文论、马克思主义美学。

的深入探究，更有宏观上对文学史的考察，且后者是前者发展的必然结果。这正如艾亨鲍姆所言："向文学史过渡不是研究的简单扩充，而是形式概念演变的结果。"①

形式学派文学史观的建构始于其对传统文学史观的批评与反驳，其目的在于推翻普遍流行于文坛的"伪文学史"，建立真正的具有科学性的文学史。但学派并非统一的理论团体，在许多问题上都存在多种声音，文学史的建构亦如此，但在总体的理念上具有一致性。

形式学派整个诗学体系的建构是立基于反对强大的传统，在论战的背景下提出来的，所以在其提出新理论的同时往往是对某些传统理论的批驳，这里艾亨鲍姆的理论宣言恰恰包含了两个层面的内容：一方面表达了形式学派极力批评的传统文学批评中影响较大的各种社会学批评，这种忽视文学自身独特规律的做法最终会导致文学沦为社会学等其他学科的附庸；另一方面阐释了其所代表的学派自身的基本文学史观，为了使文学真正"回归"，学派成员专注于文学自身的发展演变，并将其归结为形式的更迭，同时学派的研究对象不仅包括主流文学，还包括大众文学，涵盖较广。纵观中西方诗学理论发展史，形式学派提供了一条全新的文学史研究思路，并对后世文论的发展具有一定参考价值。

一、"迷失"的文学史

俄国形式主义有关文学史问题的研究是在与强大的传统论战的过程中提出的，所以在"论"的同时，"战"的意义也不容忽视。文学史观的呈现鲜明地体现了这种论战背景下的理论特色。俄国形式主义流派对传统文学史的批评与反驳主要围绕两个方面：一方面是就文学史与其他学科的关系而言，批评其失去了文学史的独立性，将文学史"降格"为人类思想史，最终也将导致文学的陨落乃至文学史的不复存在；另一方面是对文学史自身内部的建构与表现的不满。在寻找传统文学史症结的过程中，俄国形式

---

① Эйхенбаум Б. М. *О литературе：Работы разных лет.* М.：Советскийписатель，1987，p. 390.

学派表现出了对传统文学发展演变的独特认识。

（一）文学史的附属地位

在俄国形式主义成立之前乃至与其同时并存的传统批评理论突出强调文学外部诸因素对文学发展的影响，常常借助历史学、心理学、社会学、经济学等理论研究文学的演变，甚至会忽视文学自身的独特规律，虽然有唯美主义强调文学的美学特征，但前者为 19 世纪文学批评的主流，以别林斯基、车尔尼雪夫斯基和杜勃罗留波夫为代表。"在 20 世纪开端，也不像我们以前所了解的，好像只有马克思主义的文学批评，实际上也有俄国形式主义的文学批评，而且这两种诗学流派和文学批评流派都深刻地潜在地影响了 20 世纪俄罗斯乃至世界文论和文学批评的发展。"① 作为俄国传统文论之集大成者的维谢洛夫斯基虽然也看到了文学史自身的问题，并喊出了要建构科学的文学史的口号，但他所谓的文学史依然没有从根本上解决问题，"他遵循俄国革命民主主义者的唯物主义美学观和历史的、审美的批评方法，批判地吸取西欧和俄国神话学派和文化历史学派学说中的合理因素，肯定艺术是人类历史地变化着的社会文化生活的反映，因此，必须到社会文化史中去寻找理解文学史的钥匙"②。

当然，这两种文论在整个 20 世纪不仅经历了斗争，相互排斥，也有相互融合的情况。但俄国形式主义关注文本自身、摒弃所有外在批评视角的倾向更加突出。在文学史研究中，形式主义者十分坚决地批判传统批评中侧重从外在历史、心理、社会等角度阐释文学，甚至取而代之，忽视了文学自身独特规律与价值的做法。在《现代俄罗斯诗歌》中，雅克布逊将这种在文学史的研究中，囊括日常生活、哲学或政治学等内容而建立起来的学科称为"一些不够格的学科的大杂烩"。艾亨鲍姆也认为文学社会学方法研究文学史的结果是使其回到了文学史的"印象主义"道路上。

维诺库尔强调任何一门科学都要有自己的特定研究对象，否则会迷失

---

① 程正民：《俄罗斯文学批评史研究》，北京：中国社会科学出版社，2017 年版，第 3-4 页。

② 维谢洛夫斯基：《历史诗学》，刘宁译，天津：百花文艺出版社，2003 年版，第 7 页。

自我，而其同时期的文学史研究没有真正抓住这个要点，最后也使文学史研究变成了各种"传记""文化史""社会学"等堆积废料的垃圾场，迷失了自我。所以，真正的文学史研究应该首先确定自己的研究对象。

当然，形式学派对传统文学史观的反驳并不限于上述对文学史陷于心理学、社会学、历史学等学科的研究，同时还包括人种志说的遗传理论等学说。如俄国形式主义反对维谢洛夫斯基的人种志说用遗传的观点解释文学的发展、演变的做法，人种志说的观点从另一个侧面折射了文学史的附属地位，认为文学形式的演变是为了表现新的内容。

（二）文学史内部的"问题"

文学史的问题不仅存在于其与人文学科的其他分支的关系上，还表现为其内部自身的发展中。在俄国形式主义时代，文学史内部的问题不仅仅存在于个别细节，其遍布在理论建构的方方面面。具体而言，理论的建构偏离了正常轨道已经十分明显，甚至作为其理论大厦基石的理论术语就没有做到精准，何谈整个文学史的正确呢？形式学派在对现有文学史研究内部问题的反驳中，较有代表性的是雅克布逊、蒂尼亚诺夫和艾亨鲍姆的观点。

雅克布逊认为，"过去艺术史没有科学的术语，它使用日常语言的词汇，而不经过批评的筛选，不加明确的限制，也不考虑一词多义的问题"[①]。因而，连术语都不能做到"真实"的研究必然无法阐释真理。雅克布逊在1921年写的文章《论艺术的现实主义》中以"现实主义"这一文学史中具有显赫地位的重要范畴为例，详细探讨了各种"混乱"的理解，并分析了造成"现实主义"被误读的真正原因。只有找到问题的根源，才能真正解决问题，才能探索出新的出路，科学的文学史才能扑面而来。

在雅克布逊看来，作为影响深远的文学现象——现实主义，一般被界定为"其目的是尽可能如实地再现现实，并且渴望最大程度的真实性。人

---

① 茨维坦·托多罗夫选编：《俄苏形式主义文论选》，蔡鸿滨译，北京：中国社会科学出版社，1989 年版，第 79 页。

们把那些看来是真实的、忠实于现实的作品称为现实主义的"①。雅克布逊认为这个概念的含混之处十分明显，对于真实性的理解有多种可能性，因而也导致了现实主义的概念出现了多种变体，并总结了其中几个较有代表性的界定。

定义 A：这是一种愿望，一种倾向，也就是说，把有关作者提出的他认为是真实的作品称为现实主义的。

定义 B：凡是评论作品的人感觉是真实的作品，就称为现实主义的。

定义 C：现实主义是 19 世纪一种艺术流派的特征和总和。换句话说，文学史家认为最真实的作品是上一世纪的现实主义作品。

定义 D：按照非主要特征来描述其特点的作品。

定义 E：体现为始终一贯的动机要求。

仅现实主义一词就有上述这么多种理解，且都有大批追随者，可见其影响之大，但这正是其令人担忧之处，因为雅克布逊分别对这些所谓的定义进行深入探究，均发现了其中的不合理之处。

在这五个定义中，A 和 B 是相对应存在的，定义 A 是从作者角度考虑的，也就是说，作品中的真实性是由作者决定的，相反，定义 B 源于读者角度的思考。在一个完整的文学活动中，文学作品作为中间环节而存在，其重要的两端——作者与读者，可以说缺一不可，因而，单独立足于哪一个角度去考虑问题都行不通。

不仅如此，就其内容本身而言也有许多不合理之处，对于定义 A，雅克布逊认为在具体应用的过程中又有两种变体：其一，使现在的艺术标准变形的倾向，把这种倾向解释为接近现实；其二，局限在一种艺术传统内部的保守倾向，把这种倾向解释为忠实于现实。与定义 A 相对，定义 B 在具体应用中也有两种变体：其一，我是现在时的艺术习惯的变革者，我感觉对艺术习惯的变形是一种和现实接近的方式；其二，我是保守的，我感觉把现在的艺术习惯变形是一种对现实的歪曲。定义 A 与 B 的第一个变体都侧重于变，强调艺术创作的动态性，而两个定义的第二个变体则与前者相

---

① 茨维坦·托多罗夫选编：《俄苏形式主义文论选》，蔡鸿滨译，北京：中国社会科学出版社，1989 年版，第 79－80 页。

对，是典型的保守主义者，主张对传统的坚守。同一部作品按这两个定义的两种变体来阐释则会得出完全相反的结论，变革者认为是现实主义的，保守者则会相反，反之亦然。

定义 D 是定义 C 的一种变体，定义 C 是一个影响较广的 19 世纪的文学流派，具有革新精神的新的现实主义者强调自己是不同于它的新的现实主义，"陀思妥耶夫斯基就曾宣称，'我是高度意义上的现实主义者'。意大利和俄国的象征派、未来派，德国的表现主义者等等，差不多都重复同样的说法"①。

定义 E 所涉及的现实主义是对一贯动机的强调，其内涵更笼统、模糊，没有对现实主义做具体、可行的阐释，反而将其泛化至虚无。

那么，现实主义到底应该如何界定呢？雅克布逊将其看作"变革的现实主义"②。理解现实主义的核心在于确定真实性的问题，随着时间的流逝，真实性的具体内涵与表现也在变化着。

首先，雅克布逊否定了纯粹客观的真实性的合法性，其指涉的不仅包括文学，还包括绘画、形象艺术等整个艺术领域。且不谈以语言文字为媒介的文学作品中纯粹的真实性是否存在，就连绘画以及形象艺术中也只能是一种幻想，欣赏者在绘画作品中找不到与现实完全相像的对象，那么如何接受、欣赏绘画作品呢？雅克布逊强调的是对这个艺术门类的表现传统的了解，画家一般有一些习惯性的表现方法。"绘画外表的习惯性、传统性在很大程度上决定视觉的行为。随着传统的积累，图画的形象变成一种表意符号，变成一种我们会马上按照接近的组合与物体联系起来的公式。这样便立即形成认识。"③ 也就是说，观赏者对绘画的认识并非其描述的东西与日常生活的事物的相像，而是由于对绘画的内在表现习惯与规律的了解和认识。绘画以及形象作品尚且如此，用语言文字呈现出来的文学作品中，

---

① 茨维坦·托多罗夫选编：《俄苏形式主义文论选》，蔡鸿滨译，北京：中国社会科学出版社，1989 年版，第 82 页。

② 茨维坦·托多罗夫选编：《俄苏形式主义文论选》，蔡鸿滨译，北京：中国社会科学出版社，1989 年版，第 82 页。

③ 茨维坦·托多罗夫选编：《俄苏形式主义文论选》，蔡鸿滨译，北京：中国社会科学出版社，1989 年版，第 81 页。

追求那种纯粹的客观图像更是天方夜谭。在文学作品中，所谓的现实要不断推陈出新，不断创造出新的表现形式，所以，雅克布逊将这样的现实主义称为变革的现实主义，可以说，变是其永远不变的特征。

与此同时，蒂尼亚诺夫在《文学的演变》一文中总结了文学史发展中的问题，认为其真实的处境如殖民地，已经被非文学史的内容占领，具体表现为三个较突出的问题。第一，特别是在西方，文学史在很大程度上受到个人心理主义的影响和控制，这种研究往往用作家个人心理取代作品本身的问题，也就消解了文学事实本身。除此，还有人用文学的起源问题取代文学的发展演变问题，不在文学自身内部谈发展，而是将其置于与非文学的复杂关系中。第二，"用模式化的因果方法论将文学系列与观察者的出发点区隔开来，这样的出发点既可存在于主要的社会系列中，也可以存在于次要的系列之中"。① 这种在隔离出来的文学现象中研究文学史的做法必定失败，无法获得全面而深刻的本质认识，就像在广阔的社会生活中将某一现象孤立出来进行本质研究，必然无法达到目的。第三，将文学史与当下的文学现象相联系，这对于科学研究是有必要的，但对于发展中的文学则不是必要的和有益的。这种研究混淆了文学现象中的"史实性"和"历史主义"的问题。

所以，蒂尼亚诺夫认为要想确立真正的文学史体系，必然要重新调整研究方法与思路。首先要对"文学史"的范畴进行科学的界定，因为现有的"'文学史'一词内容十分含混，既包括文学艺术的素材史，也包括语言文字的历史。这个词还很自命不凡，因为将文学史看作将要进入已经具有科学编目的文化史学科"②。如此泛泛地理解文学史这一术语会带来十分严重的后果，最终文学史也将失去其独立价值与存在意义。

文学史的研究应该包括两个方面，"一是文学现象起源的研究，二是文学系列的变化，即演变的研究"③。在对一个现象进行研究时，需要考虑的方面很多，不仅包括现象的意义，还包括它的特点，要考虑到研究对象的

---

① ТыняновЮ. Н. *Поэтика · история литературы · кино.* М. : Наука. 1977, p. 270.

② ТыняновЮ. Н. *Поэтика · история литературы · кино.* М. : Наука. 1977, p. 271.

③ ТыняновЮ. Н. *Поэтика · история литературы · кино.* М. : Наука. 1977, p. 271.

独特性。所以对文学现象起源问题的研究要充分考虑文学现象的特质。同时在对文学系列的演变进行研究的过程中还应注意，不能带有任何主观色彩，要尊重文学发展的客观事实，且研究方法与范围等问题不能固化，应从发展、演变的角度去阐释。

当然，除了上述被形式主义学者花大量笔墨批驳的两种文学史观，艾亨鲍姆认为如不完善说、用孤立的眼光看待文学史中的作品等都是不正确的。不完善说认为文学的演变就是文学不断克服之前的缺陷，走向完善之路，如从浪漫主义到现实主义的变化即文学的不断进步与完善，这种文学史观"将文学的演变理解为平静的世代相传，而文学本身则是缺失的。它被社会运动史、人物传记及其他内容取代了"①。这种自然传承式的文学史观自然不符合形式派学者的立场，同时为其护驾的社会运动史及人物传记等内容同样应被打入囚笼。与此同时，艾亨鲍姆认为，与他们同时期的学院派在研究文学史的过程中表现出了将作品孤立的研究倾向，曾以整部俄国文学史为研究对象，并试图将大量史料系统化的态度也不见踪影，取而代之的是孤立地研究某个作家的生平记事及心理，专注于个案研究。

艾亨鲍姆认为要用动态的眼光看待文学作品，"被理解为真正内容的形式随着过去的作品不间断地变化，我们自然不能依靠一劳永逸地建立抽象的分类法对待它，而要考虑其具体的历史的思想和意义"②。尤其在谈论文学演变的问题时，更应该关注文学自身的演变，以及文学与非文学的关系，二者处于不断变动与转化的复杂关系中，"文学系列的事实和非文学系列的事实之间的关系，不可能单纯的是因果关系，而只可能是互相适应、互相影响、依赖或互相制约的各种关系。以上这些关系由于文学事实本身的改变而改变……在一些时代，杂志和编辑生活本身就具有文学事实的意义，而在其他一些时代，社会、集团、沙龙也具有文学事实的意义。因此选择文学生活材料本身和其编入刊物的原因，应当由其联系和相互关系的特点

---

① Эйхенбаум Б. М. *О литературе*: *Работы разных лет*. М.：Советскийписатель，1987，p. 402.

② Эйхенбаум Б. М. *О литературе*: *Работы разных лет*. М.：Советскийписатель，1987，p. 401.

来确定，在这些联系和相互关系的影响下完成该时代的文学演变"①。

二、"回归"的文学史

"就在不久之前，艺术史尤其是文学史还不是一门科学，而是一种 causerie（漫谈）……文学史家肆无忌惮地把哲学世界观的唯心主义和大公无私、不屈从于纯物质动机的理想主义混为一谈。"② 这种漫谈的随意性较大，随意转换话题，甚至理论大厦建构的基石——术语本身即存在致命的问题，所以全新的、科学的文学史体系的建构势在必行。形式学派的主要人物都有关于文学史的论述，较有代表性的文章如什克洛夫斯基的《罗扎诺夫》、蒂尼亚诺夫的《陀思妥耶夫斯基与果戈理》以及艾亨鲍姆的《"形式方法"的理论》等。

形式学派如何研究文学史呢？蒂尼亚诺夫将文学的发展看作一个不断变化的动态过程，"我们只有在进化中才能阐释文学'事实'，这样我们会发现，基本的原始的文学特性在无休止地演变，文学就其本身而言不再被描述。'美好的'事物中的'美学'范畴也是如此"③。相反，如果用静止的观点替代进化观，很多有意义和价值的文学现象就会被忽视甚至受到指责。同时，形式学派对文学史的关注，一般从具体问题出发，在论证阐述的过程中往往又能发展成普遍性的问题，这样就完成了理论与历史相结合的蜕变。这其中体现了形式学派既注重个别作品，同时又注重历史的研究策略。

形式主义者对文学史的研究，之所以令人耳目一新，且颇具学术价值，原因在于其两方面的特质。一是研究范围广泛。正如艾亨鲍姆所强调的，文学史研究所关涉的对象范围要广泛，不仅包括被大多数文学史研究者关

---

① 扎娜·明茨、伊·切尔诺夫：《俄国形式主义文论选》，王薇生译，郑州：郑州大学出版社，2005年版，第276页。

② 茨维坦·托多罗夫选编：《俄苏形式主义文论选》，蔡鸿滨译，北京：中国社会科学出版社，1989年版，第79页。

③ ТыняновЮ. Н. *Поэтика · история литературы · кино.* М.：Наука. 1977, pp. 260-261.

注的流行或经典文学，还包括大众文学或处于次要位置、模仿的作品等，许多不被关注或忽视已久的作品都受到了关注。二是不受已有观点的束缚。形式学派成员能够彻底摒弃已有观点，重建自己的理论大厦。

（一）文学演变的本质

关于文学的演变或文学史的发展问题，蒂尼亚诺夫提出了几点总体原则，也代表了学派文学史研究的总体规则。一是将每部文学作品看作一个完整的系统，将整个文学类型看作一个更大的体系或系列，无论是一部作品，还是某个体裁，乃至整个文学类型分别是大小不同的整体。"应该首先承认文学作品是一个系统，文学就是系统。只有在这个约定的基础上才能建立文学学科，这种科学不满足于堆砌各种现象和系列，而应该研究它们。"① 不能孤立地研究一部作品。二是将文学系列与社会生活系列有机结合进行研究，不能孤立文学的存在。虽然形式学派成员都反对将文学艺术沦为文化史的工具，主张彰显文学艺术自身的价值，强调文学作品的自足性，但学派并没有将文学与社会生活完全割裂，什克洛夫斯基的诗学理论认为日常生活可以进入作品，但应经过陌生化手法的加工，成为文学的有机组成部分。蒂尼亚诺夫在1928年同雅克布逊合写的文章《文学和语言学的研究问题》中，特别强调文学史或艺术史的研究同其他历史系列之间的密切关系，甚至说在探讨二者之密切关系之前还要先搞清楚历史系统中的每一个系列特有的复杂规律，否则也无法真正把握文学史或艺术史。

形式学派的文学史观开辟了文学史研究的新思路，既然将文学看作某种形式的存在，那么文学史的发展其实就是文学形式的演变，同时伴随功能的变化。不仅丰富了学界对文学史的探索，同时对捷克结构主义、法国结构主义探索功能理论具有重要影响。

1. 文学的演变是形式的变化

形式学派认为文学演变与发展是为了替代旧的形式，什克洛夫斯基、雅克布逊、蒂尼亚诺夫等人对此做了大量论述。雅克布逊在论述艺术史中对现实主义这一范畴的各种误解的过程中，提到了绘画中的表意符号也在

---

① Тынянов Ю. Н. *Поэтика · история литературы · кино.* М. ： Наука. 1977 , p. 272.

不断变形，画家也应该不断革新，在表现中要创造此前未曾出现的新的形式。"所谓的俄国现实主义绘画的奠基人之一克拉姆斯科伊在他的回忆录中谈到，他是怎么最大限度地使学院式的构图变形的，而这种'不规则'是出于接近现实的考虑。这是新艺术流派的 Sturm und Drang（狂飙突进运动）的一种特有的理由，也就是说是一种表意符号变形的理由。"① 而且，雅克布逊认为艺术表现的这种变形原则在日常生活中依然适用，我们若想使话语更具表现力，往往要打破习惯性的表述方式以及用词，使用与此相反的呈现方式。如当说话者要提高讲话的表现力以引起对方注意的时候，往往去掉平时常用的一些客套和修饰性的词语，而直呼其名；但当听者习惯于用本名来称呼人或物的时候，就要用到一些暗示、隐喻、象征等表现手段或者使用一些违反常规、不太常用的词，这样会帮助听者理解、接受所谈内容。总之，不变的原则是不断地推陈出新才能增强表现力，才能保持艺术的魅力。这势必遭到保守主义者的反对，但确是现实主义甚至是文学发展的根本。当然，雅克布逊这里强调的"变"并非作家要全盘否定之前的所有创作成果，他区分出了主要特征与次要或非主要特征，主要特征是此前被读者关注的特征，次要或非主要特征则是此前没有或存在着但未被关注的，未引起读者注意的特征。雅克布逊这里的主要特征与次要或非主要特征的区分，最重要的参考依然是读者的感受，与什克洛夫斯基陌生化方法的审美效果可谓异曲同工。

当然，形式的演变与更迭并非按部就班，形式学派不同意"完善说"的自然延续的进化模式，"由于冲突与周期性变革的存在，文学演变的状态变得愈发复杂，也就不会具有平静发展的意义。从该背景出发，陀思妥耶夫斯基和果戈理之间的文学关系即具有复杂矛盾的形式"②。

既然形式学派的文学史观诉诸形式的演变，那么对不同阶段文学发展的梳理自然要依赖不同的形式呈现。艾亨鲍姆在《论散文理论》中总结了散文从 13 世纪到 19 世纪的不同表现形式，带给我们一种考察文学发展的全

---

① 茨维坦·托多罗夫选编：《俄苏形式主义文论选》，蔡鸿滨译，北京：中国社会科学出版社，1989 年版，第 81 页。

② Эйхенбаум Б. М. *О литературе：Работы разных лет.* М.：Советскийписатель，1987，p. 403.

新思路。他指出，13、14世纪意大利的短篇小说由于刚从各种民间故事以及奇闻逸事中发展起来，所以它的形式还有很浓厚的上述故事的形式特征，依然保留了口头叙述的原则和特点，与今天的长篇小说差别较大，还没有人物之间的对话，没有对自然以及人物的过多描写，甚至没有与情节保持一定距离的抒情或哲学话语。从18世纪中期开始，尤其到了19世纪，长篇小说有了更丰富的形式，如游记、回忆录、书信、札记等，开始大量使用心理、对话等描写手法，是一种混合的表现形式，在19世纪70年代达到顶峰。俄国形式主义时期这类文学开始瓦解，出现了微小形式的叙事，进一步丰富了叙事类作品的表现形式，当然，此前的通信和游记等文学形式依然存在。

而且，文学的发展并不是封闭的，而是在不断吸收非文学性因素的情况下的复杂发展过程。如叙事类文本中情节的发展就是辩证的，它们互相排斥，同时又伴随着互相戏仿。在这个过程中，"艺术作品的改变是可以发生的。且是参照非审美因素的……这样一来，在艺术作品中，就会无意识地、不考虑审美地产生新的形式。只有在此之后，这种新的形式才能得到评价，同时它也会失去最初的意义，失去审美之前的意义。与此同时，之前存在过的审美结构不再继续被感知，也就是说，失去了自己的骨架，被凝结到统一的成分当中"①。也就是说，在情节发展的过程中，一方面，各构成要素相互冲突，又相互戏拟，情节在这种协调统一中向前推进，但不是平静地前进；另一方面，各要素中不仅有此前就存在的审美要素，还包括非审美的因素，经过上述的复杂演变后，共同成为具有美学特质的新的文学作品的有机组成部分。

由于文学作品的构成要素不断更新，使用的手法不断得到突破，所以什克洛夫斯基坚信，文学的概念是不断变化的，在这一点上他与雅克布逊达成了共识。具体而言，文学在演变的过程中不断"吸收非审美因素"，将其质变为审美因素，它同时改变着文学的格局与本质。而且，非文学因素的引入是文学发展的强劲动力，"当文学被扩充进了非文学因素的时候，它

---

① 什克洛夫斯基：《动物园·第三工厂》，赵晓彬、郑艳红译，成都：四川人民出版社，2016年版，第219页。

就变得极富生命力"①。

需要注意的是，非文学材料进入文学之后，性质就发生了根本改变，"材料不再辨识自己的主人，它通过艺术规范被加工，并有可能在自己的发生之外得到接受……艺术为了创造被感受的形式而运用有品质的对象"②。

形式的演变并没有现成的模式和套路，什克洛夫斯基认为每种文学现象的出现往往都早于其名称的出现，每种新形式的出现均是各种因素综合作用的结果。所以蒂氏说，"我们研究的不是文学的演变，而是它的变形，不是文学在同其他系列的相关性中如何变化、演化，而是它如何使相邻系列变形"③。

2. 文学的演变也是功能的变化

文学的发展演变不仅是形式的变化，也是其功能的变化，当某一文学要素"自动化"了，在作品中失去了意义，也就意味着"它的功能改变了。自动化就是某个文学要素的'衰退'，也是同样的情况。它不会消失，只是其功能发生了变化，变成了辅助性的存在"④。不仅作品的要素不断演变，并伴随功能的演变，当某种文学要素的变化较多时，也会引发整个文学系列功能的改变，但这个过程较漫长，"文学功能从一个时期到另一个时期演变着，而整个文学系列功能的演变与邻近系列相比，则需要几个世纪"⑤。此前的研究，"无法令人真正理解文学的演变，因为演变的问题被一些偶然出现的与该体系无关的问题遮蔽，而这些问题则属于文学的起源（文学的'影响'）和非文学的起源。我们只能从功能的角度来研究文学中使用的，包括文学的与非文学的素材，才能将这些素材引进科学研究的领域"⑥。

蒂尼亚诺夫是学派内部突出强调文学的演变即功能的演变的代表学者，

---

① 什克洛夫斯基：《动物园·第三工厂》，赵晓彬、郑艳红译，成都：四川人民出版社，2016 年版，第 223 页。
② 什克洛夫斯基：《动物园·第三工厂》，赵晓彬、郑艳红译，成都：四川人民出版社，2016 年版，第 223 页。
③ Тынянов Ю. Н. *Поэтика · история литературы · кино.* М. : Наука. 1977 , p. 280.
④ Тынянов Ю. Н. *Поэтика · история литературы · кино.* М. : Наука. 1977 , p. 272.
⑤ Тынянов Ю. Н. *Поэтика · история литературы · кино.* М. : Наука. 1977 , p. 277.
⑥ Тынянов Ю. Н. *Поэтика · история литературы · кино.* М. : Наука. 1977 , p. 282.

他将文学的发展演变看作功能的发展，并在他提出的两个原则基础上研究文学功能的发展。蒂尼亚诺夫侧重于从功能角度研究文学史的相关问题，既包括各种文学类型之间的转化，也包括文学与非文学之间的转换。在系统内部以及系统之间的各要素的多重互动关系中，文学要素的功能不断发生变化。

蒂尼亚诺夫将作品中各要素的功能分为三种类型：积极功能、自主功能和共主功能。蒂尼亚诺夫将"每一个要素与作为系统的文学作品的同一体系内，甚至体系内的要素的相类比的可能性……称为作为体系的文学作品中该要素的积极功能"①。同时认为，"功能是个较复杂的问题，一个要素会同时与其他作品体系，甚至其他系列的类似要素发生关系，另一方面，还与同一系列的其他要素发生关系（这就是自主功能和共主功能）"②。文学作品中这种要素之间的关系较复杂，不仅在同一作品内部，甚至不同作品或体裁之间同样存在这样的交流与关系。如叙事类作品中情节、句法和风格等问题都不能孤立地研究，同一要素如情节可以在一部作品中有多种呈现，同样的一种情节模式在不同的叙事类作品中可以相互借鉴学习，但其所发挥的功能往往发生了变化。不仅如此，有些要素的使用可以跨越体裁，如古语的使用，不仅不限于诗歌与叙事文本，而且在不同的历史时期发生着重要作用。在罗蒙诺索夫的作品体系中，具有高雅的风格，在丘特切夫的作品中则表现为抽象的概念，但在18、19世纪及以后又在滑稽作品中发挥了滑稽的模仿功能。还有我们熟悉的诗歌和小说，格律一般是诗歌的必要因素，但随着"诗歌的演变，一种体系的变化，总会引起与其类比的另一种体系的变化，或者更准确地说与另一体系的变化相联系。后来便出现了有格律的散文"③。不能独享格律的诗歌，其作为体系的特征性开始由节奏、句法等要素体现。当然，这个演变过程十分缓慢。

既然功能在文学史的发展中如此重要，那么在演变的过程中，是形式的变化引起了功能的变化，还是功能的变化引起了形式的变化呢？对这个

---

① ТыняновЮ. Н. *Поэтика · история литературы · кино.* М. : Наука. 1977, p. 272.

② ТыняновЮ. Н. *Поэтика · история литературы · кино.* М. : Наука. 1977, p. 272.

③ ТыняновЮ. Н. *Поэтика · история литературы · кино.* М. : Наука. 1977, p. 276.

问题不能做简单的回答，蒂尼亚诺夫列举了一个两种情况结合在一起的例子：

> 20 年代仿古的文学思潮使功能既高雅又大众化的史诗得以流行。文学和社会系列的类比使其成为大的诗歌形式。但还没有形式因素，社会系列的"定制"不同于文学系列的"定制"，没有找到答案。于是开始进行形式的探索。卡捷宁在 1922 年用八行诗作为史诗的形式要素，随后展开了关于八行诗的热烈讨论，这比较符合没有形式的功能的情况，它像一座悲惨的孤儿院。仿古者的史诗命运不济，8 年后，舍维廖夫和普希金使形式具有了另外的功能——通过对四音步抑扬格的使用，改变了史诗，并创造了一种通俗的（不是高雅的）散文史诗（《科洛姆纳的小屋》）。①

通过蒂尼亚诺夫上述的举例可以看出，形式与功能的关系较复杂，既有卡捷宁这样为功能探求表现形式的情况，也有舍维廖夫和普希金这样为形式寻找新功能的例子。那么影响两种关系的具体因素有哪些，蒂尼亚诺夫并没有直接论述，再结合他以及形式学派理论家的阐释，可以发现，作家的创造性活动是其中的重要因素，但也不是作家随心所欲的结果，还要受到外在文化语境、文学思潮以及文学自身发展规律等因素的影响和制约。

与雅克布逊的主导理论相似，蒂尼亚诺夫提出了构成文学作品的主要因素，在前文已有论述。它从根本上决定了作品的类型或体裁，且随着时代的发展，主要因素也在不断变化。在这个演变的过程中，"我们完全无需把时间尺度引进演变的概念。我们可以把脱离开时间的演变、动态的本身看作是纯粹的运动。艺术就是靠这种相互作用和冲突而存在的"②。文学艺术的演变并非按照时间尺度有序前进，而是以各种因素的相互斗争和超越为准则。

当然，除了上述关注形式及其功能的文学观，还有其他声音存在，如

---

① Тынянов Ю. Н. *Поэтика · история литературы · кино*. М.：Наука. 1977, -pp. 276 – 277.

② 茨维坦·托多罗夫选编：《俄苏形式主义文论选》，蔡鸿滨译，北京：中国社会科学出版社，1989 年版，第 98 页。

内容与形式相统一的文学史观，但不是回到传统批评的老路，而是在承认文化史的前提下突出强调"审美统一体"。日尔蒙斯基认为各种体裁与门类文学艺术的发展并不是杂乱无章的，不是纯粹艺术家个人的行为。什克洛夫斯基、艾亨鲍姆等人在文学史的发展问题上，总体上寻求独立于文化史的文学内在的演变，主要集中于文学创作手法的规律性探讨。但他们只能看到艺术的发展要改变旧的形式，对于具体的发展方向的确定则无能为力，这无异于没有解决问题。日尔蒙斯基认为每个审美流派内部或整个时代存在着"审美统一体"，它从根本上制约着文学的演变与发展，它能解释"手法相近、一致反对占统治地位的文坛传统的诗歌作品能够同时、独立地出现的原因"①。在世界艺术发展史中，不同的国家和民族，甚至不同的艺术样式、文学体裁中，常常有大量的手法相近的作品"同时"出现，根本原因在于"美学统一体"的存在，它是一种制约文学艺术发展的强大力量。那么，"审美统一体"是由哪些因素构成，并如何发挥作用的呢？日氏认为，首先这种变化源于"精神文化"，每个时代的道德、哲学、法律和习惯等都不是孤立存在的，相反，它们紧密地统一在一起，并积极地影响着各种文化成果的发展。"艺术中新方法的出现不像各种离经叛道的'经验'那样偶然、零散，而是立刻统一于作为相互制约的方法封闭统一体的风格的整个系统中，且它的出现在某种程度上被这种统一体决定着。"② 其次，艺术演化往往同时进行。"艺术中巨大而普遍的进步（如文艺复兴、巴洛克、古典主义和浪漫主义）同时涉及了所有艺术门类，并与精神文化的一般进步有联系。"③ 那么，艺术的发展变化如何区别于人文社科的其他领域呢？其独特性如何彰显呢？正如日氏所说："文学表现的方式或方法的统一即风格，其变化与文艺心理的任务、审美兴趣和倾向，甚至同时代的处事原则的变化密切相关。"④ 包括文学在内的艺术的发展不仅受到普遍的精神文化的制约，同时要通过美学原则的过滤方才能成其为艺术。"现代小说中的艺

---

① Жирмунский В. М. *Теория литературы. Поэтика. Стилистика.* Л. : Наука. 1977 , p. 37.

② Жирмунский В. М. *Теория литературы. Поэтика. Стилистика.* Л. : Наука. 1977 , p. 38.

③ Жирмунский В. М. *Теория литературы. Поэтика. Стилистика.* Л. : Наука. 1977 , p. 38.

④ Жирмунский В. М. *Теория литературы. Поэтика. Стилистика.* Л. : Наука. 1977 , p. 100.

术构思，对主题的加工要在审美的组织语言材料中实现。"①

（二）文学发展的推动力

蒂尼亚诺夫在谈到普希金对 18 世纪的大形式的继承时说："他们之所以能继承自己的前辈，只是因为改变了他们的风格，改变了他们的体裁。"②什克洛夫斯基也认为新的文学创作并不意味着传统的绝对消失，其价值将通过另一种方式呈现，无论是基本的词汇，还是文学经验方面均如此。如在词汇方面，作家创作固然不能重新制造从未出现过的新词汇，要利用人类的现有语言，但什氏认为优秀的作家往往不会使用一种语言的词典或语言系统，他往往利用多个词典或语言系统。在文学经验方面，传统文学中的手法在自动化的同时又转而成为新的文学加工创造的重要素材，它可以参与新的文学创作，但"传统文学在新的文学中的存在好像没有户口，她就像地球上某种大事件后磁场的改变。该处发生了地理现象，它对于地球而言是新的"③，进入了新的文学作品后就发生了根本性的变化，获得了新的生命。

大到各种文学流派、思潮，小到每位作家的作品，其间是如何承继发展的呢？形式学派的学者对此的理解较一致：它们之间不仅存在着承继关系，同时还伴有"斗争"。蒂尼亚诺夫在《陀思妥耶夫斯基与果戈理》一文中，就高度概括过这种承继与"斗争"相伴的文学现象的转换，即文学史的发展，他说"任何文学承继都首先是斗争：老的流派的整体破坏和老的因素获得新结构。"④ 艾亨鲍姆认为，蒂尼亚诺夫在《陀思妥耶夫斯基与果戈理》中极力强调的作品发展过程中的创造性模仿是十分必要的，尤其对于文学史理论的建构，这里涉及了传统与创新的问题。

纵观古今中外文学的发展，从萌芽期到现在经历了许许多多、大大小小的变化，可以说从未停歇发展演变的脚步。那么，文学发展的动力何在，或者说是什么推动文学自身的发展演变，其根本原因是作家，还是外在因

---

① ЖирмунскийВ. М. *Теориялитературы. Поэтика. Стилистика.* Л. ： Наука. 1977，p. 47.

② ТыняновЮ. Н. *Поэтика·история литературы·кино.* М. ： Наука. 1977，p. 258.

③ ШкловскийВ. Б. *Энергия заблуждения.* М. ：Советский Писатель，1981，p. 190.

④ ТыняновЮ. Н. *Поэтика·история литературы·кино.* М. ： Наука. 1977，p. 198.

素，或是多种因素的混合呢？形式学派成员的论调并不统一，较有代表性的是什克洛夫斯基和蒂尼亚诺夫。什克洛夫斯基较倾向于文学发展的推动力来自包括作家在内的多种因素综合作用。蒂尼亚诺夫则较倾向于将其归为文学自身的发展规律。

什克洛夫斯基虽不断强调陌生化手法的使用从根本上改变了文本的存在状态，但陌生化手法尽管来自作家的创造，然而影响陌生化手法加工结果的因素并非只有作家，通过前文的论述可以知道，还包括文学自身的发展规律和读者等因素。

在这一问题上蒂尼亚诺夫则是另一种论调。他认为作家的意图、作家的个性及心理等因素对创造的影响微乎其微，作用最突出的当属文学自身的发展规律。蒂尼亚诺夫首先谈到了作家的创作意图，他认为一部作品的创作并不完全是由作家的创作意图决定的，他"把'作家的意图'浓缩为一种要素，并仅此而已。'创作自由'只是一句乐观的口号，但口号与实际情况并不吻合，且要服从于'创作的需要'"①。创作意图仅是文学创作中需要的一个因素，它的作用的发挥受制于许多其他因素，所以所谓的"创作自由"完全是空谈。在各种文学要素的制约下，作家的意图常常"被迫"发生改变，或者被取代。"作家在运用特殊的文学材料时，受它的制约，会改变原来的意图……《叶甫根尼·奥涅金》最初大概是'讽刺诗'，作家在其中'发泄了愤怒'。但写到第四章时，普希金这样说，'我的讽刺哪里去了呢？《叶甫根尼·奥涅金》中看不到它的痕迹。'"② 所以想通过作品去了解作家较难找到正确答案，作品中呈现出来的作家的个性和风格往往由作品的特殊语境决定，与生活中的作家本人往往并不一致。"海涅的文学个性与其本人就相距甚远，在某些时期，传记也是令人将信将疑的口头文学。"③尤其有一些作家生活中做了很多令人难以接受的事情，像徐志摩为了追求所谓的爱情而抛弃结发妻子，更有涉嫌杀害妻子的顾城，但他们的文学创作则表现出了过人的才华，古今中外这样的例子不胜枚举。

---

①　Тынянов Ю. Н. *Поэтика · история литературы · кино.* М. : Наука. 1977 ,p. 278.

②　Тынянов Ю. Н. *Поэтика · история литературы · кино.* М. : Наука. 1977 ,p. 278.

③　Тынянов Ю. Н. *Поэтика · история литературы · кино.* М. : Наука. 1977 ,p. 279.

　　不仅如此，蒂尼亚诺夫甚至断言，文学的发展演变不仅不依赖于作家的创作个性，甚至其心理、生活环境、所属的阶级等因素对作品产生的影响也十分有限，往往不能在作品中产生直接的影响，与作品中表现出的特征并不能形成因果关系。蒂尼亚诺夫认为，即使没有这种影响，某种功能也能够引导我们找到类似的形式要素。

　　那么作品的发展演变受制于哪些因素呢？蒂尼亚诺夫认为："问题在于客观条件，不在于作家个人的和心理的条件，因为文学系统的功能同相邻的社会系列相比有了发展变化。"① 这里的客观条件具体内容是什么，蒂尼亚诺夫并未直接论述。我们认为，它应该是非人为的文学发展的内在规律，强调的是文学艺术发展的相对独立性。

　　当然，文学史绝不是直线式的发展演变，而是以断断续续的路线前进。换言之，文学的发展或文学流派之间的承继关系不是父与子之间的具有必然性的关系，而是叔叔与侄儿之间的间接关系。就像流派的发展演变，每一个时代同时存在的流派可以有一个或多个，其中的某些流派往往是典型代表。每个流派的出现都是一次革命，当然"被战胜的线路不会消失，不会停止存在，只是从巅峰状态跌下来，在休闲体系下散步，并能重新复活……新的领导者也不是之前形式的简单重复，而是之前的小流派的特点的复杂化，继承的是已经处于辅助地位的曾经主位的特点"②。文学史就在这个过程中"跌跌撞撞"地前进。

---

①　ТыняновЮ. Н. *Поэтика · история литературы · кино*. М. : Наука. 1977, p. 280.

②　ШкловскийВ. Б. *Гамбургский счёт*. М. : Советский писатель. 1990, p. 121.

理论工具箱

梅洛－庞蒂身体现象学的四个关键概念

孔令洁①　林　青②

哲学的历史，一度是身体被打压、被无视的历史。笛卡尔以身心二元论在身体和心灵之间设立屏障，相对于富有理性和秩序的心灵，身体被界定为感性、偶然和盲目，人的本质关乎心灵而与身体无涉。在笛卡尔看来，心灵的逻辑推理能力确保了其可靠性，它是人们追求知识和真理的凭靠；身体无序的感性机能带来的却是谎言和干扰，身体在真理面前力有不逮、无处作为。在对心灵的礼赞中，笛卡尔开启了身体被忽视的历史，而身体被打压的开端则可以追溯到古希腊。柏拉图将身体看作充斥着本能的情感和欲念的皮囊，与灵魂相比，身体是短暂的，它是灵魂在世被迫寄居的场所，由身体所滋生的欲求和野蛮阻碍灵魂的升华，无助于理想国合格公民的品格铸造，身体从来都是通往真理路途中的绊脚石。因此，在柏拉图的哲学中，身体不过是欲念和束缚的另一表述，灵魂要追求至善至美的真理，势必就要压制和摒弃释放负面效应的身体。可见身体与心灵、物质与精神、客体与主体的二元对立的基本框架实际上埋藏在西方哲学的起始处，身体被诘难的序幕在古希腊时代就已经被掀开。自此以后，身体挣扎或隐没于哲学史的漫长演变中。梅洛－庞蒂的身体现象学之所以意义重大，正是因

---

① 作者简介：孔令洁，四川大学文学与新闻学院文艺学专业博士研究生，研究方向为文化与文论。

② 作者简介：林青，加拿大蒙特利尔大学哲学博士，中国数字图书馆有限责任公司副总裁。

为在他对身体概念的重新整合和阐述中，身体开始被拯救出意识哲学的深渊而跃身于哲学舞台的中心。身体，这个长久以来的孤立物，在身体现象学中终于以身体性的存在，与意义、大千世界以及他人产生了关联。从这个意义上看，身体现象学的出现显然是身体哲学的标志性事件。身体因此除去愚昧和低级的烙印，迎来了其哲学的光明。但是，梅洛－庞蒂的身体现象学存在着其复杂难解的一面——常常被称为"含混的哲学"，这无疑为我们进入身体现象学的堂奥增加了难度。按照德勒兹的说法，哲学应该被看作一门形成、发明或制造概念的艺术，那么进入一种哲学的理想和有效的途径自然就是从其关键概念入手，在对关键概念的把握中梳理其脉络、深入其肌理。为此，本文翻译摘取、收录了《梅洛－庞蒂词汇》①中的"身体（Crops）""可逆性（Réversibilité）""主体间性（Intersubjectivité）""身体间性（Intercoporéité）"四个词条以飨读者。这些词条本身既是梅洛－庞蒂身体现象学中的一些关键概念，很大程度上又代表了国际学术界对身体现象学的理解共识。我们诚所甚望的是，这一翻译和介绍的工作能够为读者提供一把打开身体现象学大门的钥匙，帮助读者发现和进入梅洛－庞蒂的哲学世界。那么，就让我们首先从"身体"概念开始吧！

身体（Corps）

在梅洛－庞蒂的哲学中，身体概念之所以被看作对传统的身心二元对立思想的克服，是因为身体不再是生理学意义上的物质存在，不再是与心灵截然相对的无足轻重的躯壳，身体成为介于传统的身体与心灵之间的第三种存在——身体－主体的存在。对梅洛－庞蒂而言，这种身体－主体的存在本身具有现象学还原的深意，它包含着时间和空间，是处境性存在，或曰"场"。身体－主体的存在由此而成为在世存在的活动，解释身体与解释身体所在的世界密切相关，与解释身体和他人之关系密切相关，身体在此作为意义发生的关键地带而起作用。

---

① Pascal Dupond, *Le vocabulaire de Merleau-Ponty*, Paris：Ellipses Édition Marketing S. A. , 2001.

在《知觉现象学》中，梅洛－庞蒂将身体分为两类：（1）"客观身体"，这是指一个"事物"存在的方式，根据梅洛－庞蒂 1958 年的一份工作笔记，这就是"动物身体"，可以分析、分解为不同的元素；（2）"现象身体"或"身体本身"，他同时是"我"和"我的东西"，在这样的身体中我才能作为一种内在性的外在性，或外在性的内在性把握住自己，现象身体是通过显现世界而自我呈现，因此相对他自己只有保持一定距离才是现时存在的，而且他不可能将自我幽闭于一种纯粹的内在性（根据同一份工作笔记，客观身体向现象身体转换"不是为了自身的过渡，而是他的一致性，他的整体性使然，这种整体性甚至从外部是可见的，尽管他者和自身的面相永远不会是同一的"）。因此，不论是从自然主体①，或是自然的我②的意义上讲，现象身体都是一个"身体－主体"，因为他本身具备"形而上的结构"。通过这种结构，可以定性他的表达能力、精神、意义和历史的创造能力。

现象身体具有两面性，他反映的是自然与自由的连接。一方面，他内心被一种主动的虚无占据着，"他无所以居，无名以状"③，他是在超验运动状态中的存在，他是将自身与事物结合的力量，也是协调适应事物的力量；他分泌出意义并将其投射到他的周边④；他是协同合作的系统，所有的功能都凝聚在世界存在的普遍运动之中⑤，他是"地点，或更应当说是表达现象的现实性"⑥，"他创造时间而不是承受时间"⑦；相对一个实在的身体，他更应当是在任何一种情形下我们应当拥有的"这种虚拟的身体"，这样，世界才会显现出来⑧。另一方面，

① Merleau-Ponty, *Phénoménologie de la perception*, Paris：Gallimard, 1945, p. 231.
② Merleau-Ponty, *Phénoménologie de la perception*, Paris：Gallimard, 1945, p. 502.
③ Merleau-Ponty, *Phénoménologie de la perception*, Paris：Gallimard, 1945, p. 230.
④ Merleau-Ponty, *Phénoménologie de la perception*, Paris：Gallimard, 1945, p. 230.
⑤ Merleau-Ponty, *Phénoménologie de la perception*, Paris：Gallimard, 1945, pp. 267 - 268.
⑥ Merleau-Ponty, *Phénoménologie de la perception*, Paris：Gallimard, 1945, p. 271.
⑦ Merleau-Ponty, *Phénoménologie de la perception*, Paris：Gallimard, 1945, p. 267.
⑧ Merleau-Ponty, *Phénoménologie de la perception*, Paris：Gallimard, 1945, pp. 289 - 291.

他也具有"我被投放于其中"① 的性质，而这种性质同时表现在他之外亦在他之中②。如此一来，他不仅仅具有一种非人格和匿名的力量，也是"存在的定格形象"③，或存在的"稳定化的结构"④；他是一种"捕获的精神"⑤，简言之，他是存在的舒缓或内向的痴迷。正是因此，他才与以第三人称形式出现的客观身体发生交流。

从1945年这部著作以后，梅洛－庞蒂更为彻底地深化已经启动的努力，他最后的工作笔记强调，现象身体（这个概念此后被称作肉躯）肯定已经不是客观身体，也不是"经由灵魂想出来的身体"，而更应当注意的是，在强调与客观身体对立时，人们缺失了现象身体本来的意义，这是因为人们压抑了现象身体的主观层面的东西，而肯定了那些应当忽略的范畴。所以更应当说身体是众多可感物中的一个，身体就是"其中注录了所有其他东西的身体"⑥，或者他就是诸多事物中的一个事物，而且更为明确地说，他也是且尤其是"在更高层次上看，身体就是任何一个事物，也就是可延展的这个"⑦，"一个本体自我展延的可感物，且可视为具有普遍意义"⑧。

可逆性（Réversibilité）

"可逆性"之所以被放在"身体"之后，"主体间性"和"身体间性"之前，是由于这一重要概念在梅洛－庞蒂的身体现象学中既是身体－主体在世存在活动中所表现出的重要特征，又是谈论他人问题、身体与世界问题的基础。虽然梅洛－庞蒂对"可逆性"的论述是从身体感觉的关联性入

---

① Merleau-Ponty, *Phénoménologie de la perception*, Paris：Gallimard, 1945, p. 398.
② Merleau-Ponty, *Phénoménologie de la perception*, Paris：Gallimard, 1945, p. 398.
③ Merleau-Ponty, *Phénoménologie de la perception*, Paris：Gallimard, 1945, p. 270.
④ Merleau-Ponty, *Phénoménologie de la perception*, Paris：Gallimard, 1945, p. 369.
⑤ Merleau-Ponty, *Phénoménologie de la perception*, Paris：Gallimard, 1945, p. 294.
⑥ Merleau-Ponty, *Le Visible et l'invisible*, Paris：Gallimard, 1964, p. 313.
⑦ Merleau-Ponty, *Le Visible et l'invisible*, Paris：Gallimard, 1964, p. 313.
⑧ Merleau-Ponty, *Le Visible et l'invisible*, Paris：Gallimard, 1964, p. 313.

手的，但这一概念实际上同时指向了身体与外在事物的关联性。也就是说，"可逆性"作为一种结构，它确保了"身体能够同时感受和被感受，它既在世界之外，又在世界之内，因而可以同时观看和被观看"①。与海德格尔的"上手性"（Zuhandenheit）相比，"可逆性"更加决然地破除了身体的物质性边界而向他人和世界敞开，身体现象学的共生和共感从而替代了传统二元对立中的断裂和区分，让作为身体性存在的"我"与世界和他人具备了相互沟通、彼此理解、统一共生的理论基础。梅洛－庞蒂的身体现象学在"可逆性"的贯通中，从知觉的层面延伸到了共通共在、彼此生成的层面之上：

> 从《知觉现象学》起，梅洛－庞蒂在胡塞尔之后就已经注意到，看和触摸的身体实际上尝试：看的同时自己也在看自己，或者触摸的同时自己也在触摸自己，身体企图"在执行他的知觉功能时突然从外部捕获住自身，由此身体开启一种思考"②，在这一思考过程中，触摸反过来变成了被触摸，而被触摸变成了触摸。在《可见的与不可见的》中，这种由感觉转而变成被感觉，或由主动变成被动的思考，延展到身体与世界和与其本人之间的关系，由此这种思考被定性为肉躯基本的本体论结构。
>
> 可逆性说明了这样一种关系的特征：触摸和看见与一个被触摸和一个被看见物之间是不可分割的。主动性只能够在一种持续趋近被动性的过程中完成。如此一来，在感觉和被感觉的关系中可以看到一种可逆性，即一种循环性，在这之中既揭示出它们共同的归属，又保留着它们并非耦合或融合的距离。这种情境不仅说明"主客体之间的差别在身体中变得模糊不清"③，而且还特别说明，这种差别正是在身体与世界完全绞合为一体中才变得难以分辨。当我触摸一块石头感觉到它的光滑或粗糙，我探索的手指会自动顺从地被石头颗粒那可触知的

---

① 金惠敏：《间在论与当代文化问题》，载《社会科学战线》，2022 年第 1 期，第 137 页。

② Merleau-Ponty, *Phénoménologie de la perception*, Paris：Gallimard, 1945, p. 108.

③ Merleau-Ponty, *Signes*, Paris：Gallimard, 1960, p. 211.

旋律所引领。感觉就是这样一种生物学上的断处逢生的概念，它使一个事物促生另一个事物，使可感的感觉促生可感的被感觉。

可逆性就这样使人领悟到，活跃的身体只有通过它向其他身体和世界开放时，才会向他自身开放。只有呈显于外在性时才有内在性，唯有通过外在性，内在性方可与外界再连接。一种纯粹的行为也许是矛盾的。一个悬空于世界的主体是一个没有世界的主体。

主体间性（Intersubjectivité）

主体间性思想的最初来源是胡塞尔。在胡塞尔看来，主体间性作为意识之间的关系，"我"的意识包括了一个与另一个意识存在共享的世界①，他者主体实际上是在与"我"的类比中推论而来的。因此胡塞尔假定了"我"的意识的优先性，从而使得主体性分离于主体间性。梅洛－庞蒂的主体间性概念基于对胡塞尔思考路径的摆脱。对梅洛－庞蒂来说，主体间性不再位于主体性之后，他通过明确他人始终存在于我的主体性之中，从而确认了主体性即主体间性。也正是由于我与他人在主体间性意义上共在于这个世界，我或他人才得以知觉世界、把握意义。事实上，在走出胡塞尔既定思路的同时，梅洛－庞蒂还用主体间性概念取消了萨特在《存在与虚无》中设定的自为和为他的矛盾，即我之所以自为存在，正是由于我为他存在，每一种存在都既是给予也是接受：

> 主体间性是一种意向生活的结构，这个概念在《知觉现象学》中是与我思故我在（cogito）相关的，因为我思故我在向我揭示出"情境中"②的我自己，同时将我视作双重匿名的"具体承载者"，即"绝对个体性"的匿名和"绝对普遍性"③的匿名。然后，在转向内在本体论之后，在他者感知或对话层面上，主体间性又变成了对经验的看不

---

① Mattews E. *The Philosophy of Merleau-Ponty*. Montreal & Kingston, Ithaca: McGill-Queen's University Press, 2002. p. 64.

② Merleau-Ponty, *Phénoménologie de la perception*, Paris: Gallimard, 1945, p. VII.

③ Merleau-Ponty, *Phénoménologie de la perception*, Paris: Gallimard, p. 512.

见的连接①，而这种连接首先是要将经验变成可能的。这就是"将他者裹挟（Ineinander）在我们之中，并将我们裹挟在他们之中"②，这种裹挟势必要涉及一个世界的开放。

根据 1945 年的著作，主体间性可以切分为两种方式，从我们的"绝对的普遍性"③ 角度看，对我思故我在的改造应当显示出这两种方式是不可分割的，我们与他者共处于一种情境的社团；而从我们的"绝对个体性"的角度看，我们与他者共同介入一种"意识的斗争"④。这一转变在《世界的散文》的篇幅里已经显示出来，书中论述道，对话是远离一种纯意识内在性的内卷，如同远离"人们"（On）⑤ 这个匿名普遍性所带来的混淆不清，对话是这样一种闭环，其中没有任何东西可以放弃我的自主和我的责任，我用一种亲情的宽宏大度让他者剥夺我的中心位置，而在我的意识中，我一直就在以他者的身份在想，就像他者以我的名义在说。《辩证法的历险》也在强调这一转折，而在《人道主义与恐怖》中，历史的发展仍是围绕着我思故我在的意识斗争展开的，根据 1955 年的著作，历史的运动是通过操作意义的辩证关系实现的，正是在这种操作意义中，人类的生产性才可以表达、丧失并重获，也就是说，是通过梅洛－庞蒂所说的实践实现的。而实践的特征正是，它逃避了理论意识自闭于其中的主客体之间的交替，"在实践中有一种对两难推理的超越，因为实践不从属于理论意识的假设，也不从属于意识之间的竞争对立……"⑥ 从此以后，主体间性不再启灵于意识之间形成的关系，也与重新表述的我思故我在无关，尽管这种重新表述旨在协调普遍化存在和意识斗争之间的关系，而是与"适配对接的综合"⑦ 有关，这种综合是由感知和运动之间的可逆性所支配的，

---

① Merleau-Ponty, *Le Visible et l'invisible*, Paris：Gallimard, 1964, p. 234.

② Merleau-Ponty, *Le Visible et l'invisible*, Paris：Gallimard, 1964, p. 234.

③ Merleau-Ponty, *Phénoménologie de la perception*, Paris：Gallimard, 1945, p. 512.

④ Merleau-Ponty, *Phénoménologie de la perception*, Paris：Gallimard, 1945, p. 408.

⑤ On 是法语的非确指的人称代词。——译注

⑥ Merleau-Ponty, *Les Aventures de la dialectique*, Paris：Gallimard, 1955, p. 71.

⑦ Merleau-Ponty, *La Prose du monde*, Paris：Gallimard, 1955, p. 29.

或者说，是受说和听到之间的可逆性所支配的，进而通过这种适配对接的综合，在他者静默的感知或对话中，"所有我所做的，我会让他去做，而所有他所做的，他会让我去做"①。

梅洛－庞蒂曾经想就主体间性与胡塞尔、舍勒、萨特，还有黑格尔和马克思展开持续性的对话。在超验性的自我中，构建他者对梅洛－庞蒂来说显得不太可能，这同舍勒"自身与他者的混合"或者"无差别化的心理流"的立场一样。1945年，主体间性的关键落脚于时间性上，"两个时间性作为两个意识相互并不排斥，因为，每一个意识只有在自身投放到现时之中，两个意识只有能够相互交织，方可自知"②。之后，梅洛－庞蒂拒绝在时间性中寻找"所有超验性问题的解决方案"③，而正是因为抛弃了我思故我在的重新表述的计划，主体间性才变为身体间性，"我们并不是依靠每个人都是一个无法异化、不可替代的我的意识活着的，而是依靠与能够说话且可与人话语交流的人活着的"④。

身体间性（Intercoporéité）

身体间性概念是对主体间性的进一步深化。身体之身体性存在的意义，让主体间性滑向身体间性，主体间性最终被落实为身体间性。具体而言，我与他人在主体间性意义上共在的更深一层意蕴则是我与他人皆是凭借身体性存在所具有的感知和体验才得以相互关联并获得统一性，正是经由我们的身体，世界才成为我们得以共享的世界。也正是在此意义上，身体性存在的本质可以被看作身体与身体、身体与世界的共生关系。因此，我与他人的问题，在事实上成为身体间性的问题：

人与人之间的关系，甚至同一物种或不同物种的生物之间（动物

① Merleau-Ponty, *La Prose du monde*, Paris：Gallimard, 1955, p. 29.

② Merleau-Ponty, *La Prose du monde*, Paris：Gallimard, 1955, p. 29.

③ Merleau-Ponty, *La Prose du monde*, Paris：Gallimard, 1955, p. 29.

④ Merleau－Ponty, *Notes de cours* —1959－1961, Paris：Gallimard, 1996, p. 215.

间性）的关系可以勾勒出"一种身体相互之间的存在"①，"一种不可分割的存在"，它建立在感受者和可感物的可逆性之中。身体间性可理解为一种身体本身的内联系的扩张，如同我的两只手是一下就把握住世界的协力器官，握手的交换是这种协力合作开放的象征，这种开放面对的是一种泛化的、身体间性的，或"有多种入口"的存在。

梅洛-庞蒂首先发现身体间性是源于"那些最早时期的野蛮思想"，这些思想"直至今天依然是成熟年代思想中不可或缺的收获"②，感知他人的身体，就是"在其中发现好似一种他自己意向的神奇延续，一种对待世界的非常熟悉的方式；然而如同我身体的各个部分共同组成一个体系，他者的身体和我自己的是唯一的一个整体，是唯一一个现象的反面和正面……"③。但是，这一概念只有在这样一种时刻才可真正形成：可逆性和交错配置的概念首先涌现于脑海，这样，感受才不再"以原发的名义"，经由"同一意识的归属"④ 而被定义，而是定义为"可见物回归于自身，也就是感觉者向被感物，被感物向感觉者的骨肉联结"⑤。同样，通过主动和被动之间的可逆性，每只手与另一只手交流，每个感觉与其他感觉的交融，也都是在一个"一般感觉者"的一致性中完成的。依照同样的可逆性概念，每一个身体性都会让人感受到，面向所有他者和与他者同一的世界，它都是开放的，因为人们可以体会到，身体性绝不是一种思想，一种我思故我在，而是一种世界"匿名化的可见性"⑥ 之地域结晶。

身体间性的概念也延伸到 1945 年相关的社会思考。社会上的事并不是用主观或客观的概念所能解释的，因为它既不是个人深思熟虑的想法，也不是决定个人的世界某一阶层的想法。同样，身体间性既不是"主观的精神"，也不是所有自我（Ego）或许相同并且个人的差异

---

① Merleau-Ponty, *Le Visible et l'invisible*, Paris：Gallimard, 1964, p. 188.
② Merleau-Ponty, *Phénoménologie de la perception*, Paris：Gallimard, 1945, p. 408.
③ Merleau-Ponty, *Phénoménologie de la perception*, Paris：Gallimard, 1945, p. 406.
④ Merleau-Ponty, *Le Visible et l'invisible*, Paris：Gallimard, 1964, p. 187.
⑤ Merleau-Ponty, *Le Visible et l'invisible*, Paris：Gallimard, 1964, p. 187.
⑥ Merleau-Ponty, *Le Visible et l'invisible*, Paris：Gallimard, 1964, p. 187.

层出不穷的"一群人的灵魂"①。身体间性是这种原初的、肉体的然后是象征的交换，在这一交换中，个人——其实他不可能要求获得最终的现实——因此总是处于一种差异性状态。

———————————

① Merleau-Ponty, *Le Visible et l'invisible*, Paris：Gallimard，1964，p. 228.

"星丛共同体" 概念
——作为对亨廷顿文明冲突论与文明对话论的存在论缝合

金惠敏①

在《文化自信与星丛共同体》② 一文中，笔者曾用"人类命运共同体"概念，特别是其中所包含的"文化星丛"和"星丛共同体"等意旨，并进一步加持以儒家的"和而不同"概念，基本上缝合了亨廷顿的文明冲突论与其文明对话论之间的裂口。此文业已论证的是：坚硬的文化差异性之转变为弹性的文化对话，其方式是一方对其差异性的宣示和呈现，当然也可能是自然而然的出显，另一方对如此表现出来的差异性的看见、让（其）在、宽容，反之亦然。在这一意义上，我们说，差异即对话，即对过去所谓之"普遍性"的寻求。而如果说对话是彼此都在给对方，给对方的个性、特色、独在（singularity）留出立足之地、存在之空间，那么也可以反过来说，对话即差异：未必是接受差异，但绝对是"视纳"③ 差异、容忍差异、

---

① 作者简介：金惠敏，四川大学教授、博士生导师，近年来主要研究文化理论、间在理论。

② 金惠敏：《文化自信与星丛共同体》，载《哲学研究》2017年第4期，第119－126页。

③ 词典中无"视纳"一词，笔者自创此词以表示有某物进入或被纳入主体之视域，通俗地说，就是此物被看见，然而这绝不意味着主体已彻底认识此物并整合进其自身的存在。在"视纳"的情况下，对象更多属于表象和形式，其背后的内容仍保持其神秘性，主体仅仅是知其存在而已，知其然而不知其所以然。该术语若是翻译为英语的话，"visual inclusion" 可以优先考虑。

保留差异。如此理解和诠释的"差异"，若是从哲学上看，就是一个认识论的概念，即是说，此差异仅仅发生在视觉的和认识的层面，尚不涉及其所由以呈现出来的事物本身。

而现在，如果说早前我们只是侧重于从认识论上弥合亨廷顿文明冲突论与对话论之间的理论裂缝，那么我们还需要完成一项新的任务，即在事物之本体论存在方面，如何看待和解决此二者之间的矛盾？换言之，在认识到不同文化的特殊性之后，人们能否走向对自身文化的改变甚或革命？只有回答了这一问题，我们才有望完全弥补亨廷顿的逻辑漏洞，并释放其潜在的理论价值。

我们不能像亨廷顿那样一概而论地认为，既然文化是基因般地坚持自身、不做改变，如亨廷顿所坚持的，那么诸文化之间便没有相互学习、欣赏、借鉴，从而丰富、完善、提升自身的可能。文化是存在的手段，是生命借以表达自身欲望的媒介，因而原则上，其存在的变化将必然要求相应地于文化上的变化。这简单地说是由于生命具有自我存续的本能，凡可保证生命之存续者，生命概不拒绝。如果一种文化不足以继续维持其所有者、习染者的生命延续和发展，那么其所面临的命运必然是被抛弃。生命从来就是第一位的，而文化只是此生命之附庸。例如，中国虽有自己源远流长的文化传统，但自从认识到西方文化于中华文化比较而言的特殊性、差异性之后，许多仁人志士如梁启超、陈独秀、吴虞、胡适、鲁迅等不都是转取西方文明吗？！不少学者如陈序经甚至提倡"全盘西化"。放眼当代中国，毋庸置疑的是，西方文化已经深入中国当代文化的骨髓。

亨廷顿指出一个现象说，伊斯兰世界可以接受现代科技，然其文化结构却并不因此而有所松动，这样似乎文明之间便必然会发生冲突，而对话则只能流于一种美好的期待。对此，我们想回答说，其一，经过现代科技和文化的洗礼，伊斯兰世界绝不再是原初的模样，不然，何以会出现"原教旨主义"运动呢？这如何解释？所谓"原教旨主义"就是返回原初之基本，而如果没有走出，则何来返回呢？！其二，联合国将2001年定为全球"文明对话年"，当时是得到了伊斯兰国家的广泛支持的。这说明，即使貌似特别坚守其文化传统的国家，也不乏对话的冲动和需求。其三，有学者更具体地发现，最激烈的文明冲突不是发生在诸文明之间，而是发生在同一文明内部，例如伊斯兰文明内部尖锐对峙的霍梅尼派与哈塔米派，前者坚持伊斯兰教之唯一性、完美、纯粹、无所不有，它于是无须与西方对话，而后者则指出伊斯兰教本身就是倡导对话的宗教，先主穆罕默德极为关注发声者的言论，且于事实上文明之间相互影响，自古而然。他们挖掘认为此中缘由是：文明建基于一套世界观，当此文明之实际情形（包括日益增长着的人类生命需要与旨在满足此需要的物质生产条件的变迁）超过了这种世界观时，该民族就会积极主动地转向其他文明，以求启迪和支持。① 可以说，哈塔米派已经认识到，对话不是为对话而对话，不是单纯的智力游戏活动，对话是为生命而对话，对话是为生命所驱动的对话。其四，"那些倡导文明对话的人一方面对外界持开放态度，另一方面又不想舍弃自己的传统和文明。他们认为，传统可以批判，但是也要一起批判现代性"②，不错，这是事实，对话派的确是如此声称的。但是，第一，我们最终要看对话的结果，这结果巴赫金称之为"事件"，这"事件"不属于参加对话的任何一方，而是所有参与对话者的共同创造，因此"事件"的意味便丰富亦即改变了所有的对话者。第二，如前申明，对话的要义一方面在于将自身之差异展示给对方，求得认识和理解，另一方面则是扣留自身、保持自身。然而，我们必须牢记，对话尽管不可能，也不是为了消灭对话者的深刻的本体论存在，但它一定会改变其差异的呈现形式，从而便是改变了其本体论存在与其差异显现之间的关系，换言之，对话不会将他者连根拔起，但绝对会改变他者与环绕着它的外部世界的关系，对话之后，他者不再绝对，而是部分地进入"共在"或"交往理性"的他者了。总之，**对话是变革性的，对话者通过变革其自身的外显形式，最终也变革了其自身的社会性存在。**

亨廷顿的问题是，他看到了文化的稳定性、持久性、惰性，但未特别留意于文化的动态性、时间性、活性；或更准确地说，他未能将二者完美地整合起来，故而其关注点一忽儿聚焦于前者，一忽儿又飘落到后者，始

---

① 参见布鲁斯·马兹利什：《文明及其内涵》，汪辉译，刘文明校，北京：商务印书馆，2017 年版，第 118 - 142 页。

② 参见布鲁斯·马兹利什：《文明及其内涵》，汪辉译，刘文明校，北京：商务印书馆，2017 年版，第 130 页。

终在游移不定中。大体上说，其文明冲突论源出于前者，而文明对话论则得自后者。两论之龃龉，亦与其对文化的性质之顾此失彼的理解密切相关。亨廷顿知道，晚清中国曾有"中学为体，西学为用"一说，而他本人，当其将现代化与西方化无关的论断推向极端时，实际上便是重蹈了早已被现代中国革命抛弃了的此一旧说。现代化不是强化了中国封建专制，而是造成这一逾两千年之顽固体制及其文化统绪的崩解与共和国及其新文化的诞生。

也可以为亨廷顿辩护说，就其现实主义的清醒而论，亨廷顿的文明冲突论是正确的；而就其浪漫主义的想象而观之，亨廷顿的文明对话论也是我们必须欢迎的。认识到冲突就在眼前而诉诸对话以避之，"不战而屈人之兵，善之善者也"。但是，毋庸自谦，亨廷顿文明冲突论的现实性和其文明对话论的想象性，以及二者的合理性，这些都只有在"星丛共同体"的理论中才能获得其真正的实现和价值，因为这一理论假定：差异即对话，反过来，对话亦即差异。如果有人觉得此论绕口，他完全可以继续沿用古老的"和而不同"或"求同存异"等语。

书评在线

当代理论语境中的身份与差异

——评菲利普·格里尔编《身份与差异：黑格尔逻辑学、精神哲学和政治学研究》①

〔加拿大〕马丁·蒂博多　撰②

张　叉③　温家红④　译

身份宣示无疑是我们社会和政治生活中最基本而又极其模糊的一个方面。事实上，在我们是什么人、我们属于什么群体和我们的信仰是什么等方面，宣示自己作为道德、社会和政治媒介的身份似乎有助于对我们自身进行"解释"（construal）或者"构建"（constitution）。从这个角度来看，无论是作为个人，或者更大的"实体"（entities）、"身份"（identities）的

①　译按：原文无标题，译文标题为译者根据文章内容添加。本文所评图书为：Martin Thibodeau，Book Review，Philip T. Grier（ed.），*Identity and Difference. Studies in Hegel's Logic*，*Philosophy of Spirit*，*and Politics*，Albany，NY：State University of New York Press，2007，pp. 289. 本文出处为：*Bulletin of the Hegel Society of Great Britain* 65（2012），pp. 127 - 130. 感谢作者蒂博多教授慷慨授权翻译。

②　作者简介：马丁·蒂博多（Martin Thibodeau），加拿大渥太华圣保罗大学（Saint Paul University）哲学系教授。

③　译者简介：张叉，文学博士，四川师范大学文学院教授，四川师范大学文学院比较文学与世界文学学位授权点负责人，四川省比较文学研究基地兼职研究员，学术集刊《外国语文论丛》主编，成都市武侯区作家协会常务副主席兼秘书长，主要学术著作有《中西比较文学六论》《何去何从——比较文学中外名家访谈录》等。

④　译者简介：温家红，四川师范大学外国语学院 2019 级翻译专业英语笔译方向硕士研究生，学术论文主要有《"三美论"视角下〈荷塘月色〉中叠词的英译赏析》等。

成员，无论这是宗教的、政治的、民族的还是种族的"实体"，宣示自己是"某个的""特定的"和"具有自我意识的"个人是彼此建立关系的必要条件。然而，身份宣示也通常会随之产生诸多消极影响。在很多情况下，宣示自己的身份——无论是作为特定的个人还是作为特定群体的成员——似乎都意味着肯定或设定了视作带有威胁性的"他者"（other）的"差异"（difference）。就这个角度而言，宣示自己的身份似乎难以避免一个可能激起矛盾的划界过程，这一过程会具有排外性并最后排除任何被认为拥有一种或多种其他带有威胁性的人。

这些就是菲利普·格里尔（Philip T. Grier）主编的题为《身份与差异：黑格尔逻辑学、精神哲学和政治学研究》（*Identity and Difference：Studies in Hegel's Logic，Philosophy of Spirit，and Politics*）一书所考察的关键性问题。对许多人来说，讨论涉及黑格尔的这些问题及其影响可能会感到困惑或者甚少觉得有趣。众所周知，无论是当代的分析哲学家还是大陆哲学家都认为，黑格尔提出的身份概念①中涉及身份与差异之间关系的概念是错误的甚至是具有偏见的。根据一些说法，大多数分析哲学家认为，黑格尔的身份概念不得不予以否定，因为这个概念所宣称的内容来源于一个逻辑错误。另一部分人则认为，黑格尔对身份和差异的理解将身份、同一性凌驾于差异、差异性之上，所以他们对黑格尔的这一理解不予接受。

根据大多数大陆哲学家持有的观点，由于上述同排除差异性相关的诸多负面后果，黑格尔的身份概念必须予以否弃。对于克尔凯郭尔、尼采、海德格尔、阿多诺、德勒兹和德里达等哲学家而言，差异与差异性最终会在黑格尔的辩证思想中得以消解和剔除。在他们看来，黑格尔的哲学体系代表了柏拉图和亚里士多德开创的"形而上学"传统的成就、巅峰和事实上的终结。

有趣的是，这本论文集的大部分作者并不认同这一观点。除一人外，其他所有人都对黑格尔哲学论述的准确性提出了异议，原因是这将身份凌驾于差异之上了。事实上，他们认为，黑格尔的辩证和思辨思想最好理解为试图同时兼顾身份与差异、同一性与差异性。这些作者承认，黑格尔提

---

①　在中国黑格尔哲学研究中，此"身份"即"同一"。——译者注

出的概念深受许多大陆哲学家所认同的形而上学传统的影响。不过，在他们看来，这丝毫不能成为低估黑格尔哲学的价值和启发性的理由，在黑格尔对身份与差异、同一性与差异性的理解方面尤其如此。他们指出，黑格尔的哲学为我们提供了一些概念，让我们能够更好地理解我们同一时期经历的身份和差异之复杂、模糊和困难。

正如本书的副标题明确指出的那样，这些作者意图分析黑格尔哲学的某些关键点。具体而言，他们考察了黑格尔关于身份与差异的阐述，并将其与《哲学百科全书》（*Encyclopedia of Philosophical Sciences*）三个部分中的两个部分即逻辑和精神联系起来。第一部分包含四篇论文，研究黑格尔在《逻辑学》（*Science of Logic*）中对身份与差异的理解。逻辑是黑格尔的哲学体系中至关重要的一部分，黑格尔本人也经常提及，逻辑是其整个体系的概念基础。很多评论家以此为前提，认为《逻辑学》是黑格尔的"泛逻辑主义"（panlogism）的根源。因此，黑格尔的哲学体系被认为必然建立在思想的完整和身份的概念上，正如菲利普·格里尔所说，这是一种"吞噬一切"的力量，是要"吞噬"和"消灭"一切不同的思想的东西（第6页）。在这方面，由于威廉·梅克尔（William Maker）和罗伯特·威廉姆斯（Robert Williams）的论文都以不同的方式证明此观点与黑格尔逻辑的关键点是相矛盾的，因此这两篇论文特别富有启发性。梅克尔在文章中十分令人信服地论述道，对哲学体系完整性的要求远远不是消除差异，而是要求差异作为一个不可去除的他者。他认为，哲学体系的完整性不能以特殊看待身份或差异来真正达成，而只能通过一种同时保留与兼顾两者的辩证法来实现。威廉姆斯的论文以黑格尔对辩证法的理解为主线，对"双重过渡"（*gedöpptelte Übergang*）的概念进行了深刻而富有洞见的阐述。黑格尔在《逻辑学》和《哲学百科全书》的后续版本中引入了这一概念。威廉姆斯认为，"双重过渡"的概念澄清并证明了黑格尔的辩证法概念，而辩证法又反过来公平看待身份、差异、同一性与差异性。

这本书的第二、三、四部分关注于黑格尔的主观、客观和绝对精神哲学方面相关的身份与差异的概念。本书的整个第二部分是理查德·迪恩·温菲尔德（Richard Dien Winfield）的论文，论述了黑格尔所指的主观精神，这是现在心灵哲学研究的领域。在温菲尔德看来，黑格尔的心灵概念包含了一些要素，这些要素可以解决在精神哲学领域中长期存在的困难。温菲尔德专注于黑格尔在《哲学百科全书》中对主观精神的论述，并试图证明黑格尔提供了一个心智模型，它避开了现代二元论对身心的理解中固有的重要问题以及维特根斯坦、塞拉斯（Sellars）和戴维森（Davidson）等哲学家最近提出的整体概念中的重要问题。他认为，黑格尔的发展性和系统性的论述为精神的统一性提供了极具说服力的解释，如果仔细研究，那么这将为精神哲学领域的一个可能成功的替代方案提供基础。

本书的其他论文探讨了与黑格尔的客观精神哲学相关的身份与差异的概念。特别有趣的是安吉丽卡·努佐（Angelica Nuzzo）和安德鲁·布赫沃尔特（Andrew Buchwalter）的论文，二者都针对我们当代政治生活的重要方面清晰地阐述了黑格尔的伦理和政治思想。因此，努佐认为，黑格尔在《逻辑学》中对身份与差异的论述，揭示了"当代世界秩序的一个显著而不安定的特征"（第131页）。具体而言，她认为，自"柏林墙倒塌"以来，一方面世界秩序基本上由边界流变而形成，但是另一方面又见证了新壁垒的出现，比如以色列和巴勒斯坦或美国和墨西哥之间的隔离。努佐认为，这种确保安全的政治揭示出"我们这个世界中的身份已经成为一个有威胁性和不稳定的实体"（第131页），她也指出黑格尔的身份与差异概念使我们得以澄清和阐明这个问题及其内在逻辑。黑格尔对这些概念的辩证或思辨性的阐述有助于区分两种不同的政治身份建构的模式，一种涉及与他人的脱离或排斥，另一种涉及与他人的互动和相互认可。

布赫沃尔特的论文探讨相同的政治身份问题，不过是在国际关系的背景下进行探讨的。黑格尔的作品"通常认为不会在国际或者全球层面上提出支持集体身份的论点"，他认为，通过这样的方式来研究黑格尔似乎是意想不到（第155页）。事实上，因为黑格尔往往"被认为是支持霍布斯的'所有人对所有人的战争'，而不是康德的'永久和平'思想中所阐述的世界主义礼让"所代表的国际关系，所以黑格尔在这个问题上的立场似乎表明，这样的论点根本没有关联（第155页）。布赫沃尔特极力反对这一观点，他着手证明黑格尔对"宪法外法律"（Ausserstaatsrecht）的阐述——常常误译为"国际法"——其中包含一些在"真正"和"实际"的相互依存和同一性方面，国家和人民之间关系的因素。布赫沃尔特认为，黑格尔对

"万民法"（Völkerrecht）的理解，支持"文化构想的全球性是可理解，而且是必要的，全球性集中于共同的目的和共同或'普遍认同'的概念"（第156 页）。总而言之，这本书中收录了一系列富有启发性的论文，这些论文在很大程度上挑战了一些关于黑格尔成熟的、系统的哲学体系中错误、不合理而相对广为流传的假设。尽管如此，本书将近一半的篇幅是论述黑格尔伦理和政治思想的论文，人们可能会质疑这是否有意义。黑格尔的客观哲学可以说是其哲学体系中最受学者欢迎的部分。此外，过去二三十年以来，正面论述黑格尔的伦理学和政治学的出版物大幅增加，这也包括他对伦理和政治身份的复杂而细致的理解。从这个角度来看，可能会更多地强调黑格尔关于绝对精神和自然哲学的论述。同时，这也为黑格尔的身份与差异概念带来更多的见解。例如，黑格尔不是从身份与差异的角度，而是从真实和虚假的角度来界定自然与精神的关系的。用黑格尔的话来说，精神是自然的真理，而不是自然的虚假。在这样的情况下，人们可能会问：身份与差异的概念与自然本身以及对自然的哲学理解有何关系？此外，在黑格尔的哲学体系中，自然哲学是"先于"精神哲学的，人们可能会质疑，身份与差异的概念在多大程度上揭示了自然和精神之间的关系。然而，本书并没有论述这些问题。

本书主要是面向对黑格尔和德国观念论有兴趣的学者和学生。然而，本书论述的问题数量颇多，而且大多数论文的语言清晰易懂，欢迎想了解黑格尔哲学对于理解我们自己与当代情况的意义的读者来阅读本书。

异化与共鸣的辩证法

——德国哲学家罗萨论技术加速的后果及其克服

沈翔宇①

摘　要： 在晚近现代，技术的加速发展使得社会变迁和人的生活节奏加速变化。哈特穆特·罗萨肯定技术发展的意义，发现技术、社会环境和生活节奏之间存在加速的循环，并赋予人追求进步的动力；但他也指出了技术的发展带来的异化问题，使得人与世界之间变得缺乏回应。罗萨认为异化与共鸣互为前提。人可以通过追求共鸣来消弭技术带来的异化，并重新构建人与世界的回应性关系。因此，人需要注意到身体与外界的共鸣，努力在横向、纵向、斜向三条共鸣轴上实现人与环境、人与价值、人与环境和价值相结合的共鸣。

关键词： 晚期现代　技术　加速　异化　共鸣

哈特穆特·罗萨（Hartmut Rosa）是德国耶拿大学的理论社会学教授，法兰克福学派第四代的代表人物。他生于 1965 年 8 月，成长于黑森林的格拉芬豪森。1997 年，罗萨从洪堡大学毕业，并被授予社会科学博士学位。罗萨的博士学位论文以加拿大社会学家查尔斯·泰勒为研究对象，他因而

---

① 作者简介：沈翔宇，首都师范大学文学院比较文学与世界文学专业博士研究生。

在思想上部分地承接了泰勒的政治哲学理论。① 同时，罗萨还受到其导师阿克塞尔·霍耐特②的承认理论以及其同门师妹拉赫尔·耶姬③（Rahel Jaeggi）的异化理论的影响，关注人在当代社会中的生存状态。罗萨的理论以对技术的批判为起点，从技术加速引出社会加速和生活步调的加速，并用异化和共鸣的概念对晚期现代社会中人们的生存模式进行分析。他试图突破对技术盲目乐观的现代性理论以及对技术悲观的具有解构倾向的后现代阐释框架，并以此构建新的现代性理论。罗萨侧重于分析和思考现实性问题，其著述具有反思性和贴近生活的特点。

罗萨的研究面向的是晚期现代社会所固有的诸多问题，而其首要内容就是技术的发展带来在社会环境和日常生活中人们所面对的加速变化的问题。早在 2005 年，罗萨就以德文撰写了《加速：现代社会中时间结构的改变》一书。④ 在该书中他对比了现代社会中时间结构相对于古代社会的异变，指出技术的加速给人们带来了空间与时间关系的剧变。一方面，机械表的发明使得时间从空间中分离出来，另一方面，交通工具和信息传输技术的发展使得空间开始萎缩，并逐渐失去价值。更为重要的是，罗萨对古典现代和晚期现代做出了区分。二者区分的标志是新技术的普及，其中具有代表性的是 1989 年后以互联网和电子计算机为代表的数字革命，以及随后的移动互联网的革命。⑤ 可以看到，在 20 世纪 90 年代，人们的生活方式发生了巨大的变化，并与古典的现代出现了明显的区分。技术的高速发展

---

① 罗萨的博士学位论文主题是对泰勒思想的研究。其标题为：Identitätund kulturelle Praxis. Politische Philosophie nach Charles Taylor（《身份和文化实践——查尔斯·泰勒的政治哲学》）。

② 阿克塞尔·霍耐特（1949— ），2000 年被任命为法兰克福大学社会研究所所长，其代表作为 1992 年所著的《为承认而斗争：社会冲突的道德语法》。

③ 拉赫尔·耶姬（1967— ），柏林洪堡大学的实践哲学和社会哲学教授，代表作是 2014 年的英文专著 Alienation（《异化》）。

④ 该书的英文版出版于 2013 年，英文标题直译应为：《社会加速：现代性的新理论》//Rosa, H., Beschleunigung. Die Veränderungder Zeitstrukturenin der Moderne. Frankfurt am Main：Suhrkamp，2005.

⑤ 哈特穆特·罗萨：《加速：现代社会中时间结构的改变》，董璐译，北京：北京大学出版社，2015 年版，第 251 页。

产生了新的社会环境，并使得在一代人的时间内要经历以往几代才会遭遇的变化。生活在晚期现代中的人会不由地感觉到速度的改变，感受到时间压力，体验到时间的疾驰而去。

罗萨关于技术加速的核心观点可以归纳为：技术的加速变革会引发社会环境的加速变革，社会环境的加速变革会引发环境中的人在生活步调上的加速变革，而生活步调的变革又催生技术的加速变革。技术、社会环境、生活步调这三者之间构成了一种加速的循环。我们能够发现高铁、电子邮件等技术物改变了我们的社会，也改变了我们的生活节奏，使其变得越来越快。此外，在《加速：现代社会中时间结构的改变》一书中，罗萨指出，这一加速的循环本身也在加速。具体表现为，在社会中形成了一种依据既有模式而形成的，从工作量的增加，转变到技术水平的突破，再到工作量的增加的模式。① 也即从技术的出现最终转变到人的生活节奏出现变化的这一周期变得越来越短了。因而部分人群难以适应新产生的社会环境，感觉被技术控制，不知道该如何生活。虽然罗萨指出了技术带来的速度问题，但是他并不反对技术，他在著作中一再否认他是个企图回归传统生活方式的减速主义者。他对技术的进展并非盲目乐观。他承认技术变迁切实地改变了我们所熟知的时空体验；认为技术的发展是逐步推进的，现有的技术难以在短时间内发生范式迁移，而在长时间内则可能会发生大的变化。举例来说，人类目前尚未真正制造出具有意识的人造之物，因而在当下出现后人类主义所勾画的未来社会的可能性并不太大。罗萨认为，加速的生成机制出于竞争、文化动力和加速循环的共同作用。一方面，为了在竞争中获胜，我们需要竞争；另一方面，加速赋予了人们一种经济和文化上的预期，并由此催生进步的动力。通过单位时间内不断增加所接触的事物，人们能够获得满足感，并因此实现一种不断朝向永恒性的精神超越感。三者之间的加速循环也在形式上赋予了加速的动力。但是，现如今，这种永恒的应许，所赋予人们的期望和幸福感正在慢慢地消耗。在晚期现代社会，出现了发展动力不足的问题。加速的模式趋于固定，缺乏持续性。最终显

---

① 哈特穆特·罗萨：《加速：现代社会中时间结构的改变》，董璐译，北京：北京大学出版社，2015年版，第86页。

现为一种疾速的静止状态，也即极点惰性，或者说在文化上不愿意变革的文化惰性，这使得范式上的迁移无法真正实现。

由于加速的影响，人们的生活产生了巨大的变化。技术改变了人所熟知的时空结构，改变了人的生活方式、生活步调，使人囿于其中。原有的生活方式被改变了，本应该让人愉快生活的技术，并没有让每个人变得幸福，反而带来了各种压力，让人不安和焦虑。罗萨在 2013 年出版的德文版著作《新异化的诞生——社会加速批判理论大纲》①，以及 2016 年出版的德文版著作《共鸣：我们与世界关系的社会学》② 中，就着重探讨了加速所带来的异化的问题，提出用共鸣的方式来克服异化。首先，加速会带来异化。罗萨使用的"异化"（alienation）这一概念源于他的同门耶姬的新阐释。耶姬认为异化指的是一种缺乏关系的关系（The Relation of Relationlessness）③。也即按照名义上关系应当如此，但是实际上无法实现。罗萨在《新异化的诞生》一书中，再次界定了异化一词，他指出，异化在黑格尔的语境中指的是与他者分离的差异化，在马克思的语境中主要是一种劳动者的劳动生产了剥削自己的资本家，造成了自身被奴役的状态，而在卢卡奇的语境下则指的是将他者视为商品或者将自己视为商品的行为。罗萨最终将异化归纳为自己真正想做的事情与自己正在做的事情相背离的状态。④ 在《共鸣：我们与世界关系的社会学》一书中，罗萨指出异化是一种缺乏回应的状态，或者一种噤声的状态。在这种状态下，人们与世界之间的关系陷入了停止。异化因为技术的加速而凸显出来。由于单位时间内每个人所遭遇事物量的增加，每个对象被分配的时间就越发减少。在时间上，人们维系关系的能力逐渐衰退。人们缺乏必要的时间去予以回应，去维系关系，因而就产生了异化的问题。

---

① Rosa, H., Eschleunigungund Entfremdung-Entwurfeinerkritischen Theoriespätmoderner Zeitlichkeit. Frankfurt am Main: Suhrkamp, 2013.

② Rosa, H., Resonanz: Eine Soziologieder Weltbeziehung. Frankfurt am Main: Suhrkamp, 2016.

③ Jaeggi R., Alienation, New York: Columbia University Press, 2014, p. 1.

④ 哈特穆特·罗萨：《新异化的诞生——社会加速批判理论大纲》，郑作彧译，上海：上海人民出版社，2018 年版，第 27 页。

罗萨虽然批判加速造成的异化，但是他承认加速的不可避免性，认为目前科学技术的加速变革是不可避免的，科技加速带来的社会环境以及由此带来的生活方式的加速变化也是不可避免的。同时，西方社会发展不能减速，因为一旦停止增长，所有依据增长而形成的合理性和合法性的根基就将土崩瓦解。事实上，资本主义世界的整体系统的平衡是依靠加速来维系的，只有持续性的加速才能维系原有的经济、社会和文化体系的再生产。罗萨因而称这种模式为动态稳定（dynamic stabilization）模式。① 晚期现代的人们已经习惯了加速的模式，该模式虽然已经走向了僵化，却因为其惯性，没有产生根本性的变化。对于社会环境中的每个人而言。加速带来了合理性，使得人们能够实现阶层流动，实现更多的可能性。但是每个人都被加速带来的合理性操纵，无一幸免。每个人都不得不提高自己的速度，并随之产生了异化的状态。由此可见，罗萨对加速的批判，并不是一种下定义的本质性的批判，而是一种解决晚期现代社会现实问题的反思性的批判。

对于解决这一问题的方式，罗萨认为不应该按照二元论的思想路径，因为无论是歌颂技术，抑或复归到田园牧歌式的传统中去，还是进入各种后学的批判范式，都只是执其一端。现代社会与传统社会并非格格不入，相反，罗萨指出，按照莱因哈特·科泽勒克②（Reinhart Koselleck）的鞍形期的观点，传统社会向现代社会的过渡并非断裂的，它们在很长一段时间是混合在一起的，而唯在其力量对比悬殊时才形成传统社会和现代社会的高峰和波谷，并随着二者之间强弱关系的变化而变化。因此，我们不能简单地远离技术，不能寄希望于回到复古的生活来规避异化，也不能将技术神化，认为技术的加速带来的异化全是优点。罗萨指出两种生活方式，也即追寻一种田园式或是后现代式的精神上的生活，与追求一种承认加速的合理性、追求竞争胜利的尘世中的生活，在本质上并没有多大的区别，因

---

① 参考《共鸣：我们与世界关系的社会学》//Rosa, H., *Resonance: A Sociology of the Relationship to the World*, Cambridge: Polity Press. 2019, p. 404.

② 莱因哈特·科泽勒克（1923—2006），德国历史学家，对概念史、历史认识论、语言学、历史人类学都有重要的贡献。

为二者都是以技术的加速为前提的，并不能完全绕开技术。① 罗萨认为解决异化问题的关键是将注意力从对各种抽象化概念的关注转移到对人本身的关注上，将重点放在人如何生存，如何获取生存动力的问题上。人们需要认识到人无法彻底停止在技术、社会环境和生活步调三个层面上的加速。要想解决这些问题，就必须在综合这三者的基础上考虑到社会的复杂性以及各方面的要素，认识到最重要的问题就是要突破既有的、以数量的增长为第一要义的发展模式，实现一种在发展质量上的提高。而这一提高的方式就是追求共鸣。

罗萨在 2016 年的德语专著《共鸣：我们与世界关系的社会学》② 和 2019 年出版的英文专著《世界的不可控制性》③ 两本书中指出了面对异化问题的解决路径。首先，面对异化，人们最渴望的是在发出声音之后得到回应。而共鸣就是一种体现双方差异性的回应关系，同时代表着不同个体之间的趋同性。罗萨认为，人应该与一切和自己相关的要素，即世界，达成一种回应性的关系，实现一种自我以及世界的良性交互。而异化和共鸣两者，其实就是互为前提的两个对立体，二者都不可能长期单独存在。正是因为有异化作为前提，共鸣才得以随后产生。正是因为对共鸣感到厌烦，才会走向异化。而在另一方面，对长期共鸣的渴望反而比异化更有害，因为沉溺于与他者的交流是以自身的不断妥协为代价的，彻底的共鸣意味着放弃任何保持自身独特性的机会；反之，拒绝共鸣则意味着纯粹的自我封闭，放弃开放和进一步的成长的可能性。因而罗萨认为，共鸣在更多意义上是一种解决异化问题的过程和方法，而非一劳永逸的万应灵药。此外，罗萨还指出存在一种危害性极大的共鸣关系，这就是异化了的共鸣（The Resonance of Alienation/The Alienated Resonance）④。它虽是共鸣，但仅仅追

---

① 这里内容具体见于罗萨在《共鸣：我们与世界关系的社会学》一书中，对 Adrian 和 Dorian 生活方式的比对。

② 此书的英语版出版于 2019 年。Rosa, H., Resonanz：Eine Soziologieder Weltbeziehung. Frankfurt am Main：Suhrkamp, 2016.

③ 该书德语原版出版于 2018 年，标题为 Unverfügbarkeit，意为不可控性。Rosa, H., *The Uncontrollability of the World*, Cambridge：Polity Press, 2020.

④ Rosa, H., *Resonance：A Sociology of the Relationship to the World*, Cambridge：Polity Press. 2019, p. 449.

求与某类对象的共鸣，而对特定的对象抱有更大的敌意，因而它代表着纯粹而极端的倾向性。举例而言，民粹主义的信徒钟爱本国文化，对异质文化和他国先进技术抱有敌视态度；法西斯主义的信徒相信雅利安优越论，希望将犹太人赶尽杀绝。这都是异化了的共鸣。罗萨认为共鸣之所以能够消弭技术带来的异化，是因为共鸣与技术相比是不可控的。在《世界的不可控制性》一书中，罗萨批判了通过技术进行控制的观点，指出技术对世界的控制存在四种维度，并按照顺序逐层递进，控制力分别是从让世界变得可见（visible）、让世界变得可接触（accessible）、变得可管理（manageable）到让世界变得可控制（controllable）。这是一个控制力逐渐加强的过程。① 上述四点依赖于技术的进步，但是单纯依赖工具性的技术控制是十分可怕的。因为，它将世界简化了，消除了世界的可能性。世界并不是完全可控的，而是存在着很多再怎么刻意控制也无法实现的情况。共鸣的关系是不可控的，我们期待的回应与我们收到的回应往往不一致；而在另一方面，绝对的不共鸣也是不可控的，罗萨指出即使是彼此对立的两个人，也会在某一时刻突然冰释前嫌。正是这种值得称赞的不可控制性让我们认识到了世界的丰富性和可能性。

在罗萨看来，技术的加速带来了人与世界关系的恶化，并表现为异化的关系，而共鸣的关系则是良性的关系。要构建共鸣的关系，罗萨指出，首先要实现自己身体与外界的共鸣，要认识到一切与世界相关的基本关系是先从身体开始的，身体也是最容易被忽视的。② 我们处在身体、社会、情感和认知意义基本重叠的世界，人的理性、认知、情感和社会属性是统一于人的身体的，离不开人的身体，并通过身体表现出来。③ 人在紧张和焦虑的时候会脸红喘气，人在剧烈运动的时候也会脸红喘气，这些都能在人的身体上产生相似的回应。因而重理智而轻情感，鄙视肉身，忽视了身体对这两者以及其他要素的回应，是错误的。在晚期现代，人们更加倾向于按

---

① Rosa, H., *The Uncontrollability of the World*, Cambridge：Polity Press, 2020, p. 15.

② Rosa, H., *Resonance：A Sociology of the Relationship to the World*, Cambridge：Polity Press. 2019, p. 47.

③ Rosa, H., *Resonance：A Sociology of the Relationship to the World*, Cambridge：Polity Press. 2019, p. 47.

照工具理性的方式进行价值判断，其至会精确计算自己的身体，并在社会加速的背景下，寄希望于通过服用特定的可能对自身有害的药物，来弥补身体功能的欠缺。因而，我们需要重视身体与世界的回应性关系，避免身体与外界的异化，诸如因为不良饮食和精神压力而罹患各种疾病，同时还需要注意三条共鸣轴线的完善，分别是在横轴上与家人、朋友、政治制度的共鸣关系，纵轴上与宗教、自然、艺术和历史的共鸣关系，以及对角线轴上人与物品、与工作、与学校、与体育的共鸣关系。① 综合而言，横轴是人与人和制度，或者说人与环境的关系，纵轴是人与各种向上的价值之间的关系，人与各种价值，无论是代表着查尔斯·泰勒意义上"我想要这样做"的弱评估（weak evaluation），还是他所区分的"我应该这样做"的强评估（strong evaluation），都归于纵向的共鸣轴中②；而对角线轴则是环境与向上价值的交合，是人的精神与人的生活的交合。举例说，人在工作中既追求人生意义，又需要有能落地的成果，这就是对角线轴的交合性。罗萨希望我们发现共鸣在人的身体上和三条共鸣轴上的复杂性，以此突破古典现代时期的那种简单的、机械化的关系，并修补和重新厘定这种强调破除愚昧的、虽具有启蒙性但业已过时的价值倾向。罗萨指出，在韦伯的《新教伦理与资本主义精神》中所言的最具启蒙性的"祛魅"（disenchantment）一词的本意就是使得原本充满魅力的世界不再歌唱。③ 因而我们需要注意到纯粹技术控制的不足之处，也需注意到共鸣的概念仅仅是一种解决路径，并非解决问题的终极办法。因为在晚期现代，关键点是如何解决上述问题，是通过追求共鸣的关系的过程，将数量的增长转变为质量的提高，不断接近法兰克福第四代学者所共同追求的美好生活的目标，而非毕全功于一役的彻底解决。④

---

① Rosa, H., *Resonance: A Sociology of the Relationship to the World*, Cambridge: Polity Press. 2019, p. 47.

② Rosa, H., *Resonance: A Sociology of the Relationship to the World*, Cambridge: Polity Press. 2019, p. 134.

③ Rosa, H., *Resonance: A Sociology of the Relationship to the World*, Cambridge: Polity Press. 2019, p. 326.

④ Rosa, H., Henning, C., *The Good Life Beyond Growth: New Perspectives*, London and New York: Routledge, 2018, p. 1.

　　罗萨对晚期现代技术发展造成社会与生活步调的加速的批判，并非反启蒙，而是针对技术进步所形成的现实的再启蒙。罗萨的目标旨在廓清和缓解晚期现代的弊病。晚期现代的居民比前人掌握了更多的信息，有着更复杂的认识，更易看出前人的不足。在这一意义上，罗萨的技术理论与发现符号暴力的布迪厄、强调具身性的梅洛·庞蒂以及通过行动者网络理论重新厘定人与世界关系的拉图尔等人在研究路径上是一致的，都是要解决当代人们在社会中所面对的具体问题。更为重要的是，罗萨的技术理论在中国具有极强的现实意义，早在 2012 年，习近平总书记就指出，人民对美好生活的向往，就是我们奋斗的目标。2017 年党的十九大报告指出，中国的增长模式开始从高速增长阶段转向高质量发展阶段。技术的加速造成社会环境和生活步调的变化，且这种变化在一代人的时间内会发生多次。单一层面的增长模式能够持续的周期正日益缩短。罗萨提到的肯定技术的意义，突破追求数量的增长模式，提高人与世界关系的质量，追求美好的生活，与我国面向未来的发展路径十分类似，因而具有前瞻性和现实性的意义。

百年痴黠　万里河山

——评丁子江长篇小说《吾辈》

叶　扬①

摘　要： 此文探讨了丁子江长篇小说《吾辈》的时间顺序与空间转换，以金圣叹读《水浒传》所拈出的叙事手法为例，讨论其中对于人物、情节尤其是情欲方面的描写的特点。又以雨果的若干作品以及夏敬渠《野叟曝言》作为反面例子，两相比较，说明此作中的细节铺垫如何收"烘云托月"之效。再论及作品如何在包罗各种文类方面延续章回小说的传统，以及其中如何插入大量对话，打破了习见的叙事模式，引入了一种"散点透视"。最后从小说类型上加以探索，将此作归入"流浪汉体"小说。

关键词： 丁子江　《吾辈》　金圣叹　雨果　烘云托月　散点透视　流浪汉体

　　长篇小说《吾辈》，以外号"鹿爷"的知青赵路为主角，描写了他自少年直至步入暮年的一生。全书分为上、中、下、结四篇和尾声，一共五个部分，分叙主角的少年、青年、中年和老年。除了主角，作品又安排了另外三位与主角有亲密关系的人物，让他们与主角的交集贯串全书；他们是

　　① 作者简介：叶扬，美国加利福尼亚大学河滨分校比较文学及外国语言系（Department of Comparative Literature and Languages）教授。

二男一女，包括鹿爷的发小、好友、以单数第一人称（"我"）担任小说叙事者的"江豚"，外号"鼹鼠"的洪燕生，还有鹿爷的胞妹、外号"三叶虫"的赵叶。

鹿爷、江豚和鼹鼠都是"共和国的同龄人"。故事从这些主要人物十八岁那年说起，然而此后全书其他部分的叙事，虽然大体按照主角年龄增长的顺序，却绝非平铺直叙，而是"瞻之在前，忽焉在后"，经常在"去、来、今"之间来来往往。上篇四章，第一章"决斗"从1967年10月一场知青之间的决斗拉开序幕，在介绍主要人物和众多配角时，常常以倒叙的手法描写他们的上一代。第二章"蛰伏"、第四章"鹖冠"描写决斗之后主要人物在随后两年中的遭遇，至鹿爷被判处十年徒刑押送去劳改农场为止，然而其间的第三章"孳生"，却以将近六十页的篇幅，回头去叙述鹿爷的外公岳化生和母亲路纯瑛（即岳月啼）的身世。金圣叹《读第五才子书法》，讨论了《水浒传》中的许多叙事手法，像这样在大体按照时间顺序的叙事中，忽然插入一段倒叙，称作"横云断山"。如此一来，此章独立成篇，成为一部"小说中的小说"，也将叙事的时间上溯到抗战的年代。记叙鹿爷青年时代苦难的中篇，包含第五至第八四章，描写他如何逃离劳改农场，亡命天涯，在黄河中游当纤夫谋生，一直到他与旧日情人林雁的聚散，从1969年写到1979年，然而其中留下了许多时间和空间的空白。下篇的第九至第十一这三章，讲的是鹿爷的中年，由1989年鹿爷与两位发小和妹妹重聚开始，写了接下来的二十年，可是在叙事中经常插入倒叙，填补中篇所留下的空白。只有第十二章的结篇和尾声两个部分，在时间上延续了下篇那种颠倒来回的"无序之序"，一直写到21世纪第二个十年的结尾。

在空间上，小说也是在十二章中不断变换，由上篇至下篇，空间渐进扩大。上篇的四章，分别以北京西山、天津、河北某城市和山西吕梁山区的龙虎寨为背景；中篇的四章，空间从戈壁、柴达木盆地、黄河中游的晋陕峡谷，又回到北京；下篇的空间范围更随着鹿爷的经历，从华北某地的双沟镇赵公庄开始，来来往往于俄罗斯、峨眉金顶、樱桃沟、妙峰山、云南边境和泰国、缅甸的金三角一带之间。结篇和尾声则主要以北京和香港为背景。对于这些空间，例如第一章的西山凤凰岭、第四章的龙虎寨、第五章的大西北、第六章的黄河中游、第九章的华北赵公庄、第十章和第十二章的金三角和美斯乐，都是用墨如泼，详细描摹，让读者有身临其境的感觉。

笔者出生于民国三十七年（1948），比小说里作为"共和国同龄人"的主要人物，虚长一岁，所以基本上也还是"吾辈"的一员。小说中主要人物所阅读的书籍，从荷马史诗到《静静的顿河》，从普希金和莱蒙托夫到雨果的《九三年》和狄更斯的《双城记》，他们吟唱或是聆听的音乐以及他们观赏的图画，从《外国名歌200首》到柯罗和列宾的油画，他们所看的电影，从《铁道游击队》和《我们村里的年轻人》到高仓健主演的《追捕》，林林总总，都属于我们共同的记忆，所以读来倍觉亲切。小说的时间前后虽跨百年，但还是以最近五十年为主。时间与空间的不断变换，加上丰富的细节铺垫，赋予了这部长篇小说一种厚重的史诗感。

金圣叹读《水浒传》所拈出的许多叙事手法中，有所谓"正犯"：例如武松打虎之后，又有李逵杀虎，潘金莲偷情之后，又有潘巧云偷情，江州城劫法场之后，又有大名府劫法场，"正是要故意把题目犯了，却有本事出落得无一点一画相借，以为快乐是也"。又有一种"略犯"：例如林冲卖刀和杨志卖刀，郑屠的肉铺和蒋门神的快活林，即略有相同之处，而又不甚近似。《吾辈》里，也能见到这种手法，例如第一章里有了鹿爷和"狼主"朗兴国的决斗，第六章里却又安排了鹿爷和大老王的"崖斗"。不过在前一次的决斗里，作者使用了金圣叹所谓"极不省"的手法，安排了许多前后枝节的闲文。第一章共分十一节，前面先以六节的篇幅，写了决斗双方和在场观战的众人，包括主要人物和配角，到了第七、八两节，才写到决斗之前的场面，随后，再以整整三节描写决斗本身的紧张场面，前后共达十五页的长度。相比之下，"崖斗"只占一节、四页的篇幅，但是前者是双方以剑搏击，鹿爷不按常理出牌，以用刀法使剑和左右手相换占了上风，而后者两人则是赤手空拳，这样写来，读者丝毫不感到重复。再如第四章里描写龙虎寨里的知青生活，具体而微地描写了饥饿的生理和心理感觉，到了第六章里，鹿爷遭人暗算被抛入黄河，攀附在礁石上挣扎求生，又一次写到饥饿。然而前者是写众多知青，各人表现不同，后者却只是主角一人，这又体现了所谓"略犯"，即虽有重复而描写迥异的手法。

小说描写鹿爷"荒唐"的一生，先后对外号"雪狐"的薛晓白、黄心怡和林雁情有独钟，娶过两任妻子——亚莲和沙沙，又与外号"田鸡"的田崎、胡汾汾、戈壁滩偶遇的无名神秘女子、外号"骚半天"的周夏喜、秋姑、林雁和项婀有过云雨之情。孟子所谓"饮食男女，人之大欲"，情欲，在这部小说里当然占有重要的地位。作者显然在这方面有过推敲、打磨，在主人公与这些众多的女性的关系上，分了主次、详略、轻重、繁简，绝不单调地重复。情欲的场面，或温情，或狂野，或缠绵，或炽热，各有特色。在描写鹿爷和这些女性的关系时，要以与第一任妻子亚莲的最为简略，只是轻轻地一笔带过，而他与林雁的情缘，则与之形成强烈的对照，不仅贯串全书，更在中篇里以第七、八两章的篇幅，重彩渲染。第七章"冥界"以林雁的防空洞日记为主体，她也由此而成了单数第一人称的叙事者；第八章"林妖"干脆以林雁为主角，鹿爷在其中反而作了旁衬，最后以她失踪结束。鹿爷与林雁的关系，由此而变得扑朔迷离，如梦如幻，在读者心中留下许多疑问和反思。

法国作家雨果在《巴黎圣母院》和《悲惨世界》等长篇小说中，动辄引入对背景和地域的历史考据，前者包括了巴黎圣母院建立前后的历代沿革，后者则耗费大量笔墨描写巴黎的下水道。无独有偶，中国乾隆年间的夏敬渠撰著的长篇小说《野叟曝言》中也有大量的知识与学问的炫耀和展示，鲁迅《中国小说史略》曾推之为清代"才学小说"之首。这些历史考据和学术论述，大多与小说的人物和情节没有太大的关系，反而妨碍了故事的流动发展，读之往往令人生厌。从表面看，《吾辈》在这方面似乎也不遑多让，第一章第三节描写"文化大革命"时期北京青少年的服饰和随身物件，第十节讲解中国的剑术和刀术，第三章介绍中医妇科，第四章讲述农村赶集、风水以及民间婚丧大事的习俗，第六章讨论黄河纤夫的生活和黄河航运的兴衰，这些细节的铺陈，都是作者下过功夫、经过调查研究和核实的，但是细读之下，《吾辈》里的这些知识，对于读者理解小说人物和情节确实起到了"烘云托月"的效果，而绝无雨果和夏敬渠的作品中那种喧宾夺主之嫌。

中国传统章回小说有一个特点，就是在小说中糅合各种不同的文类，诸如诗、词、曲、赋，行文丰富多彩。从元明的"四大奇书"——《三国演义》《水浒传》《西游记》《金瓶梅》（万历词话本），到曹雪芹的《红楼梦》，无一不是如此。《吾辈》主要以华北地区的方言写成，不避荤俗，而且纵贯全书，随时广征博引，诸如《庄子》《荀子》《鹖冠子》《太平广记》《玄怪录》和柏拉图、普林尼、塞涅卡、马基雅维利《君主论》、克劳塞维兹《战争论》、克罗齐等中西学人典籍，从王维、李白、杜甫、王建、温庭筠、文天祥、陈维崧一直到穆旦和海子的诗词。除此之外，书中还包含了大量原创性的诗词或是搜集而来的民谣、小调、儿歌，例如第三章里的小调"啥个是命命字是只蝶"、儿歌"老爹老爹歪把子"、常真道长的"因因果果果果因因"、儿歌"八月十五月儿彩"，第四章里知青的爬山调（"大冠鹎那个一叫吼哟"）和秀才爷的《大冠鹎词》，第六章里的船谣（"篙一撑，橹一摇"）和纤夫的拜祭纤神词（"纤神者，吾之主；黄水者，吾之母"）、纤夫之一的"老歌鬼"随口胡诌的号子（"傻小子哟穿大鞋罗""大首长哪大脚掌啦"）、秋姑的耍浪小调（"豚爷子那个一阵跳哟"）、第九章里的童谣（"老头子拱着老婆子扭"），第十章里的信天游（"皇帝老儿吃的果果哟"）以及第十二章里的五言古诗《美斯乐感怀》，都堪称锦上添花，起到了增强地方色彩和变换行文节奏的作用。

从第一章开始，就不断插入鹿爷和江豚、鼹鼠、三叶虫的对话，自始至终，贯串全书。江豚是美国社会学的博士，鼹鼠进了军大进修深造，三叶虫在中国农业大学农业经济系做研究生，有了这三位的特殊身份，再加上一位漂泊天涯、生活经验丰富的鹿爷，这四位的对话的层次，自然雅俗共赏，不同凡响。全书一共将近九十条对话，参加者由一二人至三四人，有长有短，短的不过画龙点睛两三行，长的，例如第五章里鹿爷以第一人称讲叙逃亡经历的自叙，则长达四页。这些对话，除了交代叙事中的空隙、对情节的发展或是人物的举止做出评论或是小结，还根据故事的发展，讨论了许多具体的、几乎是包罗万象的题目，例如"文化大革命"中知青"偷书不算偷"的行为、女性凶杀文学、中医女科何以成为男性大夫的专业、窑洞的利弊、"老三届"女生的悲情、黄河漕运的今昔、"文化大革命"时期的防空洞工程、民间社会的人情风俗、边缘人的性格等。这些对话，除了大大丰富了小说的内容，也打破了小说由单数第三人称或是第一人称叙事的传统模式，提供了作者自己在序言里所提到的"散点透视"。

从小说的类型来看，笔者认为《吾辈》从很多方面与源自西班牙的流浪汉体小说有暗合之处。按照西班牙文学评论家、哈佛大学比较文学教授、恩师纪廉（Claudio Guillén，1924—2007）的研究，流浪汉体小说大致有以下几个特征：一是所谓流浪汉（picaro）的主角，是孤儿、"边缘人"、身不由己的漂泊旅行者，也是永远长不大的人；二是小说由流浪汉叙述，是一部伪自传；三是叙述者的视角观点是片面而带有偏见的；四是叙述者观察世界，不断在世界中学习，对世界加以检验；五是强调生存的物质层面（故事涉及求生、饥饿与金钱）；六是流浪汉体验到生活中不同层次的状况；七是故事中的流浪汉在地域上横向、在社会层面上纵向不断移动；八是故事的一幕幕情节像锁链一样比较松动地串在一起，没有紧密吻合、互相关联的结构。[见纪廉《文学体系论》（*Literature as System*）] 16 世纪中期问世的西班牙中篇小说《小癞子》是流浪汉体的原型和典型，在此之后，西班牙作家塞万提斯的《堂吉诃德》、英国作家笛福的《摩尔·弗兰德斯》、法国作家伏尔泰的《老实人》以及美国作家马克·吐温的《哈克贝里·费恩历险记》和埃利森的《看不见的人》，或多或少，都符合流浪汉体小说的特征。以《吾辈》对照，在这八个特征里，除了第二个特征，大体都跟流浪汉体小说的原型相符。主角赵路，开场时已经是父母双亡的孤儿，背景复杂到不可思议，生父是外公同父异母的弟弟，生母实为生父的侄女，在龙虎寨因人命官司判刑，由劳改农场逃跑而亡命天涯，当过黄河上的纤夫，参加过缅共人民军，在莫斯科当倒爷，正是身不由己，漂泊天涯，一辈子奔波劳碌，挣扎求生，与流浪汉典型的经历相符。小说虽然不是由鹿爷自己叙事的自传体，而是由发小"江豚"代劳，但是他在四人对话中也担任了重要的角色，所以自始至终读者也听得到他自己的声音。他在空间地域中的移动，以及社会层面上上下下的接触，为读者观察、了解上下百年的中国社会，提供了最佳的多重视角。

20 世纪 90 年代初，笔者接受了加大河滨校区的聘任，从东岸的缅因州移居南加州，未久即与先我已在此间执教的作者子江兄订交，随后还参加了子江兄主持的一个有关"世纪末"的学术讨论会，并且应他邀请，在会上抛砖引玉，作了题为《世纪末现象》的开场发言。不过结识之后最初的一二十年，我们各自在物竞天择、优胜劣败的学术"丛林"里，为了获得"终身教职"（tenure）而奋斗、拼搏，所以罕有来往。2011 年秋天，笔者去香港城市大学研究生院客座一学期，年底返美之前，参加了一个有关林语堂研究的学术会议，遂与赴会的子江兄在港九不期而遇。兹后的十年，在子江兄一手创立的东西方研究学会的年会、会刊等事务中，我们经常合作，相知日深。在美的中国哲学学者中，子江兄是研究罗素的专家，几十年来，著作等身，这，我是熟悉的。他擅长摄影，是身行万里遍天下的全球驴友（globetrotter），他是我友人中武功超群的两位教授之一（另一位是南加州大学比较文学荣休教授张错，振翱兄），那，我也是心中有数的。但是这一次阅读这部小说，使我又大开了眼界。键盘敲打到这里，在结束之前，忍不住要开个玩笑：子江兄啊子江兄，你我相交多年，原来你还是如此"深不可测"！我非常喜欢这部小说，愿意借此一席之地，衷心向读者，尤其是属于"吾辈"——我们这一代人的读者，大力推荐这部作品。相信你们掩卷之后，跟我一样，也会有大开眼界的感觉。

2021 年 10 月于美国南加州橙县丹纳岬望海楼

著作权使用声明